本书获上海市Ⅱ类高原学科
(应用经济学科商务经济方向)资助

中国制造业国际产能合作商业模式及推进机制

BUSINESS MODEL AND PROMOTION MECHANISM OF
INTERNATIONAL PRODUCTION CAPACITY COOPERATION
IN CHINA'S MANUFACTURING INDUSTRY

周宜昕　著

上海科学技术文献出版社
Shanghai Scientific and Technological Literature Press

图书在版编目（CIP）数据

中国制造业国际产能合作商业模式及推进机制 / 周宜昕著.
—上海：上海科学技术文献出版社，2021
ISBN 978-7-5439-7920-8

Ⅰ.①中… Ⅱ.①周… Ⅲ.①制造工业—国际合作—商业模式—研究—中国 Ⅳ.① F426.4

中国版本图书馆 CIP 数据核字（2020）第 265696 号

组稿编辑：朱文秋
责任编辑：李　莺　栾　鑫
封面设计：周　婧

中国制造业国际产能合作商业模式及推进机制
ZHONGGUO ZHIZAOYE GUOJI CHANNENG HEZUO SHANGYE MOSHI JI TUIJIN JIZHI
周宜昕　著
出版发行：上海科学技术文献出版社
地　　址：上海市长乐路 746 号
邮政编码：200040
经　　销：全国新华书店
印　　刷：常熟市人民印刷有限公司
开　　本：720mm×1000mm　1/16
印　　张：14.5
字　　数：244 000
版　　次：2021 年 9 月第 1 版　2021 年 9 月第 1 次印刷
书　　号：ISBN 978-7-5439-7920-8
定　　价：68.00 元
http://www.sstlp.com

前言

世界正经历百年未有之大变局，国际政治、经济形势中不稳定性因素持续增多，全球经济发展不平衡、不充分问题依旧存在。基于此，世界各国纷纷通过加强区域经济一体化建设以应对外部形势的不确定性。与此同时，国际产业转移呈现新变化，中国成为第四次国际产业转移的承接地，并且伴随着中国企业"走出去"步伐提速升级，中资企业成为推动新一轮国际产业转移的主导力量。"一带一路"倡议的提出为中国企业"走出去"提供广阔市场空间，为制造业转型升级提供重大历史发展机遇。党的十九大报告指出中国特色社会主义进入"新时代"，新时代下的国际产能合作成为创新型对外投资的可选模式之一。国际产能合作的实质是产业国际转移，借助国际贸易和国际直接投资等方式展开国际经济合作。推进国际产能合作，将助推中国优质制造业产能的国际转移，践行与"一带一路"合作国家落实"互利共赢"合作理念，持续深入推进"一带一路"建设。而达成以上目标需要有丰富多样的商业模式作为企业开拓国际市场的实践基础，需要有强大的机制建设作为支撑保障，因此，有必要对推进制造业国际产能合作的企业商业模式和推进机制的相关理论问题展开深入研究，这将有利于丰富国际产能合作的理论研究体系。同时，为中国企业在面对新一轮国际经济形势变化时，如何通过国际产能合作方式，提高开拓国际市场能力提供参考依据。此外，为中国政府与"一带一路"沿线国家及其他国家构建互利共赢的新型国际经济合作模式提供实践路径。

本书首先对"国际产能合作""商业模式""机制"等相关概念进行界定。基于国际分工理论、国际投资理论和国际产业转移理论等相关理论，通过数学模型分析，构建国际产能合作的基本运行模型和企业选择模型。其次，对推进机制的构建要素、原则和推进系统进行阐述,提出推进制造业国际产能合作的机制系统由动力机制、协调机制和风险防控机制三种机制构成,并论证三种机制相互作用的机理,以此建立本书研究的理论框架。再次,通过深入分析制造业国际产能合作的商业模式以及制造业国际产能合作的运行效率,全面客观评价由中国主导的制造业国际产能合作的运行现状,为构建推进机制提供现实依据。本书借助文献演绎法、多学科综合研究法、定性与定量研究相结合等方法展开研究,主要研究结论如下:

(1)中国开展制造业国际产能合作的基础条件主要基于三方面：当前国际市场拥有产业转型和基础设施投资需求的外部机遇；中国制造业生产制造能力的提高；企业拥有一定对外直接投资基础。中国制造业国际产能合作的商业模式主要有：产业集群转移模式、境外产业园区承载模式和多元化企业参与模式。(2)中国制造业国际产能合作的运行效率保持较高水准并持续提高。(3)推进中国制造业国际产能合作的动力机制是通过确定国际产能合作网络的核心行动者,实现网络转译过程,从问题提出、利益赋予、征召、动员、异议五个环节展开构建。(4)推进中国制造业国际产能合作的协调机制以加强区域经济一体化建设为目标,以符合"一带一路"倡议建设要求为原则,从机制遵循的原则、目标方向、规范、规则和决策程序五个环节展开构建。(5)推进中国制造业国际产能合作的风险防控机制,从准确识别风险、客观评估风险影响程度、建立风险控制和管理机制等环节展开构建。(6)针对中国制造业国际产能合作运行的保障措施,主要基于动力机制、协调机制和风险防控机制三种机制的设置,分别提出保障措施建议。

本书研究的主要创新点如下:(1)提出中国制造业国际产能合作的商业模式为产业集群转移模式、境外产业园区承载模式和多元化企业参与模式。(2)建立起中国制造业国际产能合作运行效率评价体系,并利用数据包络分析法(DEA)对中国制造业国际产能合作的运行效率进行客观评估。(3)初步搭建起制造业国际产能合作机制研究的理论框架,提出中国制造业国际产能合作的推进机制由动力机制、协调机制和风险防控机制构成。(4)从不同角度研究中国制造业国际产能合作的推进机制。基于动态化视角,以行动者网络理论为指导,构建中国制造业国际产能合作的动力机制。基于区域经济一体化视角,以国际机制理论为指导,构建中国制造业国际产能合作的协调机制。(5)建立中国制造业国际产能合作的风险评价体系,利用层次分析法对推进制造业国际产能合作的风险防控机制展开研究。

  本书是在本人博士论文基础上修改完成的,从拟定选题到修订研究框架,得到导师郭振教授、赵德海教授的悉心指导。本书由上海商学院高峰高原学科基金资助出版。在此,对上海商学院商务经济学院院长李育冬教授、科研处处长刘斌教授,商务经济学院国际经济与贸易系主任张雅丽副教授、丁洁老师表示衷心感谢!

目录

第一章 绪论 ·· 001
 一、研究背景 ··· 001
 二、研究目的及意义 ·· 004
 三、国内外研究现状 ·· 006
 四、研究内容及方法 ·· 021
 五、创新之处 ··· 023

第二章 概念界定及理论基础 ··· 025
 第一节 概念界定 ·· 025
  一、产能及国际产能合作 ·· 025
  二、制造业国际产能合作 ·· 029
  三、商业模式 ·· 030
  四、机制及动力机制、协调机制和风险防控机制 ···················· 032
 第二节 基础理论 ·· 034
  一、国际分工理论 ··· 035
  二、国际投资理论 ··· 039
  三、国际产业转移理论 ··· 043
 第三节 本章小结 ·· 046

第三章 国际产能合作运行机理分析 ······································· 047
 第一节 国际产能合作的理论模型 ··· 047

一、基础模型 …………………………………………… 047
　　二、企业行为选择模型 ………………………………… 049
　第二节　国际产能合作机制运行系统 ……………………… 052
　　一、机制构建的要素 …………………………………… 052
　　二、机制构建遵循的原则 ……………………………… 053
　　三、机制构建形成的推进系统 ………………………… 054
　第三节　国际产能合作机制运行的作用机理 ……………… 057
　　一、机制作用目标的实现机理 ………………………… 057
　　二、机制作用的关联互动机理 ………………………… 059
　　三、机制作用的协同配合机理 ………………………… 060
　第四节　本章小结 …………………………………………… 062

第四章　中国制造业国际产能合作的商业模式 …………… 064
　第一节　开展制造业国际产能合作的基础条件 …………… 064
　　一、全球市场拥有产业升级及基础设施投资需求 …… 064
　　二、中国制造业的生产规模优势 ……………………… 065
　　三、中国对外直接投资快速增长 ……………………… 067
　第二节　中国制造业国际产能合作的商业模式 …………… 070
　　一、产业集群转移模式 ………………………………… 070
　　二、境外产业园区承载模式 …………………………… 071
　　三、多元化企业联盟参与模式 ………………………… 074
　第三节　案例分析 …………………………………………… 075
　　一、中国广核集团 ……………………………………… 075
　　二、中埃·泰达苏伊士经贸合作区 …………………… 076
　　三、中国纺织行业国际产能合作联盟 ………………… 078
　第四节　本章小结 …………………………………………… 079

第五章　中国制造业国际产能合作运行效率评价 ………… 080
　第一节　评价模型 …………………………………………… 080
　　一、数据包络分析法基本原理 ………………………… 080
　　二、CCR 模型 …………………………………………… 081

三、BCC 模型 082
　　四、超效率 DEA 模型 084
第二节　评价指标体系构建 085
　　一、评价指标选取原则 085
　　二、评价指标体系 086
　　三、选择决策单元 088
第三节　运行效率评价分析 089
　　一、世界制造业对外贸易的效率测算 089
　　二、中国与世界主要国家制造业国际合作的效率测算 094
　　三、中国制造业国际产能合作的运行效率分析 101
第四节　本章小结 104

第六章　推进中国制造业国际产能合作的动力机制 106
第一节　动力机制构建的理论依据 106
　　一、行动者网络理论引入 106
　　二、行动者网络理论的理论架构 108
　　三、行动者网络理论对国际产能合作动力机制的适用性 111
第二节　动力机制构建 113
　　一、确认网络行动者 113
　　二、问题呈现 117
　　三、利益赋予 119
　　四、征召与动员 120
　　五、异议 122
第三节　动力机制作用效果分析 123
　　一、Tobit 模型简介 123
　　二、变量选取 124
　　三、建立模型 128
　　四、实证结果及动力机制的作用效果分析 129
第四节　本章小结 132

第七章　推进中国制造业国际产能合作的协调机制 134
第一节　区域经济一体化下的协调机制 134

一、区域经济一体化的经济效应分析 …………………………………… 134
　　二、区域经济一体化与"一带一路"倡议 ………………………………… 137
　　三、区域经济一体化下的协调机制设计要求 …………………………… 138
　第二节　协调机制构建 ……………………………………………………… 139
　　一、协调机制遵循的原则 ………………………………………………… 140
　　二、协调机制的目标方向 ………………………………………………… 141
　　三、协调机制的规范 ……………………………………………………… 142
　　四、协调机制的规则 ……………………………………………………… 145
　　五、协调机制的决策程序 ………………………………………………… 146
　第三节　协调机制的作用效果分析 ………………………………………… 148
　　一、研究背景 ……………………………………………………………… 148
　　二、GTAP模型原理 ……………………………………………………… 149
　　三、数据选取及情景设置 ………………………………………………… 151
　　四、实证结果及协调机制的作用效果分析 ……………………………… 153
　第四节　本章小结 …………………………………………………………… 164

第八章　推进中国制造业国际产能合作的风险防控机制 ………………… 165
　第一节　风险防控机制的构建目标、原则及程序 ………………………… 165
　　一、构建目标和原则 ……………………………………………………… 165
　　二、构建程序 ……………………………………………………………… 167
　第二节　层次分析法引入 …………………………………………………… 168
　　一、层次分析法原理 ……………………………………………………… 168
　　二、层次分析法分析步骤 ………………………………………………… 169
　第三节　风险识别及评价 …………………………………………………… 171
　　一、风险识别 ……………………………………………………………… 171
　　二、风险评价指标架构 …………………………………………………… 172
　　三、风险评价 ……………………………………………………………… 173
　第四节　风险控制与管理 …………………………………………………… 176
　　一、环境风险的控制与管理 ……………………………………………… 176
　　二、产业结构风险的控制与管理 ………………………………………… 178
　　三、公司运营风险的控制与管理 ………………………………………… 179

四、财务风险的控制与管理 …………………………………………… 181
　第五节　本章小结 ……………………………………………………………… 182

第九章　中国制造业国际产能合作运行保障措施 …………………………… 183
　第一节　动力保障措施 ………………………………………………………… 183
　　一、企业构建制造业全球创新体系 …………………………………… 183
　　二、政府完善财税支持政策 …………………………………………… 184
　　三、金融机构提高金融服务支撑能力 ………………………………… 185
　第二节　协调保障措施 ………………………………………………………… 187
　　一、搭建政府间的政治沟通与合作平台 ……………………………… 187
　　二、完善制造业国际产能合作的制度及标准建设 …………………… 188
　　三、推进投资贸易便利化的制度建设 ………………………………… 188
　第三节　风险防控保障措施 …………………………………………………… 189
　　一、政府建立风险预警制度 …………………………………………… 189
　　二、企业提高风险应对及处置能力 …………………………………… 189
　第四节　本章小结 ……………………………………………………………… 190

第十章　结论 ……………………………………………………………………… 191

参考文献 …………………………………………………………………………… 195

附录 ………………………………………………………………………………… 206
　附录 A　中国制造业国际产能合作效率测算结果 ………………………… 206
　附录 B　关于制造业国际产能合作风险评价的调查问卷 ………………… 215

第一章 绪　论

一、研究背景

（一）经济全球化与区域经济一体化

在区域经济一体化与经济全球化并行的发展趋势下，区域经济一体化成为全球经济发展趋势的主流形态。全球经济体系是由包括区域经济体的诸多经济体系共同打磨形成。在此过程中，区域经济一体化在全球经济整合进程中逐步展开，成为世界各国应对当前经济危机和国际贸易衰退形势的治理药方。然而，在经济全球化快速发展的同时，虽然国家间经贸合作趋于紧密，但在开放市场前提下，各国弱势产业所受到的冲击也随之加剧，进而影响一国国内经济及政治形势的变化，也让国内部分民众对全球化的发展理念逐步产生怀疑。2016年开启的英国脱欧的过程漫长且充满悬念，时任美国总统的特朗普以"美国优先"为由所挑起的贸易争端愈演愈烈，贸易保护主义和民粹主义势力抬头成为未来全球经济能否进一步整合以及全球市场是否可以复苏的重大变数。

（二）国际产业转移出现新变化

世界第一次产业转移发生在"二战"之后，以美国为主导向日本和西欧进行国际直接投资。第二次产业转移始于20世纪70年代，美国和日本将劳动密集型产业向以"亚洲四小龙"为代表的东南亚国家转移。第三次产业转移发生在20世纪80年代，产业转移方向从"亚洲四小龙"流向中国东南沿海及其他新兴工业国。从20世纪90年代中后期开启的第四次产业转移，中国成为主要承接地，在承接世界产业转移过程中，中国凭借国内充足的劳动力和价格低廉的生产要素，加以政策引导及支持，迅速成为世界工厂。然而进入21世纪，随着经济全球化趋势发生改变,既有成形的国际产业分工体系出现新变化,尤其是中国国内劳动力价格及各类生产成本上升,消费市场结构的转型升级,以及政府对于推动国内经济转型的要求愈加迫切,促使部分中低端劳动密集型产业从中国流向其他新兴发展中国家。在当前国际国内经济形势新态势中,中国企业成为世界第五次产业国际转移的推动力量,特别是,中国呈现出同时向发达国家寻求创新技术资源及向发展中国家寻求市场空间的新型国际投资特点,张辉等从价值链角度提出这种模式在推进"一带一路"建设中显得更为必要,称之为"全球价值双环流"模式[①]。

(三)"新时代"开放型经济发展新要求

2019年是新中国成立七十周年,自改革开放之日起,中国用了四十多年的时间探索出了一条具有中国特色的开放型经济发展道路,取得令世界瞩目的发展成绩。截至2018年,中国已成为全球第二大经济体、全球最大的货物贸易出口国以及全球产业门类最为齐全的制造业大国。然而近几年,随着中国经济进入"新常态",发展增速回落,落后产能严重过剩,产业结构失衡,国内经济转型压力空前增大。与此同时,受国际市场需求疲软不振、国际贸易保护主义盛行以及国际地缘政治日趋复杂等因素的影响,国际经济发展环境不容乐观。党的十九大报告做出中国特色社会主义进入"新时代"的重大判断。"新时代"相较于"旧时代",从发展战略上来看,短期是通过供给侧结构性改革,提高经济供给质量;中期是建立长效创新机制,依靠各项创新持续驱动经济增长;长期是以科技革命带领产业升级,占据世界产业发展高地[②]。并且,十九大报告对发展开放型经济提出明确要求,"要推动传统产业迈向价值链中高端,以'一带一路'建设为重点,创新对外投资方式,促进国际产能合作"[③]。因此,进入新时代推进开放型经济向更深层次、更高水平方向发展,是中国在面临国内外双重复杂环境压力下的必由之路。

在开放型经济的发展道路上,对外投资成为驱动中国经济前进的巨大引擎。近几年中资企业在国际投资市场崭露头角,一系列备受世界关注的跨国并购案、

---

① 张辉,易天,唐毓璇.一带一路:全球价值双环流研究[J].经济科学,2017(3):5-18.
② 于景洋.论习近平新时代以人民为中心的经济发展方略[J].商业研究,2018(3):6-10.
③ 习近平.决胜全面建成小康社会,夺取新时代中国特色社会主义伟大胜利[N].人民日报.2017-10-28(001).

承揽基础设施项目、合作开发能源项目等各类投资活动,成为中国"走出去"战略的成功标志。但是,在国际市场形势突变、贸易保护主义盛行与国内企业主动调整投资结构等因素的共同影响下,中国对外投资额由2016年巅峰期的1 701.1亿美元,快速下调至2018年的1 298.3亿美元,降幅达到24%。对外投资额的下滑只是表面现象,深层次的对外投资结构不合理、对外投资质量偏低和非理性对外投资行为偏多才是政府亟须解决及规范的重点问题[①]。进入新时代,中国要通过高水平的对外投资,带动中国标准、中国服务和中国技术走出去,依靠产品创新、技术创新和服务创新抢占全球产业链高端环节,充分发挥中国企业在中端制造领域的成本及效率优势,构建有别于西方国家的产业链和供应链,特别是加强与"一带一路"沿线国家的产业合作,组建新的"朋友圈"。

(四)"一带一路"倡议下推进国际产能合作建设

由中国提出的"一带一路"倡议,以"政策沟通、设施联通、贸易畅通、资金融通、民心相通"的"五通"建设为主轴,通过与沿线国家和国际组织签署合作备忘录、贸易合作协议、合作倡议文件、建设计划书等多种形式建立的合作机制,有利促进了区域经济一体化,推动沿线各国在更广泛的国际空间内加强合作。王义桅认为,"一带一路"的实质就是"互联互通",以基础设施、规章制度和人员往来的"互联互通"为主要建设内容,打造全方位的"亚洲命运共同体、利益共同体与责任共同体",坚持"三位一体"理念,实现沿线各国共同富裕[②]。就目前"一带一路"运转情况来看,中国在资金、技术、人才和产能方面具有绝对优势,能为沿线大部分国家在基础设施建设、产业转型升级和民生改善方面提供诸多资源支持,同时能为沿线各国企业开辟中国市场,以及为与其他各国企业开展第三方市场合作提供广阔舞台。在"一带一路"建设过程中,国际产能合作成为推进中国与沿线各国加强产业合作的重要手段。

国际产能合作是新时代创新对外投资方式的可选模式之一,是国际分工理论与国际直接投资理论的新突破,其根本任务就是推进产业国际转移。2015年国务院发布《关于推进国际产能和装备制造合作的指导意见》,根据该项指导意见,国际产能合作是通过中国企业,以对外贸易和对外投资等方式带动东道国企业进行工业化建设,重点任务是在"一带一路"沿线国家建立国际产能合作有效

---

① 王珏.全面开放新格局下的中国对外直接投资思路探讨[J].国际贸易问题,2018(1):11-12.
② 王义桅.世界是通的:"一带一路"的逻辑[M].北京:商务印书馆,2016:24.

机制,建成一批具有示范带动意义的重点产能合作项目,打造若干个产能合作示范基地。通过国际产能合作,可以有效化解国内过剩产能,加快推进供给侧结构性改革,全面深入推动"一带一路"建设。开展国际产能合作,有利于中国转变外贸发展模式,提高中国产品和企业的国际竞争力;有利于加快国内优质产能在海外落地,打造境内外优质产业链、价值链和供应链,引领全球产业发展;有利于实现"一带一路"沿线国家优势资源互补和配置,带动沿线国家通过工业化进程实现"共同富裕",提高欠发达国家经济发展水平;有利于中国全面发展更高层次开放型经济,为新时代经济增长注入新动力。因此,新时代背景下研究国际产能合作问题具有重要的理论及实践意义。

(五) 制造业是强国之本,立国之基

我国是世界制造业大国,拥有联合国产业分类中全部工业门类。强大的制造业产业链、价值链、供应链和创新技术,为建设现代化工业强国提供坚实基础,同时,也为我国企业开拓国际市场提供支撑保障。根据国家统计局公布的数据显示,改革开放以来,我国货物贸易快速发展,2010 年便成为世界第一货物贸易出口国,截至 2019 年出口总额达到 17.23 万亿人民币,几乎是 1978 年的 1 000 倍。另据商务部等部门联合发布的《2018 年度中国对外直接投资统计公报》数据显示,制造业对外直接投资在 2018 年达到 191.1 亿美元,占当年对外直接投资总额的 13.4%,是除租赁商业服务和金融业以外最大的对外直接投资产业门类。特别是在 2018 年,流向"一带一路"沿线国家的投资中,制造业投资额达到 58.8 亿美元,占比 32.9%,位居所有产业类别首位。以上数据反映出,我国制造业发展势头迅猛,为世界市场供给了数量庞大的消费品和工业品,对世界经济振兴和各国消费者福利的提高都具有重要意义。同时,这也表明制造业企业已经成为中资企业迈向国际市场的中坚力量,制造业企业是我国最先进生产技术和最强大制造能力的优秀代表。

二、研究目的及意义

(一) 研究目的

1. 丰富国际产能合作机制研究的理论内容。国际产能合作作为中国提出的一种新型对外投资方式,学术界对其认识及研究一直处于探索阶段,其涉及的学科有国际贸易学、区域经济学、产业经济学和国际关系学等。书中尝试从既有学科理论中提取核心思想,建立国际产能合作机制研究的理论框架,为研究国际产能合作机制做出理论贡献。

2. 如何通过国际产能合作,并建立相应的机制系统,提高中国制造企业开拓国际市场的能力,逐步形成并完善中国企业国际化经营的综合推进及保障机制体系。以机制建设为研究内容,为中国政府引导、企业主导的国际产能合作的具体实践提供决策支撑。

3. 如何通过国际产能合作模式,推进中国制造业国际转移,推动中国制造企业与"一带一路"沿线国家及其他地区企业开展国际经济合作。借助国际产能合作方式,以企业为主导,将中国制造业向海外市场转移,创建合作双方互利共赢的新路径。

(二) 研究意义

1. 理论意义。丰富"一带一路"倡议理论研究内容,是建立国际产能合作机制的理论研究框架。国际产能合作是中国在"一带一路"倡议下提出的,对其机制的理论研究有助于拓展并逐步完善"一带一路"倡议的理论内涵。本书从国际分工理论、国际投资理论和国际产业转移理论出发,利用行动者网络理论和国际机制理论分析方法,搭建国际产能合作机制的运行机理和推进系统的研究框架,为研究"一带一路"倡议下推进制造业国际产能合作提供理论依据。

2. 实践意义。(1) 通过对中国制造业国际产能合作的运行效率展开综合评价,准确评估当前中国制造业国际产能合作的发展现状,为构建相关机制内容提供参考指标,有助于政府和企业不断提高制造业国际产能合作的运行效率,并为政府和企业决策提供依据。(2) 从动态研究视角构建推进制造业国际产能合作的动力机制,有助于打破传统静态研究视角的局限性,从整体性、系统性和动态性角度出发的动力机制更符合现今国际经济合作发展态势。(3) 构建推进制造业国际产能合作的协调机制,改变以往只关注经济合作产业,忽略经济合作背后所囊括的各种制度性因素影响的限制性,新建立的协调机制更加规范和系统,有助于国际产能合作双方保持长期稳定合作关系,打造合作国家间"互利共赢"的新局面。(4) 构建推进制造业国际产能合作的风险防控机制,有助于企业、社会和国家在面临各类国际产能合作风险时,有区别、有重点地开展预防和处置工作,从而确保国际产能合作的可持续运行。

三、国内外研究现状

由中国政府提出的"国际产能合作"正式出现在 2015 年 5 月国务院发布的《关于推进国际产能和装备制造合作的指导意见》文件中,随后在党的十九大报告中着重强调了要"以'一带一路'建设为重点,创新对外投资方式,促进国际产能合作",近几年国际产能合作逐渐成为国内学术界关注的研究热点。

(一)国际产能合作的实质内容及运行效率评价研究

1. 国际产能合作的实质内容。

(1)国内研究现状。国内学者对国际产能合作的认识有一个清晰的脉络,认为国际产能合作就是一种产业国际转移模式,借助这类模式既可以化解国内过剩产能,又可为东道国经济发展注入新动能。钟飞腾强调国际产能合作是中国特色社会主义产业转移的一种实践探索[1]。邱斌等指出国际产能合作以化解过剩产能,推动产业转移和构建产业链为目标,必须符合"一带一路"沿线合作国家市场发展需要[2]。持同样观点的吴福象和段巍通过建立理论模型论证了国际产能合作下的产业转移方式,除了有助于化解过剩产能以外,还对地区经济发展有明显促进作用[3]。另外,张梅也指出中国提出的国际产能合作符合世界产业转移的趋势和规律,并为世界经济复苏和中国经济转型升级注入新动力[4]。

由于国际产能合作的实质是国际产业转移,因此,国际产能合作的基本运行模式是开展国际贸易和国际投资为主的多种国际分工方式。卓丽洪等认为国际产能合作是一种以国际贸易和国际直接投资为主要模式的国际产业转移[5]。刘瑞和高峰也同样认为,化解过剩产能,推进"一带一路"建设的国际产能合作要以国际投资为主、国际贸易为辅的方式展开国际合作[6]。刘勇等回

---

[1] 钟飞腾."一带一路"产能合作的国际政治经济学分析[J].山东社会科学,2015(8):40-49.
[2] 邱斌,周勤,刘修岩,等."'一带一路'背景下的国际产能合作:理论创新与政策研究"学术研讨会综述[J].经济研究,2016,51(5):188-192.
[3] 吴福象,段巍.国际产能合作与重塑中国经济地理[J].中国社会科学,2017(2):44-64,206.
[4] 张梅.对外产能合作:进展与挑战[J].国际问题研究,2016(1):107-119.
[5] 卓丽洪,洪俊,黄阳华."一带一路"战略下中外产能合作新格局研究[J].东岳论丛,2015,36(10):175-179.
[6] 刘瑞,高峰."一带一路"战略的区位路径选择与化解传统产业产能过剩[J].社会科学研究,2016(1):45-56.

顾国际产业转移历史,分析国际分工现实后指出,国际产能合作是以国际贸易、国际直接投资和多种国际分工形式组成的新型投资模式,符合经济全球化发展规律[①]。

在关于国际产能合作的具体内容和区域选择研究方面,宁吉喆对国际产能合作的深刻内涵做出阐述,指出国际产能合作就是把中国具有相对竞争力的优质制造业产品和服务向亟须工业发展的国家转移[②]。赵东麒和桑百川利用联合国国际贸易数据库进行实证研究后指出,国际产能合作的重点产业是制造业[③]。刘曙光在研究金砖国家贸易关系的基础上提出,中国与金砖国家开展国际产能合作,先进制造业和基础设施建设等是重点合作领域[④]。谢向伟和龚秀国利用态势分析法(SWOT)对中国和印度开展国际产能合作的现状进行研究后认为,中印两国应在具有合作潜力较大的产业项目上展开合作,尤其是制造业[⑤]。肖进杰和杨文武在分析推进制造业"一带一路"建设现状后,指出中国主导的制造业产能合作的优势在于将产品和资本输出进行了有效结合,这是中国制造业企业"走出去"新型模式[⑥]。对于国际产能合作的重点合作区域选择方面,陈继勇等认为中国应该发挥产业优势,借助国际贸易和国际投资方式与"一带一路"沿线国家展开重点合作[⑦]。张茉楠从全球价值链构建和国际分工角度论证了应加强与"一带一路"沿线国家开展国际产能合作[⑧]。值得注意的是,王晓芳等通过计算国家重要性指数和投资指数并进行排名后发现,中国进行国际产能合作的重点区域是"一带一路"沿线的亚洲国家,尤其是哈萨克斯坦、马来西亚和印度尼西亚等国[⑨]。

(2)国外研究现状。由于国际产能合作模式由中国提出,并且历史较短,国

---

① 刘勇,黄子恒,杜帅,吴斌,孙欣如.国际产能合作:规律、趋势与政策[J].上海经济研究,2018(2):100-107.
② 宁吉喆.同绘合作新蓝图 共筑命运共同体[J].宏观经济管理,2016(10):4-5,10.
③ 赵东麒,桑百川."一带一路"倡议下的国际产能合作:基于产业国际竞争力的实证分析[J].国际贸易问题,2016(10):3-14.
④ 刘曙光.金砖国家产能合作的宏观经济基础和互补优势探析[J].理论学刊,2017(6):62-70.
⑤ 谢向伟,龚秀国."一带一路"背景下中国与印度产能合作探析[J].南亚研究,2018(4):112-153,158.
⑥ 肖进杰,杨文武."一带一路"建设中的制造业产能合作研究[J].青海社会科学,2018(6):31-36,84.
⑦ 陈继勇,蒋艳萍,王保双."一带一路"战略与中国参与国际产能合作[J].学习与实践,2017(1):5-12.
⑧ 张茉楠.基于全球价值链的"一带一路"推进战略[J].宏观经济管理,2016(9):15-18.
⑨ 王晓芳,谢贤君,赵秋运."一带一路"倡议下基础设施建设推动国际产能合作的思考:基于新结构经济学视角[J].国际贸易,2018(8):22-27.

外研究人员并没有对国际产能合作的具体问题展开深入研究。但众所周知,企业是国际贸易和国际投资行为的主导者,是推动国际产业转移的决定性力量,因此本书将从企业视角出发,梳理企业在参与国际分工推动国际产业转移过程中的具体模式选择及影响因素方面的相关研究。

当跨国公司进入东道国市场时,通常面临该以何种方式进入市场的问题。市场的"进入模式"多种多样,每种方式均有其优缺点,且会受到跨国公司与东道国厂商彼此竞争关系的影响。因此跨国公司会选择一个对其最合适且有利的方式进入东道国市场。例如在讨论出口或直接投资模式的选择,基于国际产业转移理论、国际生产折中理论和"新贸易理论",跨国公司在选择投资模式时,会首先考虑自身是否具有绝对优势,这类优势包括产权优势、技术优势、资金优势或是人力资源优势(Dunning J H[1];Brainard S L[2];Markusen J R[3];Markusen J R,Venables A J[4];Keller W[5])。除此以外,东道国市场结构,以及吸引外资流入的政策也是重要考虑因素,例如税收减免、政策透明度以及法律法规完善度等(Rob R,Vettas N[6];Cantwell J[7])。同时,运输成本、贸易和投资壁垒、规模经济以及违约成本也是决定跨国公司行为的重要因素(Yeaple R S[8];Antràs P[9])。企业通过对外贸易和对外直接投资构建全球生产网络,控制生产要素流动、技术及利润转移,促进东道国经济条件改善(Baldwin R,Venables A J[10])。

---

[1] DUNNING J H. The Eclectic Paradigm of International Production: A Restatement and Some Possible Extensions[J]. Journal of International Business Studies, 1988, 19(1): 1-31.

[2] BRAINARD S L. An Empirical Assessment of the Proximity-Concentration Tradeoff between Multinational Sales and Trade[J]. NBER Working Papers, 1993, 87(4): 520-544.

[3] MARKUSEN J R. The Boundaries of Multinational Enterprises and the Theory of International Trade[J]. Journal of Economic Perspectives, 1995, 9(2): 169-189.

[4] MARKUSEN J R, VENABLES A J. Multinational Firms and The New Trade Theory[J]. NBER Working Papers, 1995, 46(2): 183-203.

[5] KELLER W. International Technology Diffusion[J]. CEPR Discussion Papers, 2002, 53(1): 17-38.

[6] ROB R, VETTAS N. Foreign Direct Investment and Exports with Growing Demand[J]. Review of Economic Studies, 2003, 70(3): 629-648.

[7] CANTWELL J. Location and the Multinational Enterprise[J]. Journal of International Business Studies, 2009, 40(1): 35-41.

[8] YEAPLE R S. The Multinational Firm[J]. Annual Review of Economics, 2013, 5(1): 193-217.

[9] ANTRÀS P. Grossman-Hart (1986) Goes Global: Incomplete Contracts, Property Rights, and the International Organization of Production[J]. Social Science Electronic Publishing, 2014, 30(suppl 1): 25-32.

[10] BALDWIN R, VENABLES A J. Spiders and Snakes: Offshoring and Agglomeration in the Global Economy[J]. Journal of International Economics, 2013(2).

从东道国需求角度考虑,Amy Jocelyn Glass,Kamal Saggi 认为当跨国公司进行对外直接投资时,通过雇佣当地工人,支付溢价工资,同时,也会将一部分知识和技术借助当地工人承接而留在东道国。所以,东道国有动力去吸引对外直接投资而不是进口贸易[①]。另外,Olena Ivus,Walter G. Park, Kamal Saggi 研究指出东道国有时会出于获取创新技术的目的,吸引海外优质企业前来投资[②]。

　　此处,本书将重点梳理中国企业的海外投资行为的相关内容研究。中国公司在进行海外投资时,与西方企业投资行为和投资目的存在一定差异性。研究发现中国公司海外投资的主体是国有企业,采取方式以跨国并购、股权融资、绿地投资等为主,主要目的是为了帮助东道国改善交通、水电等基础设施条件,开发新兴市场,建立与政府及企业之间互利共赢的国际关系。中国企业海外投资区位选择主要考虑地理位置相近、文化相似、对外贸易往来密切,并且企业比较熟悉的海外市场,同时制度、赋税以及资源禀赋丰裕情况也是重要考查因素。因此,东南亚地区成为中国企业海外投资第一站(Lu J Y, Liu X H, Wang H L[③]; Zhang X X, Daly K[④]; Kolstad I, Wiig A[⑤]; Ramasamy B, Yeung M, Laforet S[⑥]; Yao S, Wang P[⑦])。

　　在对中国企业近年来较为抢眼的海外投资行为背后原因进行深入研究后发现,中国企业与西方企业相比,具有以下几个优势:(1)所有制优势。国家控股,国有企业打前站。(2)法律及制度优势。政府起到积极促进及引导作

[①] GLASS A J, SAGGI K. Multinational firms and technology transfer[J]. Social Science Electronic Publishing, 2010, 104(4): 495-513.
[②] IVUS O, PARK W G, SAGGI K. Patent Protection and the Composition of Multinational Activity: Evidence from US Multinational Firms[J]. Journal of International Business Studies, 2017, 48(7): 808-836.
[③] LU J Y, LIU X H, WANG H L. Motives for Outward FDI of Chinese Private Firms: Firm Resources, Industry Dynamics, and Government Policies[J]. Management and Organization Review, 2010, 7(2): 223-248.
[④] ZHANG X X, DALY K. The Determinants of China's Outward Foreign Direct Investment[J]. Emerging Markets Review, 2011, 12(4): 389-398.
[⑤] KOLSTAD I, WIIG A. What Determines Chinese Outward FDI?[J] Journal of World Business, 2012, 47(1): 26-34.
[⑥] RAMASAMY B, YEUNG M, LAFORET S. China's Outward Foreign Direct Investment: Location Choice and Firm Ownership[J]. Journal of World Business, 2012, 47(1): 17-25.
[⑦] YAO S, WANG P. Has China Displaced the Outward Investments of OECD Countries?[J]. China Economic Review, 2014, 28(1): 55-71.

用。(3) 组织管理优势。(4) 资金优势(Kang Y, Jiang F[①]; Yang X H, Stoltenberg C D[②]; Cooke F L[③])。同时,也有研究指出,中国跨国公司与西方企业相比,海外投资经验较少,面临的风险和挑战更多。这类风险和挑战包括:地缘政治风险(Xiong W[④]);地理距离(Quer D, Claver E, Rienda L[⑤])和自然环境风险(Peng C, Regmi A D[⑥]);国际市场风险(Zhou Y, Lu L, Chang X X[⑦])。国际市场风险包括投资风险(Ren D, Du J M[⑧])和国际同行业竞争者的冲击(Y Guo[⑨])风险等;社会环境和劳动力风险(Quan H, Dong J[⑩]),具体指产生的国际文化冲突(Shenkar O[⑪])以及国际化劳动力资源短缺(Sauvant K P[⑫])等。以上风险或挑战是中国企业海外投资必须面对且亟须解决的问题。

另外,对于中国企业参与"一带一路"建设方面的研究。Julien Chaisse, Mitsuo Matsushita认为"一带一路"以新经济模式的形态走向世界,并深刻影响世界范围内的贸易和投资行为[⑬]。Zou Jialing, Liu Chunla, Yin Guoqing等指

[①] KANG Y F, JIANG F M. FDI Location Choice of Chinese Multinationals in East and Southeast Asia: Traditional Economic Factors and Institutional Perspective[J]. Journal of World Business, 2012, 47(1): 45-53.

[②] YANG X H, STOLTENBERG C D. A Review of Institutional Influences on the Rise of Made-in-China Multinationals[J]. International Journal of Emerging Markets, 2014, 9(2): 162-180.

[③] COOKE F L. Chinese Multinational Firms in Asia and Africa: Relationships With Institutional Actors and Patterns of HRM Practices[J]. Human Resource Management, 2014, 53(6): 877-896.

[④] XIONG W. Implementation of the Belt and Road Initiative: Its Effect on and Implications for the Development of China's Natural Gas Industry[J]. China Oil & Gas, 2017(2): 46-52.

[⑤] QUER D, CLAVER E, RIENDA L. Cultural Distance, Political Risk and Location Decisions of Emerging-market Multinationals: a Comparison Between Chinese and Indian Firms[J]. Journal of the Asia Pacific Economy, 2017, 22(4): 587-603.

[⑥] CUI P, REGMI A D, ZOU Q, et al. Natural Hazards and Disaster Risk in One Belt One Road Corridors[C]// Workshop on World Landslide Forum. Cham: Springer, 2017.

[⑦] ZHOU Y, LU L, CHANG X X. Averting Risk or Embracing Opportunity? Exploring the Impact of Ambidextrous Capabilities on Innovation of Chinese Firms in Internationalization[J]. Cross Cultural & Strategic Management, 2016, 23(4): 569-589.

[⑧] REN D, DU J M. Marine Foreign Trade Economic Zone Industry Investment Risk Evaluation Model under the Background of the Belt and Road[J]. Journal of Coastal Research, 2018, 83: 212-216.

[⑨] GUO Y. The Global Big Business Revolution and the Challenge for Large Firms from Developing Countries[D]. University of Cambridge, 2005.

[⑩] HAN Q, JIANG D, FU J Y, et al. On the Risk Index of Energy Resources Investment in Sub-Saharan Africa Along "the Belt and Road Initiative"[J]. Science & Technology Review, 2018, 36(3): 108-116.

[⑪] SHENKAR O. Becoming Multinational: Challenges for Chinese Firms[J]. Journal of Chinese Economic and Foreign Trade Studies, 2009, 2(3): 149-162.

[⑫] SAUVANT K P. Future Challenges for Chinese Multinational Enterprises[M]. Social Science Electronic Publishing, 2010.

[⑬] CHAISSE J, MATSUSHITA M. China's "Belt and Road" Initiative — Mapping the World's Normative and Strategic Implications[M]. Social Science Electronic Publishing, 2018.

出中国与"一带一路"沿线各国的贸易依赖性较深,这是推进"一带一路"建设的基础条件①。Fan Zhaobin, Zhang Ruohan, Liu Xiaotong 等证明了"一带一路"倡议的实施,有助于中国企业扩大对沿线国家的投资和出口②。在如何提高与"一带一路"沿线各国开展国际经济合作能力和水平方面,外文文献关注度较高是提高贸易和投资便利化水平(Zhang J Z,Li F F,Liu Y③),比如提高以港口建设为代表的基础设施水平(Zhang Juan,Wu Zhouhong④)、降低运输成本(García-Herrero A,Xu J W⑤)、缩短文化和制度距离(Fu X M,Chen H X,Xue Z K⑥)和提高经济自由度(Li Z H,Huang Z H,Dong H⑦)等。

通过以上对国际产能合作的实质内容研究的现状梳理,人们发现,国际产能合作是一种产业国际转移的方式,是基于国际贸易和国际投资等国际分工方式,由中国企业推动,寻求与有产业合作潜能和意愿的其他国家及企业展开的跨国合作。在具体国际产能合作内容方面,制造业是重点合作的产业项目,与"一带一路"沿线国家展开产能合作是中国企业的优先投资方向。在国际产能合作过程中,中国企业所具有的优势、跨国经营能力以及面临的各种投资风险等都会对企业投资行为和投资成败产生直接影响,这是中国在推进国际产能合作过程中需要重点关注的议题。

2. 国际产能合作的运行效率评价。

尽管国际产能合作提出至今只有数年时间,但是从国际产能合作的基本模式国际贸易和国际投资角度考查,进入 21 世纪后,中国企业就加快了进军国际市场的步伐。近些年来中国企业国际经营效果如何?是否通过企业国际化经营而提高了产业运行效率?这些问题的答案,有助于判断中国主导的国际产能合

---

① ZOU J L, LIU C L, YIN G Q, et al. Spatial Patterns and Economic Effects of China's Trade With Countries Along the Belt and Road[J]. Progress in Geography, 2015, 34(5): 598-605.

② FAN Z B, ZHANG R H, LIU X T, et al. China's Outward FDI Efficiency Along the Belt and Road[J]. China Agricultural Economic Review, 2016, 8(3): 455-479.

③ ZHANG J Z, LI F F, LIU Y, et al. An Assessment of Trade Facilitation's Impacts on China's Forest Product Exports to Countries Along the "Belt and Road" Based on the Perspective of Ternary Margins[J]. Sustainability, 2019, 11(5): 1298.

④ ZHANG J, WU Z H. Effects of Trade Facilitation Measures on Trade Between China and Countries Along the Belt and Road Initiative[M]//Zhang W X, Alon I, LATTEMANN C. China's Belt and Road Initiative. Cham: Palgrave Macmillan, 2018: 227-241.

⑤ GARCÍA-HERRERO A, XU J W. China's Belt and Road Initiative: Can Europe Expect Trade Gains? [J]. Working Papers, 2016, 25(6): 84-99.

⑥ FU X M, CHEN H X, XUE Z K. Construction of the Belt and Road Trade Cooperation Network from the Multi-Distances Perspective[J]. Sustainability, 2018, 10(5): 1439.

⑦ LI Z H, HUANG Z H, DONG H. The Influential Factors on Outward Foreign Direct Investment: Evidence from the "The Belt and Road"[J]. Emerging Markets Finance and Trade, 2019, 55(14): 3211-3226.

作的运行效果,为将来进一步推进国际产能合作建设提供借鉴。

对于经济行为的效率评价,基于不同研究方法,角度较为多元,但是所有评价方法都是按照建立评价指标、计算评价对象、评价结果分析的程序进行。从文献梳理来看,数据包络分析法在经济行为的效率评价方面得到广泛应用。数据包络分析法起源于法约尔(Farrell)于1957年建立的效率前沿曲线,他通过数学规划模式,以非预设生产函数代替常用的预设生产函数来求出效率前沿(efficiency frontier)曲线,并根据效率前沿曲线来评估单位的技术效率(technical efficiency)与价格效率(price efficiency)[1]。1978年,查恩斯(Charnes)、库伯(Cooper)和罗兹(Rhodes)根据Farrell的效率模型,提出数据包络分析(Data Envelopment Analysis,简称DEA)方法和CCR模型(Charnes、Cooper和Rhodes缩写)[2],该方法被后来的学者拓展改良为BCC模型(Banker、Charnes和Cooper缩写)[3]和超效率DEA模型[4]等各种模型。下面对利用数据包络分析法的展开研究的国内外文献进行梳理。

(1)国内研究现状。对于制造业相关效率的测算研究,叶振宇和叶素云对中国制造业技术效率进行了测算,结果表明要素价格对中国制造业技术效率提高有显著影响[5]。孙广生等对中国工业部门的能源使用效率进行了测算,研究揭示了中国一些工业部门存在较为严重的能源浪费现象[6]。董敏杰等利用十年数据,测算了中国工业产能利用率,认为重工业的产能利用率不高[7]。范德成和杜明月通过建立Tobit模型,测算出中国高端装备制造业技术创新效率,优化技术创新的资源配置[8]。关于国际贸易和国际投资运行效率的测算研究,于峰和王业强测算了中国制造业与世界新兴市场国家的产业内贸易的效率[9]。孙爱军

---

[1] 张宁,胡鞍钢,郑京海.应用DEA方法评测中国各地区健康生产效率[J].经济研究,2006(07):92-105.
[2] CHARNES A, COOPER W W, RHODES E. Measuring the Efficiency of Decision Making Units [J]. European Journal of Operational Research,1978,2(6):429-444.
[3] BANKER R D, CHARNES A, COOPER W W. Some Models for Estimating Technical and Scale Inefficiencies in Data Envelopment Analysis[J]. Management Science,1984,30(9):1078-1092.
[4] ANDERSEN P, PETERSEN N C. A Procedure for Ranking Efficient Units in Data Envelopment Analysis[J]. Management Science,1993,39(10):1261-1264.
[5] 叶振宇,叶素云.要素价格与中国制造业技术效率[J].中国工业经济,2010(11):47-57.
[6] 孙广生,杨先明,黄祎.中国工业行业的能源效率(1987—2005):变化趋势、节能潜力与影响因素研究[J].中国软科学,2011(11):29-39.
[7] 董敏杰,梁泳梅,张其仔.中国工业产能利用率:行业比较、地区差距及影响因素[J].经济研究,2015,50(1):84-98.
[8] 范德成,杜明月.高端装备制造业技术创新资源配置效率及影响因素研究:基于两阶段StoNED和Tobit模型的实证分析[J].中国管理科学,2018,26(01):13-24.
[9] 于峰,王业强.中国与新兴市场国家制造业产业内贸易效率分析:基于数据包络的BC^2模型[J].经济经纬,2011(3):77-81.

等研究了碳排放效率变化与国际贸易的关系①。何兴强等(2014)证明了外国直接投资(FDI)的技术溢出效应与经济发展、基础设施和人力资源有显著正向关系②。田泽和许东梅测算了中国在"一带一路"沿线国家的国际直接投资效率,结果表明总体投资效率有待提高③。周娜等研究了中国同"一带一路"沿线国家的天然气投资效率,发现投资效率的区域差别较大④。郭晓琼和蔡真以中国和上合组织国家为例,对比"一带一路"提出前后投资效率的变化,证明了"一带一路"倡议对于提高中国企业国际投资水平有明显促进作用⑤。

(2) 国外研究现状。对于数据包络分析方法的使用方面,Cooper等介绍了数据包络分析法的原理和使用方法,提出DEA方法在社会学研究方面有着广泛的应用⑥。Budak和Erpolat以土耳其银行间隔夜利率为例,指出数据包络分析法的使用优势在于无需额外的变量或规模转换,就可以对决策单元(DMU)进行相对效率测量⑦。Sherman和Gold认为数据包络分析是一种数学编程技术,为研究资源进行组合配置,提高资源使用效率提供了简单测算方法⑧。

通过文献梳理可以看出,数据包络分析方法在研究经济行为的效率方面得到国内外学术界的一致肯定,由CCR-BCC基本模型演变的多种模型测算方法得到了广泛拓展。对于中国制造业相关效率的测算,研究集中在技术及创新技术的效率和产能利用率方面。对于中国吸引外资、对外贸易及对外投资效率研究方面,研究证明了无论哪种方式,对相关效率的提升都有促进作用,但是效率提升的大小、作用效果的范围和具体效率部门是有差异性的,需要具体分析。值

---

① 孙爱军,房静涛,王群伟.2000—2012年中国出口贸易的碳排放效率时空演变[J].资源科学,2015,37(6):1230-1238.
② 何兴强,欧燕,史卫,等.FDI技术溢出与中国吸收能力门槛研究[J].世界经济,2014,37(10):52-76.
③ 田泽,许东梅.中国对"一带一路"重点国家OFDI效率综合评价:基于超效率DEA和Malmquist指数[J].经济问题探索,2016(6):7-14.
④ 周娜,吴巧生,王然,等."一带一路"国家天然气投资绩效评价及其改进路径[J].中国人口·资源与环境,2017,27(7):60-71.
⑤ 郭晓琼,蔡真.中国对上海合作组织国家投资效率研究:基于DEA-面板Tobit的实证分析[J].俄罗斯东欧中亚研究,2019(3):45-60,156.
⑥ COOPER W W, SEIFORD L M, TONE K. Data Envelopment Analysis: A Comprehensive Text with Models, Applications, References and DEA-Solver Software[J]. Journal of the Operational Research Society, 2001, 52(12): 1408-1409.
⑦ BUDAK H, ERPOLAT S. Interval Data Envelopment Analysis and an Application In Turkish Banking Sector[J]. Headache, 2013, 22(02): 66.
⑧ SHERMAN H D, GOLD F. Bank Branch Operating Efficiency: Evaluation with Data Envelopment Analysis[J]. Management Science Letters, 2014, 9(02): 297-315.

得注意的是,利用数据包络分析方法针对中国制造业开展国际产能合作的效率测算目前处于研究空白,尽管有关于对外投资效率的测算,但由于不同产业区别较大,决不能以偏概全。

(二)制造业国际产能合作的价值及现状研究

1. 国内研究现状。对于推进制造业国际产能合作的价值研究方面,刘晓玲和熊曦利用湖南省相关数据,证明了加强制造业国际产能合作可以促进地方经济发展,建议政府应利用政策引导制造业"走出去"①。黄梅波和张晓倩以非洲"三网一化"建设为例,说明中国与"一带一路"沿线国家开展制造业国际产能合作的基础是中国拥有良好的产业发展水平及非洲市场前景广阔,双方合作可以促进经济增长,并提出政府应加强协调和沟通,企业要增强国际化运营能力②。熊勇清和李鑫从国家宏观和企业微观视角,研究证明了制造业的转型升级可以借助国际产能合作方式来得以完成③。熊勇清和苏燕妮更进一步论证了国际产能合作能将国内外优质资源进行整合,促进制造业产业链全球布局,并提出企业积极开拓海外市场的建议④。熊彬和范亚亚通过实证研究,论证了通过国际产能合作可以有力提高中国制造业出口技术水平,认为企业要在技术创新领域投入足够资本⑤。

对于开展制造业国际产能合作的现状分析,中文社会科学引文索引(CSSCI)来源期刊的文献涉及较少,可见文献,如肖进杰和杨文武从规模和结构角度,分析了当前中国同"一带一路"国家开展制造业国际产能合作的现状,认为存在出口效率不高但出口和投资集中度过高的不平衡问题⑥。从制造业出口和国际直接投资现状角度考查,程广斌和刘伟青利用引力模型研究中国对"一带一路"沿线国家制造业出口现状,认为中国制造业出口效率不高但拥有一定出口潜

---

① 刘晓玲,熊曦.对外产能合作、制造业出口贸易与区域经济增长:以湖南省为例[J].经济问题探索,2015(10):132-136.
② 黄梅波,张晓倩.中非产能对接与非洲三网一化建设:合作基础及作用机制[J].国际论坛,2016,18(1):59-65,81.
③ 熊勇清,李鑫."国际产能合作":制造业海外市场战略转换方向?——"战略价值"与"微观绩效"的评估分析[J].科学学与科学技术管理,2016,37(11):95-103.
④ 熊勇清,苏燕妮.国际产能合作实施的战略价值及模拟分析:基于"两种资源、两个市场"统筹利用视角[J].软科学,2017,31(5):1-5.
⑤ 熊彬,范亚亚.国际产能合作背景下对外直接投资对中国制造业出口技术水平的影响:基于中国-东亚16国的实证分析[J].价值工程,2019,38(4):1-4.
⑥ 肖进杰,杨文武."一带一路"建设中的制造业产能合作研究[J].青海社会科学,2018(6):31-36,84.

力,需要加强贸易便利化和基础设施的投资建设[①]。马光明研究指出"一带一路"沿线的东南亚和南亚地区是中国劳动密集型制造业对外投资的首选区域[②]。

2. 国外研究现状。推进制造业国际产能合作的目的是为了促进制造业的转型升级,其中的关键环节在于提高产业向价值链高端转移的能力。Kong Lingyi, Lou Xuming, Su Jinqi 等指出制造业转型的关键是构造价值链[③],特别是要向价值链微笑曲线两端转型(Qin Y, Qin K D, Xu C L)[④]。Jin Bei 指出中国制造业亟须向价值链高端转型,这点已然成为目前中国产业转型的关键[⑤]。制造业要想实现转型升级,提高创新技术是关键(Ye Q)[⑥]。

通过文献梳理可知,推进制造业国际产能合作对于提升地区经济发展、促进产业转型升级都有重要现实意义,特别是有助于提高中国制造业在全球价值链中的位置。但是,对于当前中国制造业国际产能合作的开展现状分析,文献较少涉及(已有的文献是通过定性分析法进行研究,缺乏客观性和科学性),且使用定量研究方法准确计算并评估制造业国际产能合作运行效率的研究更是空白。这为评价当前制造业国际产能合作的推进现状,寻找政府调整和完善推进国际产能合作的政策措施的决策依据,带来一定阻碍。

(三) 国际产能合作的机制内容研究

对于国际产能合作机制研究,现有文献大多采用定性分析法,从机制建设意义和机制建设内容展开研究。夏先良指出推进国际产能合作的关键在于机制建设,应建立以政府为主导的促进机制、各方互利共赢的合作机制、以产能合作为

[①] 程广斌,刘伟青.中国对"一带一路"沿线国家制造业出口效率分析:基于随机前沿引力模型[J].华东经济管理,2018,32(5):40-48.

[②] 马光明.中国外向型劳动密集制造业对外直接投资区位选择研究[J].中央财经大学学报,2019(9):107-128.

[③] KONG L Y, LOU X M, SU J Q, et al. On Transformation and Upgrading of Communication Manufacturing Industry Under the Perspective of Value Chain[J]. Journal of Xi'an University of Posts and Telecommunications, 2014, 19(1): 94-102.

[④] QIN Y, QIN K D, XU C L. The Viscous Mechanism of Transformation and Upgrading of China's Manufacturing and ITS Path — from the Perspective of the Causes of "Smiling Curve"[C]// Sixth International Conference on Business Intelligence and Financial Engineering. IEEE Computer Society, 2013: 525-529.

[⑤] JIN B. The Mission and Value of Industry — Theoretical Logic of Industrial Transformation and Upgrading in China[J]. China Economist, 2015, 10(1): 4-13.

[⑥] YE Q. The Validation and Mechanism of the Manufacturing Transformation Driving by the World's Innovation Competition[J]. Journal of Industrial Technological Economics, 2015, 34(1): 29-36.

目标的一体化组织机制①。张洪等以中国和哈萨克斯坦的国际产能合作模式为例，同样指出了机制建设的重要意义，认为应建立共生利益分配机制、协调机制和环境优化机制②。郑炜从政策、经济、市场和创新技术角度提出建立国际产能合作机制建设的意义以及机制建设内容③。尚蔚论述了机制建设对山东开展装备制造国际产能合作的价值，并提出要在完善政府引导、优化政策支持和投资环境建设以及促进企业"走出去"方面加强机制建设④。项义军和周宜昕从产业链和价值链视角提出国际产能合作的机制建设应制定规范及约束机制、完善多层级协调机制、健全风险防范及效益评估机制、建立金融及综合保障机制⑤。董千里从加强境外产业园区建设角度，指出推进"一带一路"下的国际产能合作建设，要完善境外产业园区的运行机制⑥。

对于推进具体发展目标的机制研究，学者们根据自己的研究方向，从不同角度提出了机制建设应包括的内容。刘晓煜基于生产要素视角，提出机制应重点从劳动力、资金和技术协同层面展开设计⑦。戴翔从全球要素分工体系层面出发，认为中国应该在提升制度性话语权、补齐短板产业、提升高端要素虹吸能力、推动制度改革等方面加强推进机制建设⑧。马晓河认为乡村振兴战略的推进机制，要重点从农业农村的保障机制、配置机制、供给机制、融合机制、交换机制和分担机制方面着手⑨。其他学者，例如：徐召红和李秀荣从制度、经济和伦理角度⑩，王立军和范国强从服务、需求、风险管理和引导角度⑪，殷凤军等从发展规划、组织实施和保障机制角度对机制的内容进行了论述⑫。

---

① 夏先良.构筑"一带一路"国际产能合作体制机制与政策体系[J].国际贸易,2015(11):26-33.
② 张洪,梁松.共生理论视角下国际产能合作的模式探析与机制构建：以中哈产能合作为例[J].宏观经济研究,2015(12):121-128.
③ 郑炜.我国与"一带一盟"国家传统产能比较与合作研究[J].经济体制改革,2017(3):53-58.
④ 尚蔚.山东开展国际产能和装备制造合作的实践及对策[J].宏观经济管理,2017(5):68-72.
⑤ 项义军,周宜昕.新时代推进中国国际产能合作建设：新模式、新机制和新路径[J].商业研究,2018(10):1-9.
⑥ 董千里.境外园区在"一带一路"产能合作中的新使命及实现机制[J].中国流通经济,2018,32(10):26-38.
⑦ 刘晓煜.供给侧改革中劳动力、资金和技术协同推进机制的构建[J].海南大学学报(人文社会科学版),2018,36(5):69-76.
⑧ 戴翔.主动扩大进口：高质量发展的推进机制及实现路径[J].宏观质量研究,2019,7(1):60-71.
⑨ 马晓河.构建优先发展机制推进农业农村全面现代化[J].经济纵横,2019(2):1-7,137.
⑩ 徐召红,李秀荣.企业社会责任的耦合推进机制设计[J].宏观经济研究,2018(1):146-155.
⑪ 王立军,范国强.完善区域知识产权金融服务推进机制的对策：以浙江省为例[J].科技管理研究,2018,38(1):47-51.
⑫ 殷凤军,叶茂,过秀成.大城市新城交通规划推进机制设计[J].城市发展研究,2015,22(10):1-5,10.

可以看出,学者们基于不同研究背景和差异性的研究目标对机制内容的认识较为多元,论说莫衷一是,而对于推进国际产能合作的机制建设缺乏一些系统性和完整性的论述,主观性较强,客观性欠缺,因此需要从机制深层次内涵和运行机理角度出发,重新设计并规划推进国际产能合作的机制研究方案及内容。但是以上研究成果具有共同的特性,就是肯定了机制建设对推进事务发展的价值,特别是对于推进国际产能合作的实践价值较为明显,所以研究国际产能合作的机制对于推进国际产能合作建设具有重要意义。

(四) 动力机制、协调机制和风险防控机制研究

1. 动力机制。关于动力机制的研究,本节重点从推进制造业发展的动力机制方面进行梳理。文献研究重点是从"动力源"出发,找准推进制造业产业升级的核心要素,文献揭示出以技术、资本和劳动力为代表的生产要素是构建制造业产业发展的动力机制的关键。李捷等从信息技术、劳动力和资本等全要素生产率角度提出动力机制的关键要素[1]。林苍松和张向前从市场、资本、劳动力和政策角度构建了先进制造业发展的动力机制[2]。梁经伟等以经济欠发达地区制造业企业为例,认为该地区企业的动力机制是以技术创新和人力资本积累两条路径出发展开建设[3]。同样,李巧华也认为技术创新是高质量制造业企业发展的动力核心要素[4]。取得相同研究成果的还有张志元和李兆友[5],刘雅君[6]等。可以看出,以生产要素为核心的动力源是动力机制构建的关键,特别是创新技术要素的重要性越来越强。但是以往研究均是从静态角度出发,聚焦于某个阶段的生产要素质量高低对制造业发展的影响,除生产要素以外的其他元素,是否也会对制造业的动力机制构建产生影响,例如企业自身的作用,政府决策的干扰,还有市场竞争者的竞争能力等。此外,能否将以上元素与生产要素全部囊括进一

---

[1] 李捷,余东华,张明志.信息技术、全要素生产率与制造业转型升级的动力机制:基于"两部门"论的研究[J].中央财经大学学报,2017(9):67-78.
[2] 林苍松,张向前.中国培育具有全球影响力的先进制造业基地动力机制研究[J].科技管理研究,2018,38(2):161-170.
[3] 梁经伟,江鸿泽,文淑惠.开放经济背景下欠发达地区制造业发展的动力机制研究[J].软科学,2018,32(1):47-51.
[4] 李巧华.新时代制造业企业高质量发展的动力机制与实现路径[J].财经科学,2019(6):57-69.
[5] 张志元,李兆友.新常态下中国制造业转型升级的动力机制及战略趋向[J].经济问题探索,2015(6):144-149.
[6] 刘雅君.供给侧结构性改革视角下东北经济振兴动力机制优化——基于制造业的实证分析[J].社会科学研究,2016(6):37-43.

个动态研究框架内进行讨论,这点同样值得关注。

2. 协调机制。关于协调机制的研究较为多元,本节重点从区域经济发展与"一带一路"建设角度出发进行梳理。朱天明认为"一带一路"的区域经济协调机制设计要秉持平等互惠的原则,而产业合作是协调机制建设的突破口[①]。孙久文等基于中国区域经济发展现状指出,协调机制的作用在于促进产业协调发展和互联互通建设[②]。同样,庞敏和张志伟从促进贸易投资便利化角度出发,认为"一带一路"建设的协调机制要从加强区域经济一体化和互联互通方面展开建设[③]。另外,白文静从化解"一带一路"建设矛盾角度,强调协调机制的建设要从法律法规制定层面出发[④]。对于更为具体的协调机制内容研究,钟昌标等提出中国的外国直接投资(FDI)和对外直接投资(OFDI)两种情况下的协调机制内容,分别是建立合作平台、加强风险防控、引入负面清单制度和提升民营经济比重[⑤]。

值得注意的是,国际机制理论中关于机制建设的思想对于协调机制的构建能起到一定提示作用。克莱斯纳(Krasner)认为国际机制是在特定单一议题领域,由围绕着行为者(actor)的原则(principles)、规范(norms)、规则(rules)以及决策程序(decision-making procedures)共同组成[⑥]。Krasner 对国际机制的定义,不仅得到国际关系学者的普遍认同,也是其他社会科学领域研究学者借助国际关系理论进行研究的理论基础。他提出的国际机制"四要素"具体定义如下:

(1) 原则:指对事实、因果关系、正义的信仰。是国家政策在其运行影响下进行制定与改变的主导思想。原则并不是特定的法律或政策纲领,而是在国际关系中,国家可被接受的许可或禁止行为,本质上并非规范框架的一部分。

(2) 规范:指以一般权利义务所界定的行为标准。分为提供特定许可行为标准的"实质规范"和提供国家应如何设计使用决策机制的"程序规范"。

(3) 规则:指对某种行为的特定惯例规定或禁令,是一般立法与可被观察的行动,大部分是取决于该体制的"规范"和"决策程序"。

---

① 朱天明."一带一路"建设促进区域协调发展的机制与路径[J].中共中央党校学报,2017,21(2):37-44.
② 孙久文,张可云,安虎森,等."建立更加有效的区域协调发展新机制"笔谈[J].中国工业经济,2017(11):26-61.
③ 庞敏,张志伟."一带一路"沿线国家投资便利化问题研究[J].理论探讨,2019(4):109-114.
④ 白文静."一带一路"经济走廊多元化协调机制的构建[J].甘肃社会科学,2019(1):140-146.
⑤ 钟昌标,张梦婷,俞峰."引进外资"与"对外投资"的协调机制与政策研究[J].国际贸易,2018(1):16-19.
⑥ 门洪华.对国际机制理论主要流派的批评[J].世界经济与政治,2000(3):23-29.

(4) 决策程序：指形成与实践集体选择的现行实务管理，系"规范"与决策机制的结合，是决定参与者不同形式的决策，以及形成与执行"规则"的共识。

通过文献梳理发现，建立协调机制的目的在于促进区域经济整合与发展，特别是在"一带一路"倡议下，协调机制的作用就更为明显。以上学者提出的协调机制要么过于零散，要么又过于聚焦于某点（只强调制度建设），并不是在统一理论框架下建立起来的，因此本书尝试引入国际机制理论思想，以期为协调机制建设提供科学系统的新思路。

3. 风险防控机制。风险防控源于风险管理理论，关于风险防控机制的建立，容志认为要从风险的识别、评估、防范、控制以及交流角度展开机制建设[1]。姜萧潇指出应该从法律法规、财税金融政策、企业提升自身国际经营能力角度展开风险防控机制的建设[2]。而韩梦洁指出风险防控理念主要包含内部控制和风险管理两个方面。风险防控机制的建设要从环境管理与控制、风险评价和控制运营活动等方面着手[3]。吕文栋等提出风险防控的引入弹性和阈值，认为风险防控的机制建设应该围绕守住底线和开拓空间两个层面展开[4]。对于风险防控机制的研究，已有文献研究成果均取得了一致共识，汪忠和黄瑞华在文中也认同风险管理的关键环节在于风险的识别与评估，要注重风险的控制与管理[5]。以上研究成果为推进中国制造业国际产能合作的风险防控机制研究提供了参考借鉴。

（五）文献述评

国内文献在识别国际产能合作的本质，推进国际产能合作的内容建设，以及与"一带一路"关系等研究方面取得了一定成果，为新时期深入推进制造业国际产能合作建设相关议题的研究做出了理论贡献。已有文献普遍认为，国际产能合作是一种国际产业转移的方式，基于国际贸易和国际投资等国际分工形式，由中国企业推动，寻求有产业合作潜能和合作意愿的其他国家及企业展开跨国合作。在具体国际产能合作内容方面，制造业是重点合作的产业项目，与"一带一

---

[1] 容志.风险防控型公共危机治理框架：模型及其应用[J].探索,2012(4):63-67.
[2] 姜萧潇.中国国企对外直接投资风险防控[J].国际经济合作,2014(6):31-34.
[3] 韩梦洁.美国大学风险防控体系：理论变迁与实践探索[J].现代教育管理,2018(10):59-63.
[4] 吕文栋,赵杨,韦远.论弹性风险管理：应对不确定情境的组织管理技术[J].管理世界,2019,35(9):116-132.
[5] 汪忠,黄瑞华.国外风险管理研究的理论、方法及其进展[J].外国经济与管理,2005(2):25-31.

路"沿线国家展开跨国合作是中国企业的优先投资方向。推进制造业国际产能合作对于提升地区经济发展,促进产业转型升级具有重要现实意义,有助于提高中国制造业在全球价值链中的位置。国际产能合作这一新型国际投资模式为中国政府提出,且历程较短,因此国外文献近些年没有专门研究该议题的成果出现,但因为企业是国际产能合作的主体,所以国外文献对于跨国公司的理论和实践研究,特别是中国企业进军海外市场的经验总结,将为研究推进制造业国际产能合作建设过程中的企业行为提供借鉴。

推进制造业国际产能合作的关键在于机制建设,在研究制造业国际产能合作的机制之前,需要准确把握制造业国际产能合作的发展现状。但较为遗憾的是,目前文献对该议题的研究较少,已有文献也是采用定性分析法展开研判,一定程度上缺乏客观性和科学性,而使用定量研究方法准确计算并评估制造业国际产能合作运行效率更是研究空白,这为评价当前制造业国际产能合作的推进现状带来了一定阻碍。

在现状分析的基础之上,才能准确展开机制建设。现有文献的突出贡献是肯定了机制建设对推进事务发展的价值和意义,特别是对于推进国际产能合作的实践价值较为明显,所以研究国际产能合作的机制对于推进国际产能合作建设具有重要现实意义。但是,基于不同研究背景和差异性的研究目标,学者们对机制内容的认识较为多元,对于推进国际产能合作的机制建设缺乏一些系统性和完整性的论述,主观性较强,因此需要从机制深层次内涵和运行机理角度出发,重新设计并规划推进国际产能合作的机制研究方案及内容。

基于国内外研究现状,本书提出有待研究的具体问题:

1. 目前制造业国际产能合作的运行效率究竟如何,需要有实证研究进行论证及评价。国际产能合作提出至本书完稿已 7 年有余,当前处于深入推进"一带一路"建设的关键期,过去中国推进制造业国际产能合作的效果究竟如何,以往研究还没有实证结论进行佐证。因此,对该问题的研究应该为政府和企业调整及完善制造业国际产能合作的政策措施提供实证依据。

2. 推进制造业国际产能合作建设过程中,如何构建相关机制,使之服务于国际产能合作。以往研究对于机制认识较为混乱,不同研究者站在不同研究角度提出各种实施机制,有些机制甚至与措施和政策混为一谈。因此,需要追本溯源,从机制深层次内涵出发,深入挖掘机制运行机理,站在理论基础之上并结合实践情况,科学而系统地构建推进制造业国际产能合作的机制。

3. 推进制造业国际产能合作过程中，动力机制的构建能否摆脱以往研究过于静态化的机制设计，能否聚焦于生产要素这类动力源，同时还能扩大动力源研究范围，并将更为广泛的动力源要素纳入统一研究框架中，设计更符合动态且复杂的国际产能合作运行现状的动力机制。

4. 推进制造业国际产能合作过程中，协调机制的构建能否更加规范化和科学化。已有文献都肯定了协调机制在促进区域经济发展和产业发展方面的作用，但学者们构建的协调机制要么过于零散，要么又过于聚焦于某点（只强调制度建设），并不是在统一理论框架下建立起来的，因此，协调机制的设计需要规范化和科学化的理论指导。

5. 推进制造业国际产能合作过程中，风险防控机制的建立能否完善风险防控理论，从风险指标、风险识别、风险控制和风险管理角度展开机制设计，本书将做出尝试。

四、研究内容及方法

（一）研究内容

本书研究内容主要归为七个部分，共计九个章节，研究内容如下：

第一部分：提出研究问题。在第一章绪论中，对中国开展制造业国际产能合作的背景展开分析，确定本书研究目的及意义，经过制造业国际产能合作及机制建设的国内外文献资料梳理，确定研究目标及创新点。

第二部分：搭建理论研究框架，本部分由第二章和第三章组成。第二章对核心概念及理论基础进行解释及梳理。首先，对"产能及国际产能合作""制造业国际产能合作""机制及动力机制、协调机制和风险防控机制"等概念进行辨析，同时明确制造业分类体系，确定本书研究范围。其次，对国际分工理论、国际投资理论和国际产业转移理论进行理论梳理，从中汲取理论思想内涵，创建本书研究理论基础。第三章对推进国际产能合作机制的作用机理展开分析。通过构建数理模型，以国际产能合作基础模型和企业行为选择模型为根本，对国际产能合作运行模式展开模型解析，然后从机制系统构成角度，提出本书研究的机制由动力机制、协调机制和风险防控机制组成，并对三种机制相互作用机理展开阐述，以此搭建本书研究的理论框架。

第三部分：中国制造业国际产能合作商业模式运行现状分析，本部分由第四章和第五章组成。对制造业国际产能合作的基础条件、商业模式及运行效率展开综合研判。首先,分析当前中国开展制造业国际产能合作的基础条件,从外部环境、内在条件及产业发展角度论证国际产能合作势在必行。其次,介绍国际产能合作的商业模式,结合中国企业长期对外直接投资经验,以及制造业产业发展特点,归纳出产业集群转移模式、境外产业园区承载模式和多元化企业联盟参与模式三种推进模式。第五章建立中国制造业国际产能合作商业模式运行效率的评价体系,利用数据包络分析方法对评价指标展开测算并进行实证研究。客观评价当前中国制造业国际产能合作的商业模式运行效率,并对影响效率提升的主要因素进行初步判断。以上研究为制造业国际产能合作的机制构建提供现实依据。

第四部分:推进中国制造业国际产能合作的动力机制,本部分由第六章组成。引入行动者网络理论,提炼该理论思想内涵和研究方法,构建中国制造业国际产能合作的动力机制。动力机制的核心环节是确定核心行动者和转译过程,转译过程的实施即是动力机制运行的直接体现。其次,根据第四章和第五章实证分析结果,建立 Tobit-超效率 DEA 模型,论证动力机制对推进中国制造业国际产能合作的运行效率提升有显著促进作用,以此验证动力机制的有效性。

第五部分:推进中国制造业国际产能合作的协调机制,本部分由第七章组成。首先,明确协调机制的构建背景是以推进区域经济一体化和以"一带一路"倡议为依托。其次,以国际机制理论研究范式为指导,从协调机制的原则、目标方向、规范、规则和决策程序五个方面对推进制造业国际产能合作的协调机制进行构建。再次,以中国-欧亚经济联盟建立自由贸易协定(FTA)为例,利用全球贸易分析模型(GTAP)对制造业国际产能合作的协调机制进行实证分析,以此验证协调机制的有效性。

第六部分:推进中国制造业国际产能合作的风险防控机制,本部分由第八章组成。利用风险防控理论的研究思想,从准确识别风险种类、客观评估风险影响程度、建立有效的风险控制和管理机制四个方面,对推进中国制造业国际产能合作的风险防控机制展开构建。利用层次分析法对各类风险进行综合评估,确定影响中国开展制造业国际产能合作的主要风险类型及影响程度,以此建立针对各种风险的控制及管理机制。

第七部分:推进中国制造业国际产能合作运行的保障措施,本部分由第九章组成。针对前三章关于动力机制、协调机制和风险防控机制的构建内容,本章提出基于三部分机制的保障措施建议。

本章最后一节是结论,对全文进行总结分析,提出六条结论,同时对未来研

第一章 绪　论

究进行展望。

（二）研究方法

1. 文献演绎法。通过广泛阅读经典文献、查阅最新研究成果、搜集相关研究报告和实践案例，确定研究方向和目标。在理论研究和文献综述基础之上，搭建研究框架和确定研究内容。本书利用文献演绎法主要明确了以下内容：一是"一带一路"倡议是国际产能合作顺利开展的基础保障，国际产能合作是"一带一路"建设的重要手段，推进国际产能合作的机制研究要建立在"一带一路"倡议背景之下；二是推进国际产能合作机制的理论来源是国际分工理论、国际投资理论和国际产业转移理论；三是推进国际产能合作的机制设计要从动力机制、协调机制和风险防控机制三个方面着手。

2. 多学科综合研究法。行动者网络理论早期是社会学领域研究的主要方法，现在被作为一种多学科方法论理论应用于管理学、经济学和地理学等学科研究中。国际机制理论较早出现在国际关系学的研究议题里，涉及政治、经济、外交和军事等领域，是研究国际政治经济和国际关系学的重要基础理论之一。本文引入行动者网络理论，从动态视角探究制造业国际产能合作的动力机制，有别于其他研究成果多从静态角度分析动力机制，更加系统且完整。同时，本书基于国际机制理论的核心思想，重新设计制造业国际产能合作的协调机制。除以上学科理论方法以外，本书研究大量使用国际贸易学相关理论，同时涉及一部分产业经济学理论和区域经济学理论。

3. 定性与定量研究相结合。定性研究法主要利用大量文献资料对研究内容展开质性及规范分析，定量研究法主要通过搜集大量数据并进行定量运算，通过实证研究证明设想。定性研究和定量研究在本书中相辅相成、互为支撑、缺一不可。本书首先通过定性和规范研究对制造业国际产能合作的背景、开展条件以及模式设置进行论证，并对国际产能合作的机制构建展开机理分析，建立理论研究框架。实证研究方面，本书利用数据包络法和 Tobit 模型对制造业国际产能合作的运行效率及动力机制作用效果展开分析；利用 GTAP 模型对中国-欧亚经济联盟建立自由贸易协定（FTA）后的国际协调机制展开实证检验；利用层次分析法（AHP）对制造业国际产能合作风险防控的因素进行综合研判。

五、创新之处

1. 构建中国制造业国际产能合作的运行效率评价体系，并对中国制造业国际产能合作的运行效率进行客观评估。利用数据包络法中的CCR-BCC-超效率DEA模型,对中国制造业国际产能合作的综合技术效率、纯技术效率、规模效率和规模收益展开研判,相对客观地评估当前中国制造业国际产能合作的运行效率。

2. 初步搭建起制造业国际产能合作机制研究的理论框架。从"机制"理论内涵出发,根据机制构建的要素及原则,结合国际产能合作的实践情况,提出推进中国制造业国际产能合作的机制由动力机制、协调机制和风险防控机制构成。建立机制数学模型,深入挖掘三个机制的相互作用机理,从理论层面搭建了制造业国际产能合作的机制研究框架。

3. 从不同角度研究推进国际产能合作的机制内容。基于动态化视角,以行动者网络理论为指导,构建推进中国制造业国际产能合作的动力机制。引入行动者网络理论,打破"内、外力"静态分割模式,将人类行动者和非人类行动者纳入统一研究框架,从确定核心行动者,到问题呈现、利益赋予、征召、动员和异议的"转译"过程,建立了制造业国际产能合作的动力机制,并对其作用效果展开实证分析。基于区域经济一体化视角,以国际机制理论为指导,构建推进中国制造业国际产能合作的协调机制。从机制的原则、目标方向、规范、规则和决策程序五个方面,搭建了推进制造业国际产能合作的协调机制,并对机制作用效果展开实证分析。

4. 构建中国制造业国际产能合作的风险评价体系,并对推进制造业国际产能合作的风险防控机制展开研究。借助风险防控理论思想,利用层次分析法建立符合中国制造业国际产能合作现状的风险评价体系,对风险进行识别和评价,有区别并有重点地从环境风险防控、产业结构风险防控、公司运营风险防控和财务风险防控四个方面建立推进制造业国际产能合作的风险控制及管理机制。

第二章　概念界定及理论基础

本章是全书研究的理论基础，首先对研究涉及的核心概念进行内涵界定，其次对研究国际产能合作所使用的基础理论进行归纳总结。本章从理论层面解释了国际产能合作的合理性及科学性。

第一节　概　念　界　定

一、产能及国际产能合作

(一) 产能

"产能"一词在《新词语10000条》一书中的解释为"生产能力的代表，以生产总量为标准"[①]。做出同样解释的还有《新中国60年新词新语词典》[②]以及《新编经济金融词典》。而《新编经济金融词典》对"产能"进行了更为详尽的描述，认为"产能"指企业利用所有生产要素和资源，在规定时间内所能生产的产品数量和所能达到的质量标准，是企业加工能力的一种表现[③]。本书认为，"产能"是"生产"和"能力"的组合，"生产"代表数量，"能力"代表效率，是企业在一定时期内所能生产的产品数量和为了达到标准和数量所具备的生产效率。

从企业内部层面理解，产能取决于企业所能拥有及管理生产要素的能力，包

[①] 刘海润,亢世勇.新词语10 000条[M].上海：上海辞书出版社,2012.
[②] 沈孟璎.新中国60年新词新语词典[M].成都：四川出版集团·四川辞书出版社,2009.
[③] 杨明基.新编经济金融词典[M].北京：中国金融出版社,2015.

括拥有的生产产品的厂房、设备、资金、创新技术和劳动力数量的多少和质量的高低等。从企业外部层面理解,产能取决于核心企业构建产业链的能力,包括围绕核心企业的核心产品的产业链上下游企业是否能够提供配套产品及服务,例如生产产品的原材料、零部件、配套加工能力、销售及售后服务水平等。除此以外,支持企业发展的外部环境同样对产能有着至关重要的影响,例如一国提出的产业扶持政策、融资政策、税收及关税等各种政策,以及一国基础设施建设水平,尤其是以运输和电力为代表的基础设施供给能力等,均会对产能提高形成较大影响力。

(二) 国际产能合作

"国际产能合作"的提出最早可追溯到 2014 年,李克强总理访问哈萨克斯坦时,与其时任总理马奇莫夫商谈"中哈产能合作"相关事项。紧接着在 2015 年,"国际产能合作"正式出现在国务院发布的《关于推进国际产能和装备制造合作的指导意见》中,该文件对国际产能合作原则、任务、合作项目、实施计划等做出了具体规定[1]。随后几年时间里,国内学者从理论和实践角度对国际产能合作进行了解读。

张梅通过剖析国际产业转移发展规律,认为开展国际产能合作是中国顺应世界产业发展潮流,将自身发展与世界发展需求相结合的必然选择,提出国际产能合作是区别于美国和日本主导的产业分工,拥有程序合作内容多样化、合作区域分布广的特点[2]。吴福象基于比较优势和产业国际转移视角,认为国际产能合作是从资本、产能项目、人才流动、技术转让、资源分享等方面实现产业链转移,合作双方优势互补和产业互补,最终实现合作共赢[3]。董千里从供应链和产业集群角度,认为国际产能合作是通过国际直接投资和国际贸易的方式,将供应链和产业链形成的供应链集成和产业集群为基础的产业链向"一带一路"沿线国家转移,帮助经济欠发达国家实现初步工业化[4]。陈伟和王妙妙认为国际产能合作主要以国际直接投资和对外贸易新模式来推动"一带一路"建设[5]。项义军

---

[1] 胡畔.推动企业"走出去"应减少政策干预[N].中国经济时报,2015 - 05 - 18(002).
[2] 张梅.对外产能合作:进展与挑战[J].国际问题研究,2016(1):107 - 119.
[3] 吴福象.中国推进国际产能合作的原则与实践方向[J].国家治理,2018(40):3 - 6.
[4] 董千里.网链绿色延伸:"一带一路"重卡产能合作的价值链提升[J].中国流通经济,2018(6):3 - 14.
[5] 陈伟,王妙妙."一带一路"背景下中国国际产能合作效率及其影响因素研究[J].经济论坛,2018(3):87 - 92.

和周宜昕结合党的十九大会议精神和新时代中国特色社会主义理论内涵,提出国际产能合作是新时代创新对外投资方式的可选模式之一,是国际经济合作理论、国际直接投资理论与国际产业转移理论的新突破,其根本任务就是推进产业国际转移[1]。

可以看出,对国际产能合作的理论解读,应该紧紧围绕国际经济合作相关理论,特别是围绕国际分工、国际产业转移和国际投资理论展开论述。本书认为国际产能合作的实质是产业国际转移,从微观层面看,是企业借助国际贸易、国际直接投资等国际经济合作方式展开跨国产业合作,企业通过构建全球产业链、供应链和价值链实现资源全球配置;从宏观层面看,是两个或两个以上的国家借助国际产能合作方式,展开以产业生产能力为核心的全球合作,以此促进地区经济发展和提高区域经济一体化水平。国际产能合作存在以下特征:

第一,推进国际产能合作的主体是企业,而承担协调及保障工作任务的是政府。国际产能合作是一种市场经济行为,企业是核心主导者,企业出于利益考量,拥有开拓市场的驱动力。在推进国际产能合作过程中,所有建设任务都是以企业为核心展开的跨国产业合作,企业拥有产品生产技术和管理经验,可以雇佣劳动力。核心企业寻求产业链上下游其他企业的积极配合,搭建全球生产网络和销售网络,实现资源优化配置,控制产业链运行,以此形成国际产能合作的主导力量。

良好运行的国际产能合作一定需要强有力的政府提供协调及保障服务。新中国成立以及改革开放以来的发展实践经验证明,强有力的政府是市场经济发展的关键保障,政府通过产业政策引领国家经济发展[2]。政府通过政策实施引导国际产能合作发展。例如在推进国际产能合作过程中,中国政府会发布国际产能合作建设规划,引导及支持相关产业积极布局海外市场,通过降低税收、提供出口退税、协调金融机构提供融资支持等措施,引导拥有技术优势和生产优势的装备制造业企业、基础设施建设企业、能源化工企业等开拓海外市场。同时,中国政府借助国际合作机制,与世界其他国家建立良好的政治经济关系,通过签署国家间合作框架协议,搭建国际产能合作平台等措施,为推进国际产能合作提供良好的国际政治及经济环境。并且,中国政府会为企业开展国际产能合作提

---

[1] 项义军,周宜昕.新时代推进中国国际产能合作建设:新模式、新机制和新路径[J].商业研究,2018(10):1-9.
[2] 陈云贤.中国特色社会主义市场经济:有为政府+有效市场[J].经济研究,2019,54(1):4-19.

供各类保障服务。例如，建立国际产能合作风险预警机制、引导国内金融机构随产能项目一起借船出海、协调本国企业与当地政府产生的纠纷、维护海外企业的投资利益等。

第二，推进国际产能合作要以产能项目建设为抓手。国际产能合作建设的主体是企业，企业围绕产能项目开展国际经济合作。中国经过改革开放四十多年的发展，已经成为世界第一制造业大国，在众多制造业产业门类里，拥有大批具备国际竞争力的产业。产业合作以需求为基础，与中国开展国际产能合作的众多发展中国家正处于向工业化迈进的初步阶段，对中国提供的优质制造业国际产能合作项目拥有较大的需求空间，中国提出的国际产能合作恰好能够满足这些国家的工业化发展需要。以产能项目建设为核心，以合作共赢为原则，不附带任何政治条件的国际产能合作新模式成为带动经济欠发达国家快速实现工业化的重要手段。

第三，推进国际产能合作以"一带一路"倡议为支撑，以"一带一路"沿线国家为重点合作对象。国际产能合作是在"一带一路"建设背景下提出的，要以服务及建设"一带一路"为己任，同时，"一带一路"倡议也为顺利推进国际产能合作提供发展机遇。"一带一路"作为中国提出的百年发展大计，世界各国对其认识在逐步深入。"一带一路"的建设成果是以具体建设项目为体现，所以，国际产能合作的项目建设就是"一带一路"建设的众多成果之一。"一带一路"为国际产能合作提供了市场空间，有利于中国企业开拓"一带一路"沿线国家市场，同时，"一带一路"搭建的国际合作机制也能为国际产能合作所用。可以说，"一带一路"为推进国际产能合作提供机制保障，而国际产能合作建设成果是"一带一路"建设成果清单中的重要组成部分。

第四，国际产能合作以国际贸易和国际直接投资为主要国际经济合作方式。中国企业"走出去"的主要方式是通过国际贸易和国际直接投资，尤其是近年来跨国投资取得明显效果，中资企业在此过程中，积累了丰富的国际运营经验，为国际产能合作开展奠定了投资基础。国际产能合作目标国以发展中国家为主，这类国家普遍存在法治建设不足、市场经济运行规则不透明的特点，因此在选择国际产能合作具体模式的时候，要灵活应变。假如东道国关税壁垒较高，而投资成本较低，则我方企业可选择以国际直接投资的方式进入东道国市场；反之，则可选择出口方式或者寻求与第三国企业合作的方式进入东道国市场。总之，国际产能合作不是单一的某种具体国际经济合作方式，而是以国际贸易和国际直接投资为主,以其他国际经济合作方式为辅,多种合作方式共同组成的混合跨国投资模式。

二、制造业国际产能合作

1. "制造业"一词有着相对成熟的名词概念,本身没有特别深奥的理论意义,其本质是代表一种产业类型。不同国家和国际组织制定的"制造业"分类标准略有区别。根据我国《国民经济行业分类》(GB/T 4754—2017),中国对"制造业"分类如表2-1所示。根据联合国经济和社会事务统计局制定的《全部经济活动国际标准行业分类》,制造业分类如表2-2所示。本书研究凡涉及"制造业"的分类均基于以上述两个部门的标准,在后续章节的研究中,数据使用会特别说明资料来源,不同的资料来源所对应的分类标准不同。

表2-1 《国民经济行业分类》(GB/T 4754—2017)中的制造业分类

编码	行业	编码	行业
13	农副食品加工业	29	橡胶和塑料制品业
14	食品制造业	30	非金属矿物制品业
15	酒、饮料和精制茶制造业	31	黑色金属冶炼和压延加工业
16	烟草制品业	32	有色金属冶炼和压延加工业
17	纺织业	33	金属制品业
18	纺织服装、服饰业	34	通用设备制造业
19	皮革、毛皮、羽毛及其制品和制鞋业	35	专用设备制造业
20	木材加工和木、竹、藤、棕、草制品业	36	汽车制造业
21	家具制造业	37	铁路、船舶、航空航天和其他运输设备制造业
22	造纸和纸制品业		
23	印刷和记录媒介复制业	38	电气机械和器材制造业
24	文教、工美、体育和娱乐用品制造业	39	计算机、通信和其他电子设备制造业
25	石油、煤炭及其他燃料加工业	40	仪器仪表制造业
26	化学原料和化学制品制造业	41	其他制造业
27	医药制造业	42	废弃资源综合利用业
28	化学纤维制造业	43	金属制品、机械和设备修理业

资料来源:国家统计局网站。

表 2-2 联合国《全部经济活动国际标准行业分类》中的制造业分类

编码	行业	编码	行业
10	食品制造	22	橡胶和塑料制品制造
11	饮料制造	23	其他非金属矿物制品制造
12	烟草制品制造	24	基本金属制造
13	纺织品制造	25	机械设备除外的金属制品制造
14	服装制造	26	计算机、电子产品和光学产品制造
15	皮革和相关产品制造	27	电力设备制造
16	木材、木材制品及软木制品的制造（家具除外）、草编制品及编织材料物品制造	28	未另分类的机械和设备制造
		29	汽车、挂车和半挂车制造
		30	其他运输设备制造
17	纸和纸制品制造	31	家具制造
18	记录媒介物的印刷及复制	32	其他制造业
19	焦炭和精炼石油产品制造	33	机械和设备的修理和安装
20	化学品及化学制品制造		
21	基本医药产品和医药制剂制造		

资料来源：联合国经济和社会事务统计局网站。

2. 制造业国际产能合作。结合国际产能合作的内涵界定，本书认为制造业国际产能合作是指制造业相关企业借助国际贸易、国际直接投资等国际经济合作方式围绕制造业相关产业的技术研发、设计包装、生产制造、物流运输和销售售后服务等环节的跨国合作。制造业核心企业通过国际产能合作布局全球生产网络，征召国际产能合作对象，参与由其主导并构建的制造业全球产业链和价值链，形成多层级和多国籍企业的合作关系。制造业国际产能合作的目标是推进中国优质制造业产能项目走向国际市场，提高制造业企业开拓国际市场和国际经营的能力，满足东道国工业化发展的要求，促进东道国经济发展和社会福利水平的提升。制造业国际产能合作的对象是有制造业产业发展需求的国家和企业，当前重点合作对象是以"一带一路"沿线国家为主要市场的目标国。

三、商业模式

魏炜、朱武祥和林桂平合著的《商业模式经济解释》中，对商业模式的定义、功能和运行机制有详细的论述。他们认为,商业模式由最核心的六个要素构成,"六要素"包含业务系统、定位、盈利模式、关键资源能力、现金流结构和企业价值等。其中业务系统是六要素中的核心,强调整个交易结构的构型、角色和关系。而定位强调满足利益相关者需求的方式,盈利模式强调与交易方的收支来源及收支方式,关键资源能力强调支撑交易结构的重要资源和能力,现金流结构强调在时间序列上现金流的比例关系,这四个要素都可以认为是业务系统在不同侧面的映射。最后企业价值是商业模式构建和商业目标实现的最终结果①。

刘爱孜认为,商业模式从狭义上来讲是指商业经营的途径与方法,无论企业采用何种经营途径或者方法,其核心目的仍围绕着实现盈利而展开,因此,对于企业而言,能够为企业带来丰厚利润的商业模式才能算是适合企业发展的成功的商业模式。商业模式的优劣在很大程度上决定了国际企业的发展战略,甚至影响到国际企业的生存状态。从企业运行角度来看,国际企业现阶段主流的商业模式主要包括两种:运营性商业模式与策略性商业模式,所谓运营性商业模式即致力于创造企业的核心优势,提升企业的能力,拓展企业的关系网络,丰富企业的知识层面,使得企业的核心优势能够与企业在产业价值链方面的定位相匹配、相均衡,以核心优势为主体打造企业的竞争性产品。策略性商业模式是基于运营性策略的拓展与延伸,其所包含的范围以及所涉及的方面更加宽泛,主要包括企业的业务模式、渠道模式以及组织模式②。

刘金兰认为,国际商业模式是指先对某国或区域的基本政治、经济环境进行调研,然后对其投资、外汇、商业、物流、海关、会计、税法、双边税收协定等领域,尤其是对行业相关的政策、法规、案例进行深入研究剖析和总结后,得到在这个国家或区域从事商业活动的基本规范和应对策略,包括最佳贸易术语、签约主体、签约规范、税务条款优化、合同交付执行、当地组织机构的规范管理等内容。国际商业模式分为国家商业模式和区域商业模式,其核心内容完全覆盖了跨国税务筹划的三个层次——项目、国家、区域③。

通过以上学者对"商业模式"的诠释梳理,可以看出,商业模式是企业参与商业活动中的具体模式,或者是实践路径。通过调集、汇总、利用各种要素资源开展的一系列商业活动,最终目的是实现企业盈利。国际商业模式相较于国内商

---

① 魏炜,朱武祥,林桂平.商业模式经济解释[M].北京:机械工业出版社,2019:21.
② 刘爱孜.国际企业商业模式的发展现状及未来趋势分析[J].现代商业,2018(31):24-25.
③ 刘金兰.国际商业模式——跨国企业走向全球的支点[J].中国税务,2011(10):38-39.

业模式而言,环境因素更加复杂,涉及国际政治、经济、法律、社会人文等多种因素,因此,国际商业模式的实施,需要企业具备开拓国际市场的能力,并且可以较好地利用国内国际"两个市场、两种资源"。同时,中资企业在开展国际产能合作过程中,要学会"抱团取暖",共建互利共赢的合作式商业模式。

四、机制及动力机制、协调机制和风险防控机制

(一)机制

"机制"一词对应的英文单词是"mechanism"或"regime"。"mechanism"指物理机械的运行,构造或工作原理。后来"机制"一词被广泛应用于社会科学研究领域,此时的"机制"被翻译为"regime"。"regime"的中文解释有"机制""体制""体系""建制"等词义。"regime"包含了对于体系的管辖、树立规则和指导的含义,类似于为某个组织建立合法的规则、原则和体制等。对于"机制"概念的解读,没有一个统一规范的说法,不同研究背景的学者会有不同的理解。

马维野和池玲燕从系统动力学角度解读,"机制"是靠一整套系统在运行,机制内各个要素通过系统联结在一起,系统运行遵守一定的规则和规范[1]。罗伯特·基欧汉从国际关系学角度理解"机制"是一系列由规则和规范组成的国际组织和国际协定[2]。在国际合作领域,"机制"一词也常常被定义为在秉持成员方"自愿同意"原则下,为了同一目标达成的协议。机制既无权威性安排,也可能缺乏法律系统般的完整性,而是在一个合作框架内,约束各相关参与者的行为。唐宜红基于区域经济一体化理论,指出"机制"是在区域经济一体化过程中,不同经济体之间建立的组织机构、规则和规范,用来指导和约束经济体行为[3]。从政治系统论角度考查,张英秀认为"机制"介入了政府运转的过程,承担了意见收集、意见整理和意见决策等链条环节的工作,是一种制度保障。虽然政治机制不如政治制度具有强制性和稳定性,但若作为政权机构相互联系的纽带,或是反映管理者与被管理者之间的关系,则"机制"代表政治制度的一部分,具有相当的权威性、系统性和稳定性[4]。值得特别关注的是,张序和张霞为社会科学领域的机

---

[1] 马维野,池玲燕.机制论[J].科学学研究,1995(04):2-6,83.
[2] 罗伯特·基欧汉.霸权之后——世界政治经济中的合作与纷争[M].苏长和,等译.上海:世纪出版集团,2006:57-61.
[3] 唐宜红.两岸一体化问题研究:区域一体化理论视野[M].厦门:鹭江出版社,2007.
[4] 张英秀.政府过程视阈中的"两会"机制[J].中共福建省委党校学报,2010(7):4-9.

制研究设计了一个"五步研究框架",即明确设计目标—选择最佳方案—评估方案可行性—运行效果评价—纠正偏差[①]。尽管不同学者基于各自研究背景,对"机制"一词都给出了不同的解读,但仔细分析可以看出,学者们几乎都把"规则""规范""制度""原则"等词汇选为关键词,这些词汇的含义实质是一种约束关系,约束系统内各成员的行为,要求成员遵守统一的行为规范。从"机制"起源来看,以上学者对"机制"的理解更多是基于系统内成员的"行为",而对成员间不同"行为"产生的原因,"行为"和"行为"间的内在逻辑关系和运行规律关注得较少。

因此,本书认为,首先从深层次逻辑运行机理来看,"机制"反映的是系统内部各个成员的联结关系,是系统内部不同"要素"之间运行的程序(这里的"要素"即可指生产要素,例如土地、劳动力、资金和技术等,也可指系统内各个参与成员,例如政府、企业、人员、产业等)。系统内部各个成员通过机制的联结,结成统一整体,在要素驱动下按照一定规则运转。良好的机制保障了系统顺利运行,成为系统永续运转的润滑剂。其次"机制"从具体形式来看,是规范系统内部各成员行为的原则、规范或者规则,这类约束机制可以保证系统内部成员按照统一要求,朝着统一目标运转。

(二) 动力机制、协调机制和风险防控机制

1. 动力机制。本书认为动力机制是由动力推动者、动力目标和动力程序组成的。动力是系统内不同要素运行及相互作用的根本力量,通过动力机制激活系统内部各个成员的活力,促使所有成员按照各自任务分工,围绕系统统一设定的目标,积极主动地推动系统不断完善优化而采取的行动。正如对国际产能合作内涵的界定,国际产能合作的动力机制的推动者是企业和政府,企业是推进国际产能合作的核心,政府是推进国际产能合作的保障。动力机制的动力源根据参与国际产能合作的主体不同,拥有一定的异质性。所以,协调不同动力源,使之在同一行动目标下开展国际产能合作是动力机制建设的重要内容。动力程序是动力机制驱动系统运行的作用过程。国际产能合作的动力机制由动力推动者主导,各个参与成员领取各自承担任务,按照统一动力目标展开行动,在动力机制运行过程中,动力机制推动者不断赋予参与成员各种利益,动员及征召其他成

[①] 张序,张霞.机制:一个亟待厘清的概念[J].理论与改革,2015(2):13-15.

员积极加入由其构建的国际产能合作网络,同时充分协调机制运行可能产生的利益冲突,以此推进国际产能合作的可持续运转。

2. 协调机制。本书研究的协调机制,将以国际机制理论思想为指导,根据 Krasner 提出的国际机制内容,从原则、规范、规则以及决策程序方面展开设计。本书认为协调机制是按照一定的协调原则及要求、根据明确的协调目标和协调方向展开的关于规范和规则建设的一系列机制内容。协调机制的构建将会保证机制系统稳定运行,理顺各类子机制运转的关系,有利于统筹安排机制内各成员的工作任务,缓解机制内成员不同行为所带来的矛盾冲突。国际产能合作的协调机制要以现有国际多边及双边国际合作机制为设计模板,以促进区域经济一体化为设计目标,必须符合区域经济发展现实。同时,协调机制要坚持企业为主导的市场化运作方式,坚持可持续性发展和先易后难稳步推进的设计原则。国际产能合作的协调机制要以"一带一路"建设为背景,加强与"一带一路"沿线国家开展产业合作为方向,重点是搭建国际产能合作框架。并且,国际产能合作的协调机制以制度和法规建设及协调为落脚点,规范企业投资行为,积极与东道国展开制度协调与合作,不断引领国际产能合作朝向可持续及规范化方向发展。

3. 风险防控机制。风险防控源于风险防控理论,美国是风险防控理论研究的先驱者和主导者。企业实践经验证明,国际经济行为中产生的风险既有企业自身运营管理机制协调不够造成的,也有外在客观国际复杂环境冲击造成的,对于风险防控要区别对待,因此,风险防控的重点在于风险识别和评估,并在此基础上通过风险控制与管理,借助制度和机制设计,降低因为信息不对称以及机会主义所带来的损失。本书认为国际产能合作的风险防控机制是根据不同风险种类,按照各类风险影响程度的差异性,以制度建设和政策措施为主要设计内容,用来防控风险发生或是降低已经产生的风险所带来的损失的程度,维护和保障参与国际产能合作建设的各方企业的利益。

第二节 基础理论

本书研究的基础理论主要由国际分工理论、国际投资理论和国际产业转移理论组成,其中国际分工理论从产业国际分工理论和企业国际分工理论两个角度进行梳理。

一、国际分工理论

(一) 产业国际分工理论

国际分工产生的原因是国家间不同的产业比较优势和国际竞争力。不同国家拥有各自不同比较优势的产业,通过国际贸易行为,相互交换各自产品。当一国比较优势产业形成规模,则认为该产业拥有国际竞争力,不同国家具有国际竞争力的产业,参与世界产业链的构建,至此国际分工形成。

1. 绝对优势理论。古典贸易理论的发展起源于亚当·斯密(Adam Smith) 1776年出版的著作《国民财富的性质和原因的研究》(简称:《国富论》)。他认为将个人力量投入于单纯的生产过程中,将提高产能并能实现专业化,因此强烈反对设置各种障碍来阻碍产业发展。同时,他更进一步强调,国家间应该进行专业分工,通过专注于各自产业的生产过程,以此提高产品质量,再通过相互交换,实现利益最大化,国际贸易行为就此产生[①]。亚当·斯密的国际分工论点建立在生产效率理论基础之上,他指出,国家之间相互交易的产品,一定是具有绝对优势的产品,一国生产具有相对高效率的产品,交换相对低效率的产品,则该国通过国际贸易行为获得利益。而由于资源在各国分布不均,不同国家通过各自方式参与生产环节,贡献自己的比较优势产业,总体来看借助国际分工使得全球产量增加,所有参与其中的国家均能获益[②]。

2. 比较优势理论。大卫·李嘉图(David Ricardo)进一步发展了亚当·斯密的国际分工理论。他在1817年完成的名著《政治经济学及赋税原理》里应用比较优势和比较成本原理讨论了国家间的贸易行为。书中假设资本与劳动力在国与国之间不能自由移动,不同国家相互交易的贸易行为是有可能的,因为贸易是以相对价格的差别而不是绝对价格的差别为基础的[③]。大卫·李嘉图更加强调产业的专业化,因为当两种商品的成本比率不同的时候,一国专业生产具有比较优势的产品,而从另一国进口不具有比较优势的产品。因此,国际贸易行为能促使各国专注生产具有比较优势的产品,放弃具有比较劣势的产品。同时,生产要素也将重新分配,生产环节将从比较劣势的生产地区转移到比较优势的生

[①] 亚当·斯密.国富论[M].郭大力,王亚南,译.北京:商务印书馆,2015.
[②] 赵忠秀,吕智.国际贸易理论与政策[M].北京:北京大学出版社,2009.
[③] 路易斯·A.里维拉-巴提兹,玛丽亚·A.奥丽芙.国际贸易学:理论、战略与实证[M].刘庆林,司传宁,译.北京:人民邮电出版社,2014.

地区。至此,根据不同国家生产产品的比较优势和比较劣势分布情况,借助国际生产转移方式,最终形成生产环节的全球分工①。

3. 要素禀赋理论(H-O理论)。20世纪初,瑞典两位经济学家伊莱·赫克歇尔(Eli Heckscher)和贝蒂尔·俄林(Bertil Ohlin)创立了以要素为参照标准的国际贸易理论。该理论认为,不同国家有不同要素禀赋,如果一个国家在某种生产要素的数量上相对丰裕,那么,该国在较密集地使用该种要素的商品生产上便具有比较利益。因此,每个国家都应该出口那些生产要素相对充裕的商品,进口生产要素相对匮乏的商品②。后人将该理论称之为"要素禀赋理论"或"H-O理论"。要素禀赋理论假定所有生产要素均可跨境流动,不存在任何特定的生产要素。而比较优势的差别是基于各国要素禀赋存量的差别,产品的出口与进口也取决于生产要素的相对充裕与否。因此该理论可以将复杂的社会现实予以极大的简化处理,解释了当时的国际贸易现象,成为近代十分重要的国际贸易基础理论③。

4. 产品生命周期理论。雷蒙德·弗农(Raymond Vernon)根据古典贸易理论中比较优势观点,将产品类型依据发展阶段变化分为:创新型产品、成熟型产品与标准化产品。产品的生产地点也随产品发展阶段的变化而转移。当产品处于导入期时,其利润来源于产品附加的创新价值,对创新型技术和人才需求量较大;而当产品进入成熟期,市场竞争者增加,价格变成竞争核心要素。随着生产制造流程标准化,对创新型技术和人才需求减少,生产成本的高低至关重要,企业将会流向制造成本更低的地区,以此形成产业扩张和转移④。这就解释了产品的生产地点会依据阶段性竞争优势的变化,而从发达国家转移至发展中国家的现象,也说明了不同国家产业发展差异的原因⑤。

产品生命周期理论最大理论贡献是解释了多国籍企业在世界各地设立分支机构的原因。由于这些原因过于复杂,无法用传统国际贸易理论加以解释,因此多位学者试图从不同角度及观点探讨多国籍企业形成的推动因素。产品生命周期理论与传统国际贸易理论的差异,在于从产品动态化发展过程视角讨论企业

---

① 殷宁宇,魏颖.国际分工对产业结构的影响[M].北京:经济科学出版社,2012.
② 冷柏军,张玮.国际分工对产业结构的影响[M].北京:中国人民大学出版社,2012.
③ 金芳.全球化经营与当代国际分工[M].上海:上海人民出版社,2006.
④ 胡玫.经济全球化视野下的国际产业转移研究[M].北京:对外经济贸易大学出版社,2016.
⑤ 蒋昭侠.产业贸易理论教程[M].北京:中国经济出版社,2008.

行为的变化,强调产业发展的动态变化①。

5. 国家竞争优势理论。国际竞争优势理论的提出者迈克尔·E.波特(Michael E. Porter)认为,比较优势原理所强调的是生产要素的优势,并未考虑技术创新及全球化因素所造成的潜在影响。另一方面,比较优势原理也忽略了相关产业发展及政府所扮演的角色。因此,很多产业发展现象无法用生产要素的比较优势理论进行解释。鉴于此,他进一步说明国家应该优先发展具有竞争优势的产业,且这类型产业具有四个关键要素,分别是:生产要素、同行业竞争者、需求条件、相关支撑产业的支持度以及企业策略,之后通过政府政策的协助力量,才能取得国家间产业竞争优势②。该理论认为国家执政者,应优先发展"四要素"相对俱全的产业,且政府要提供相应配套政策,以此提高产业和国家竞争力。

根据上文论述,现将产业发展相关的国际分工理论整理如图2-1所示。国际产能合作的重点任务是基于国际分工来推动产业国际转移,而国际分工理论的演进与当时所处的世界经济大环境息息相关。从绝对优势理论到国家竞争理论,都是在国家层面讨论产业分工情况,说明了国际产能合作模式下,产业变迁的动态和静态因素,但是这些理论无法理清参与国际产能合作的不同企业因环境变动所采取的策略性做法。众所周知,现代世界经济的发展是靠企业在推动,因此,需要从企业层面继续探讨国际分工理论的发展对国际产能合作的指导意义。

(二) 企业国际分工理论

传统的国际分工理论是以李嘉图及后续学者所强调的比较利益为核心,着重在产业层面的发展。20世纪70年代以后,跨国公司大量出现,为了成本或其他竞争因素的考量,跨国公司选择在不同区域开展不同的生产制造活动,跨国公司成为世界经济发展的推动力量。传统国际贸易理论已经无法解释跨国公司行为的背后原因,学者们尝试从企业角度去探讨国际分工模式的形成。

弗洛布尔(Frobel)提出"新国际分工"这一概念,并明确定义如下:国际分工除了不同国家间产业上的分工外,还包括企业生产活动的分工。因为世界经济

---

① 顾新建.产品生命周期设计[M].北京:机械工业出版社,2017.
② 迈克尔·波特.竞争论[M].高登第,李明轩,译.北京:中信出版社,2012.

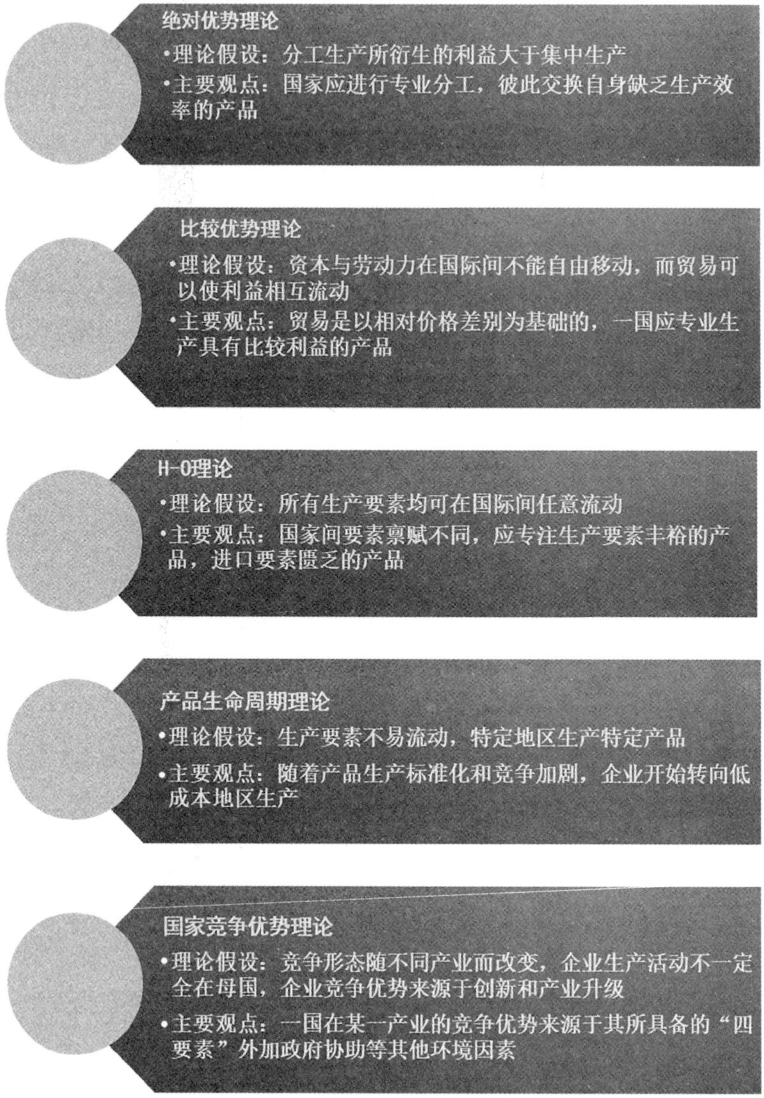

绝对优势理论
- 理论假设：分工生产所衍生的利益大于集中生产
- 主要观点：国家应进行专业分工，彼此交换自身缺乏生产效率的产品

比较优势理论
- 理论假设：资本与劳动力在国际间不能自由移动，而贸易可以使利益相互流动
- 主要观点：贸易是以相对价格差别为基础的，一国应专业生产具有比较利益的产品

H-O理论
- 理论假设：所有生产要素均可在国际间任意流动
- 主要观点：国家间要素禀赋不同，应专注生产要素丰裕的产品，进口要素匮乏的产品

产品生命周期理论
- 理论假设：生产要素不易流动，特定地区生产特定产品
- 主要观点：随着产品生产标准化和竞争加剧，企业开始转向低成本地区生产

国家竞争优势理论
- 理论假设：竞争形态随不同产业而改变，企业生产活动不一定全在母国，企业竞争优势来源于创新和产业升级
- 主要观点：一国在某一产业的竞争优势来源于其所具备的"四要素"外加政府协助等其他环境因素

图 2-1　产业发展相关的国际分工理论演进

的发展让发展中国家有能力执行更具获利性的生产活动，而企业将部分生产制造环节转移至发展中国家，可使劳动力及资本的投入发挥最大效能[①]。新国际分工理论的产生背景主要在于地区经济发展的差异性，使得发展中国家劳动力资源及资本要素相对充裕。另一方面，通信技术进步使得国家间地理区隔不再

---

① 韩会朝.地理、贸易与新国际分工：理论与实证研究[D].南京：东南大学,2016.

成为问题,产业发展也减少了对地理环境的依赖性。同时,技术进步促使企业将复杂的生产环节进行分割,不同部门各自从事某个环节的专业化生产活动,以此提升企业在成本上的竞争优势[①]。

企业的国际制造行为包含产业设计、生产及控制、选址及区域规划、支撑产业、制造程序及技术,以及不同生产地点的关联等[②]。而制造业企业在环境适应过程中,如何调整生产方式作为参与市场竞争的新策略,将是决定制造业企业成败的关键。国际制造策略是企业的制造活动延伸至国际区域的活动,所产生的一系列相关重大决策议题,例如:如何选择投资区域和选择生产方式等。国际制造策略所需思考的层面相当广泛,只要是企业在母国涉及的生产制造活动、不同区域生产活动对产品质量的影响、基于生产成本控制角度将生产过程转移至海外不同国家等问题,都被视为国际制造策略讨论的范畴[③]。

企业是国际分工的主导者和参与者,企业根据所处环境和生产阶段决定不同的国际分工模式,借助自己的生产优势,提高产品国际竞争力,获得比较利益。下一节将更为详尽地探讨企业国际投资理论。

二、国际投资理论

1. 垄断优势理论。正如上文归纳总结,古典贸易理论以市场完全竞争、信息充分和生产要素在国与国之间不能直接流动为假设前提,从斯密的绝对优势理论到李嘉图的比较优势理论和要素禀赋理论均是如此。但是在此假设下,不能很好解释企业对外直接投资的现象。最早发现这一问题并把不完全竞争与对外直接投资联系起来进行研究的,是被西方学者称为"跨国企业理论"之父的斯蒂芬·海默(Stephen Hymer)。海默 1960 年提出的论点,经由金德尔伯格(Kindleberger)进一步发展与完善,成为经典的对外直接投资理论,也就是著名的"海默-金德尔伯格传统"(Hymer-Kindleberger Tradition),或称"垄断优势理论"。在垄断优势理论中,海默指出对外直接投资不同于证券投资,他认为对外直接投资的特点是紧紧抓住控制权,强调拥有或获得金融资本的有利条件并不是对外直接投资的充分条件,市场的不完全性才是作为对外直接投资的先决条

---

① 张苏.论新国际分工[M].北京:经济科学出版社,2008.
② 郭春东.企业技术创新模式选择与发展路径研究[D].北京:北京理工大学,2013.
③ DUBOIS F L, TOYNE B, OLIFF M D. International Manufacturing Strategies of U.S. Multinationals: A Conceptual Framework Based on a Four-Industry Study[J]. Journal of International Business Studies,1993,24(2):307-333.

件。海默的研究中,发现对外直接投资与垄断的工业部门结构有关①。据此,海默提出产生对外直接投资的两个充分条件:一是企业进行对外直接投资,必须具有特殊优势;二是对外直接投资的企业在不同国家的收益必须是负相关的。最后,该理论主张对外投资是寡占市场中由于厂商特殊优势、市场结构的不完全及政策施加的扭曲所形成的一种行为。

有些学者认为,海默的最大贡献在于把对外直接投资理论从古典贸易理论对产业的分析转向对跨国企业的分析,其对市场不完全性和企业特定优势的见解独到②。虽然海默已经认识不完全市场中内部化的意义,但他未能揭示市场失灵的原因,也未说明经由企业产生垄断优势的可能,所以其理论发展表现出局限性。其他学者更指出,垄断优势理论未区分贸易的充分条件,不同于对外直接投资,因此不能很好说明具有优势的企业为什么一定要采用对外直接投资,而不是出口或其他形式③。尽管海默和金德尔伯格认为市场的不完全有利于对外直接投资,然而,对外直接投资的比较利益仍取决于两类壁垒因素的影响:一是出口所面临的贸易障碍;二是地主国企业与跨国企业竞争时所面临的知识获取障碍。

2. 产品生命周期理论。关于产品生命周期理论在上文产业国际分工理论部分进行了论述,本书结合企业国际投资行为对产品生命周期理论展开评述。产品生命周期理论将技术和产品结合起来,运用动态分析方法,把对外直接投资的原因归结于产品的比较优势和竞争条件,同时也解释了投资的流向与时机,这与二十世纪五六十年代的美国制造业开展对外直接投资的背景相符。该理论为跨国企业行为的研究提供了一个动态分析的角度,展示跨国投资中供给与需求的相互作用,注意到市场与企业沟通的重要意义。同时通过生产区位决策,说明区位的选择在跨国企业理论中的重要性。

随着跨国企业的对外投资更为频繁,产品生命周期理论的局限性逐渐暴露。首先,弗农的理论实际上是产品区位移转的三段模式论,即在母国生产并出口——转移到发达国家投资生产,母国减少生产和出口——转移到发展中国家投资生产,母国停止生产,改从海外进口。但事实上,很多产品不是由母国扩散

---

① 龚维敬.垄断经济学[M].上海:上海人民出版社,2007.
② 吴先明.跨国公司理论范式之变:从垄断优势到寻求创造性资产[J].世界经济研究,2007(5):64-68,88.
③ 叶莉,庞亚新,赵海.跨国公司理论发展趋势研究综述[J].山西财经大学学报,2006(S2):77,79.

到国外,而是一开始就在国外设计制造。其次,产品生命周期理论中寻求低生产成本地区的观点有悖于现实。例如,有许多国家的跨国企业,包括发展中国家,纷纷选择在美国设厂,于是美国出现了许多非美国跨国企业的子公司。再次,生命周期理论强调跨国企业由于母国垄断优势的削弱以至丧失,才转移到国外投资生产,与事实不符。许多跨国企业即使在国外大量投资,仍保持母国的技术垄断优势。综合以上分析,产品生命周期理论可以很好解释第二次世界大战到20世纪70年代美国跨国企业的对外投资行为。但该理论不能说明企业在国外开发新产品并跨国生产的现象,尤其不能解释当前以中国为代表的发展中国家向发达国家投资的现象。

3. 内部化理论。1976年英国里丁大学教授J.巴克莱(J.Buckley)和C.卡森(C.Casson)在其合著的《多国企业的未来》著作里,对传统的对外直接投资理论进行批判,并从企业形成的角度,系统地提出内部化理论。巴克莱和卡森通过观察跨国公司的经营方式,并根据交易成本和代理理论,提出内部化理论来解释对外投资的动机。他们发现跨国公司之所以选择对外投资而不采行其他如授权等方式经营海外市场,是因为信息不对称所产生的代理问题,将会影响本国厂商无形资产的利益。针对内部化理论的假设前提:一是在不完全竞争的市场下,厂商追求利润极大化;二是当中间产品市场不完全时,促使厂商对外投资建立企业间的内部市场,取代外部市场;三是企业内部化行为超越国界,就此形成跨国企业[①]。

内部化理论说明了企业为什么要将技术和知识等中间产品在内部转让,而不是通过外部市场转让给其他企业。但是该理论未能说明企业不在国内生产后不是将产品出口到国外,而是必须到国外去投资生产的原因[②]。邓宁(Dunning)认为内部化理论没有解释对外直接投资产生的方向,其理论架构不适用于短期投资行为,特别不适用于解释较小规模企业在一个或两个国家的对外直接投资活动。此外,内部化理论未能科学地解释跨国企业对外直接投资的区域选择,并且混杂了产品生命周期理论思想。近年来跨国公司与其他企业通过契约合作的方式展开产品生产或销售,并且这类合作模式越来越多,内部化理论却无法解释这种现象[③]。

---

① 綦建红.国际投资学教程[M].北京:清华大学出版社,2005.
② 卢进勇,郜志雄,刘恩.跨国公司经营与管理[M].北京:机械工业出版社,2017.
③ 毛蕴诗.跨国公司经营管理[M].广州:中山大学出版社,2010.

4. 国际生产折衷理论。英国经济学家约翰·H.邓宁(John H. Dunning)在1977年一篇题为《贸易,经济活动的区位与跨国企业:折衷方法探索》的论文中提出了国际生产折衷理论。他结合了寡占优势理论、产品生命周期理论和内部化理论等三大理论,提出包括所有权优势(Ownership advantage)、区位优势(Location advantage)和内部化优势(Internalization advantage)等三大企业优势。而所有权优势即为垄断优势理论中的厂商特殊优势,区位优势如产品生命周期理论一般,内部化优势即内部化理论。他指出,企业要想开展国际直接投资,必须具备三个条件:一是企业必须具备特定优势;二是国外的区位能够提供特定的机遇;三是企业内部化的转移是在海外市场经营最有利的方式。

邓宁认为国际生产折衷理论具有较强的解释力,不仅可以解释不同类型的直接投资行为,而且可以解释其他国际经营方式,例如合资和订定契约,还可以解释企业的地理分布以及企业跨国兼并等行为[1]。邓宁理论的三大特点:其一,高度的概括性。国际生产折衷理论几乎对各种直接投资理论具有高度的兼容性和概括性,形成了一个综合的理论架构。其二,广泛的涵盖性。国际生产折衷理论涵盖了各种跨国经营活动。其三,较强的通用性。国际生产折衷理论不仅可以用于分析发达国家的跨国企业,也可以用于分析发展中国家的跨国企业。

但是邓宁理论也存在一定局限性[2],首先,倘若所有权优势没有内部化因素,可能并不存在或根本不能利用,因而相对内部化优势是多余的;其次,所有权优势与区位优势常常连在一起,因为它们往往同时被区位因素决定;再次,区位因素往往不明确,因而有多种解释;另外,要素分析应用于三种优势分析时会产生方法问题。三种优势息息相关,并且优势太多会导致要素分析方法不能应用。

事实上,企业的所有权优势与内部化优势具有高度复杂性,且内部化的是市场,而非所有权优势。另外,邓宁意识到三大优势是在不断变化的,但他并未继续进行深入研究。因而,该理论更多表现为一种分析方式,并不具有动态特性,也就限制了该理论的更多解释力。

现将与本研究有关的国际投资理论汇总如下:

---

[1] 张纪康.跨国公司与直接投资[M].上海:复旦大学出版社,2004.
[2] 阎建东.邓宁国际生产折衷理论述评[J].南开经济研究,1994(1):57-61,22.

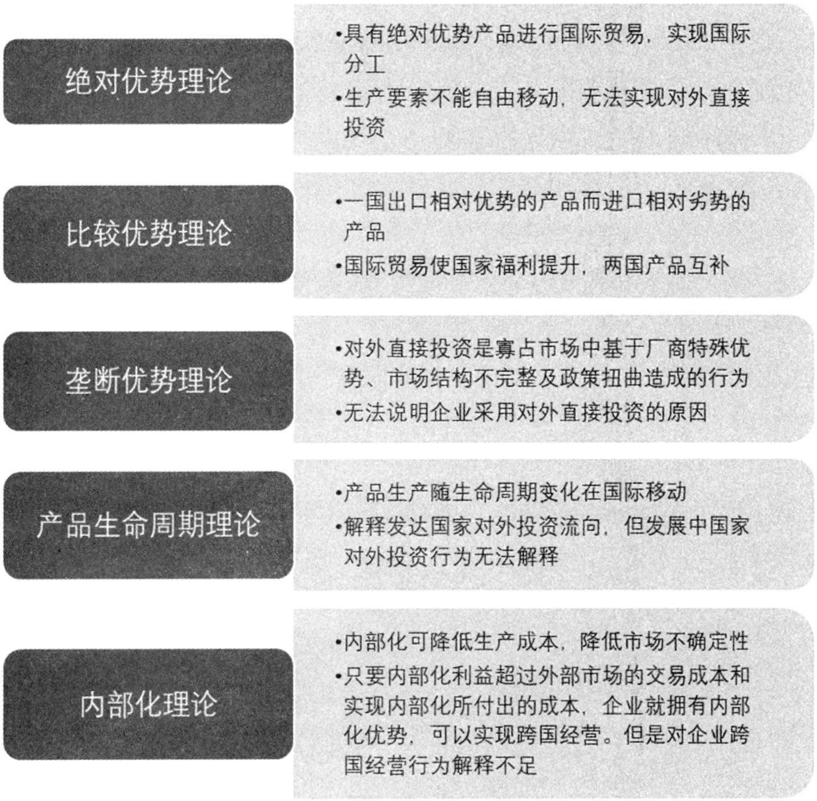

第二章 概念界定及理论基础

绝对优势理论
- 具有绝对优势产品进行国际贸易，实现国际分工
- 生产要素不能自由移动，无法实现对外直接投资

比较优势理论
- 一国出口相对优势的产品而进口相对劣势的产品
- 国际贸易使国家福利提升，两国产品互补

垄断优势理论
- 对外直接投资是寡占市场中基于厂商特殊优势、市场结构不完整及政策扭曲造成的行为
- 无法说明企业采用对外直接投资的原因

产品生命周期理论
- 产品生产随生命周期变化在国际移动
- 解释发达国家对外投资流向，但发展中国家对外投资行为无法解释

内部化理论
- 内部化可降低生产成本，降低市场不确定性
- 只要内部化利益超过外部市场的交易成本和实现内部化所付出的成本，企业就拥有内部化优势，可以实现跨国经营。但是对企业跨国经营行为解释不足

图 2-2 企业国际投资理论汇总

由中国主导的国际产能合作，以中国制造业企业为主体，通过对外贸易与国际直接投资的区域性布局，深化了区域内的经济依赖关系，而中国作为跨国企业技术研发、管理中心和销售市场的重要性在不断提升。随着东道国在销售和采购领域份额的日益增长，东道国的作用不再是生产基地，而是重要的销售基地，从这点来看，中国企业在促进区域内流程分工方面的作用日益增强，已经为产业链所在地区建立了一个地区性的制造体系。通过国际产能合作中的国际直接投资行为建立起来的区域制造和贸易网络，使得跨国公司和区域内的经济体不断提高技术效率，更有效地分配劳动力资源，从而进一步促进资本累积和地区经济发展。

三、国际产业转移理论

产业的国际转移兴起与世界政治经济发展态势紧密相连。第一次国际产业转移发生在第二次世界大战之后,以美国为主导向日本和西欧进行国际直接投资。第二次国际产业转移始于20世纪70年代,美国和日本将劳动密集型产业向以"亚洲四小龙"为代表的东南亚国家转移。第三次国际产业转移发生在20世纪80年代,产业转移方向从"亚洲四小龙"流向中国东南沿海及其他新兴工业国。而从20世纪90年代中后期开启的第四次国际产业转移,中国成为主要承接地。对国际产业转移的理论研究始于学者们对日本经济腾飞的"奥秘"探索。在经历了布雷顿森林体系的崩溃(20世纪70年代初)和两次石油危机(1973年和1979年)后,日本将资本密集型产业向"亚洲四小龙"转移,将劳动密集型产业向东盟国家转移,以获得更合理化的经营效率。日本这种"产业垂直分工,市场全球化"的经济战略,决定了区域内各国在国际分工中的地位,客观上加强了区域经济一体化,但也将日本这类先进国家与东南亚落后国家的经济差距越拉越大。对于"日本奇迹"的研究,部分学者着重于经济分析,他们都同意日本及东亚经济增长的"秘密"在于出口导向型的外向型经济发展战略和工业立国的产业发展战略,这就是边际产业转移理论的由来。

国际产业转移理论代表学者日本经济学家小岛清(Kiyoshi Kojima)认为,各个国家的经济发展状况与对外投资情形各异,由美国对外直接投资状况生发出来的理论无法解释日本的对外直接投资。而日本对外直接投资之所以成功,主要是由于对外投资企业能够利用国际分工原则,把国内失去优势的部门转移到国外,建立新的出口基地。在国内集中发展那些具有比较优势的产业,使国内产业结构更加合理,促进对外贸易的发展。由此,小岛清提出"日本对外直接投资理论",这一理论认为对外直接投资应该从投资国已经或即将陷入比较劣势的产业,即边际产业依次进行。他把对外直接投资的动机分为三种类型:1. 自然导向型;2. 劳动力导向型;3. 市场导向型。对外直接投资转移的产业应该是东道国具有明显或潜在比较优势的产业,而这些产业如果没有外来资金、技术与管理经验的扶持,东道国具备的优势就不能被充分利用。因此,投资国就可以利用对外直接投资开发东道国的比较优势,并以此扩大两国贸易往来[①]。

但是对于"为什么这种高速经济增长会如此集中在东亚地区"这一问题,日本学者赤松要(Akamatas)给出了解释。他的"雁行发展理论"将产品生命周期理论与国家出口产品的选择进行了结合,强调一个落后国家要先从先进国

---

① 李新安.区际产业转移与产业链整合[M].北京:社会科学文献出版社,2014.

家进口商品,然后借由进口替代在国内自行生产该项商品,最终将所生产的商品再向国外出口。落后国家借由这三个过程,在技术平台上逐步升级,学习生产更具有附加值和技术密集的产品。为了这个目的,落后国家可能需要保护幼稚工业,并鼓励新兴工业出口。如此一来,不同经济体会因为不同的发展速度而改变了其在"雁行队伍"中的位置,更因各个经济体在发展出新的生产力和比较优势的过程中产生的差异,从而在不同经济体之间形成一个新的国际分工体系。问题在于,根据雁行理论三阶段论,如果东亚国家和地区都全面效仿日本,其最终结果就是世界市场的关闭。因为,他们在保护民族幼稚工业的战略原则下,都必须限制外商直接投资,以此保护本国市场企业利益。那么这种贸易保护措施最终会限制日本这类发达国家的海外投资行为。同理,如果日本政府也关闭了本国市场,那将无法为落后国家提供外部发展动力[①]。

在国际产业转移过程中,跨国公司成为推动这一活动的主导者。跨国公司参与的对外直接投资是将生产要素如资本、技术、设备及管理能力在全世界转移,并将这些要素与东道国相对有效的生产要素结合,生产出的产品除供应东道国所需外,亦可销回母国或其他国家。因此,国家间的国际贸易不仅不会减少,反倒会增加。产业国际转移理论将跨国公司的海外投资行为区分为原材料获取型和海外市场占有型两种。该理论建立在静态分析架构之上,并基于市场完全性的假设,从而产生理论局限性,并且早期的产业国际转移理论研究的对外投资类型企业聚焦于美国公司和日本公司,不具有普遍代表性。尽管如此,由于比较优势理论不强调市场的不完全性及垄断优势,因而对于接近完全竞争市场上的企业投资行为,以及中小型跨国企业对外直接投资行为产业国际转移理论仍然具有指导意义。

综上所述,首先,产业国际分工理论和产业国际转移理论基于古典贸易理论的绝对优势理论、比较优势理论、要素禀赋理论到产品生命周期理论和国家竞争优势理论,结合世界产业转移发展现状及趋势,认为随着世界各国经济的发展,产业必定会发生国际转移,而产业转移有其内在驱动力的作用,也有外部条件的催化作用,是产业发展到一定程度的必然选择,这就从产业发展规律角度解释了中国提出的国际产能合作的合理性。其次,国际投资理论主要针对企业投资行为,除了古典贸易理论以外,企业投资行为还涉及垄断优势理论、产品生命周期

---

① 谢代银.全球产业转移与区域战略抉择[M].重庆:西南师范大学出版社,2008.

理论、内部化理论及国际生产折衷理论。企业是国际产能合作的主体,所有对外贸易和国际投资行为都由企业来实践。中国企业的对外投资活动除了符合国际投资理论的一般规律以外,还呈现出既向发展中国家投资,同时也向发达国家投资的"双向"投资特点。因此,本章归纳的国际投资相关理论解释了国际产能合作模式以企业为主导的根本原因所在。

第三节　本 章 小 结

本章对全文研究涉及的核心概念及理论基础进行梳理。首先对四组核心概念进行内涵界定,其次对研究涉及的理论内容进行归纳总结。关于概念界定部分,"产能"代表生产数量和生产效率的组合;"国际产能合作"是基于国际贸易和国际投资方式的一种产业国际转移现象;"制造业国际产能合作"是由制造业企业主导的制造业国际转移;"商业模式"是企业参与商业活动中的具体模式,或者是实践路径,通过调集、汇总、利用各种要素资源开展的一系列商业活动,最终目的是为了实现企业盈利。"机制"从两个层面解读,一是系统内部链接各个成员的一种运行程序或系统,二是规范系统内部各个成员行为的原则、规范或者规则;"动力机制"由动力源、动力推动者和动力程序构成;"协调机制"是按照一定协调原则和目标,建立起的规则和规范;"风险防控机制"主要是在推进国际产能合作过程中,对企业和政府可能产生的不同风险的防范与控制。

本章从"国际分工理论、国际投资理论和国际产业转移理论"出发,对国际产能合作涉及的理论基础进行梳理。国际分工理论分为产业国际分工理论和企业国际分工理论两部分。产业国际分工理论从绝对优势理论、比较优势理论、要素禀赋理论、产品生命周期理论和国家竞争优势理论展开梳理,企业国际分工理论除了上述基础理论以外,还介绍了"新国际分工"概念。国际投资理论主要针对企业投资行为,涉及垄断优势理论、产品生命周期理论、内部化理论及国际生产折衷理论。国际产业转移理论主要结合世界产业转移发展态势,以边际产业转移理论为核心,解释了产业国际转移现象。以上理论对中国提出的国际产能合作模式的合理性和科学性做出解释,同时表明,中国提出国际产能合作符合世界产业发展规律,也是中国开放型经济发展的内在要求。

第三章 国际产能合作运行机理分析

本章将在理论研究基础之上,对国际产能合作和机制系统构成及作用机理展开理论分析,构建国际产能合作机制研究的理论框架。

第一节 国际产能合作的理论模型

本节将基于国际产能合作的主导者——企业,基于企业视角,讨论以出口和对外直接投资为主要方式的国际产能合作运行机理,通过设立数理模型探究企业(跨国公司)借助国际产能合作进入国际市场的模式选择。用数理模型的推导结果初步筛选出影响国际产能合作机制建设的主要因素,为机制构建提供指导。

一、基础模型

根据第二章对企业国际直接投资理论研究综述得知,中国企业开展国际产能合作,必须具有一定比较优势,要么是技术优势、要么是生产规模优势。"一带一路"倡议的提出,引导中国具有产能优势的企业开拓国际市场,这类企业既可选择将产品对外出口,也可选择到东道国直接投资设厂。基本模型的假设条件是具有一定技术优势的中国制造业企业开展国际产能合作,参考蔡宜臻等建立的跨国企业进入国际市场的选择模型[①],设置如下说明:

---

① 蔡宜臻,邱俊荣.跨国厂商的进入模式——直接投资、出口与授权决策[J].经济论文,2009,37(1):1-26.

(1) 中国具有相对技术优势的厂商 A,单位生产成本为 c,跨国直接投资的建厂成本为 d,对外出口支付关税为 t;

(2) 东道国具有相对技术劣势的厂商 B,与厂商 A 的技术劣势差距为 β,生产成本为 $c+\beta$;

(3) 厂商 A 和厂商 B 的需求函数为 $Q=a-P$,P 为市场价格,Q 为市场总产量,且 $Q=q^A+q^B$,其中 q^A 为厂商 A 的市场产量,q^B 为厂商 B 的市场产量;

(4) π 表示利润函数,π 下角标 e 表示对外出口利润,π 下角标 f 表示对外直接投资利润。

在国际产能合作方式下,厂商 A 既可选择对外出口,也可选择对外直接投资。根据以上假设情况,厂商 A 选择对外出口和对外直接投资的利润函数分别为式 3-1 和式 3-2:

$$\pi_e^A = Pq^A - (c-t)q^A \qquad (式 3-1)$$

$$\pi_f^A = Pq^A - cq^A - d \qquad (式 3-2)$$

东道国厂商 B 面对厂商 A 的竞争,其利润函数为式 3-3:

$$\pi^B = Pq^B - (c+\beta)q^B \qquad (式 3-3)$$

下面求解厂商 A 对外出口和对外投资模式下,厂商 A 的利润及厂商 B 面对厂商 A 的不同进入模式下的最佳产量。分别对式 3-1、式 3-2 和式 3-3 求导,得到:

$$q_e^A = \frac{(a-c-2t)}{3} \qquad (式 3-4)$$

$$q_f^A = \frac{(a-c+\beta)}{3} \qquad (式 3-5)$$

$$q_e^B = \frac{(a-c+t-2\beta)}{3} \qquad (式 3-6)$$

$$q_f^B = \frac{(a-c-2\beta)}{3} \qquad (式 3-7)$$

将式 3-4、式 3-5、式 3-6 和式 3-7 分别代入各自利润函数,则厂商 A 保持最佳产量时的对外出口和对外直接投资模式下的新利润函数分别为式 3-8 和式 3-9,厂商 B 在最佳产量下面临厂商 A 不同进入模式的新利润函数分别为式 3-10 和式 3-11：

$$\pi_E^A = \frac{(a-c+\beta-2t)^2}{9} \quad \text{（式 3-8）}$$

$$\pi_F^A = \frac{(a-c+\beta)^2}{9} - d \quad \text{（式 3-9）}$$

$$\pi_E^B = \frac{(a-c-2\beta+t)^2}{9} \quad \text{（式 3-10）}$$

$$\pi_F^B = \frac{(a-c-2\beta)^2}{9} \quad \text{（式 3-11）}$$

二、企业行为选择模型

上一节已对中国具有比较优势的跨国厂商 A 在出口和对外直接投资两种方式下的最佳产量和最佳利润进行了计算，并且针对跨国厂商 A 的不同国际市场进入方式，东道国厂商 B 的最佳产量和最佳利润也已求得，本节将对不同国际市场的进入方式进行对比，探究厂商 A 和厂商 B 的最优选择。

中国跨国厂商 A 的选择：出口或者对外直接投资。对上一节求得的最佳产量下的两种方式利润函数进行对比，式 3-9 与式 3-8 相减，得到式 3-12：

$$\pi_F^A - \pi_E^A = \frac{4t(\beta+a-c) - 4t^2 - 9d}{9} \quad \text{（式 3-12）}$$

通过式 3-12 可以看出，倘若结果大于 0，则表示对外直接投资利润大于出口，跨国厂商 A 会选择对外直接投资，反之，跨国厂商 A 会选择出口。下面进一步对影响出口或对外直接投资的因素进行考查。令式 3-12 结果等于 0，得到：

$$d = 4t(\beta+a-c) - 4t^2 \quad \text{（式 3-13）}$$

$$\beta = \frac{d - 4t^2}{4t} - (a-c) \quad \text{（式 3-14）}$$

式 3-13 和式 3-14 表示，要想实现厂商 A 选择出口或对外直接投资所创造的利润相等，则厂商 A 的跨国投资设厂成本 d 和厂商 B 与厂商 A 的技术差距 β 应满足的条件。

倘若跨国厂商 A，选择出口而不是选择对外直接投资，则必须满足：

$$d > 4t(\beta+a-c) - 4t^2 \quad \text{（式 3-15）}$$

倘若跨国厂商 A，选择对外直接投资而不是出口，则必须满足：

$$d < 4t(\beta + a - c) - 4t^2 \quad \text{（式 3-16）}$$

同理，也可以推导出 β 必须满足的条件。

无论中国企业进入东道国市场的方式是什么，都会对东道国厂商利润和社会福利产生影响，那么东道国厂商 B 究竟欢迎厂商 A 采取出口，还是对外直接投资？接下来本书将对东道国厂商 B 的选择策略做出分析。

东道国厂商 B 对厂商 A 不同进入方式的偏好选择：出口或对外直接投资。假设东道国社会福利为 W^B，消费者剩余为 C^B，关税收入为 tq_E^A，出口和对外直接投资方式下的社会福利和消费者剩余用 E 和 F 下角标标注。若厂商 A 选择出口而不是对外直接投资方式进入东道国市场，则东道国消费者剩余为：

$$C_E = \frac{[2(a-c) - \varepsilon - t]^2}{18} \quad \text{（式 3-17）}$$

若厂商 A 选择对外直接投资方式进入东道国市场，则此时东道国消费者剩余为：

$$C_F = \frac{[2(a-c) - \varepsilon]^2}{18} \quad \text{（式 3-18）}$$

下面计算东道国社会福利。厂商 A 选择出口方式情况下，东道国社会福利为：

$$W_E^B = \pi_E^B + C_E + tq_E^A$$

将式 3-10、式 3-17 和式 3-4 代入上式经整理后得式 3-19：

$$W_E^B = \frac{2(a-c)(a-c-2\varepsilon+t) + 3(\varepsilon^2 - t^2)}{6} \quad \text{（式 3-19）}$$

当厂商 A 选择对外直接投资方式进入东道国市场时，东道国的社会福利为：

$$W_F^B = \pi_F^B + C_F$$

将式 3-11 和式 3-18 代入上式经整理后得式 3-20：

$$W_F^B = \frac{2(a-c)(a-c-2\varepsilon) + 3\varepsilon^2}{6} \quad \text{（式 3-20）}$$

接下来比较厂商 A 不同进入方式下东道国社会福利变化。令 $W_E^B = W_F^B$，则可得到：

$$W_E^B - W_F^B = \frac{[2(a-c)-3t]t}{6} = 0 \qquad \text{(式3-21)}$$

对上式经整理后得到：

$$t = \frac{2}{3}(a-c) \qquad \text{(式3-22)}$$

将东道国面临的两种国际市场进入方式下社会福利相等的条件绘制于下图3-1。图中 $t=\frac{2}{3}(a-c)$ 直线表示厂商A出口和对外直接投资对东道国市场产生的社会福利效应相等，东道国没有偏好差别；若处于 $t=\frac{2}{3}(a-c)$ 直线上方，则表示厂商A出口能给东道国带来更多社会福利效应，此时，东道国会选择出口作为厂商A的进入本国市场的方式；若处于 $t=\frac{2}{3}(a-c)$ 直线下方，则厂商A的对外直接投资方式对东道国社会福利更有利，那么厂商A通过对外直接投资进入东道国市场将会更受欢迎。

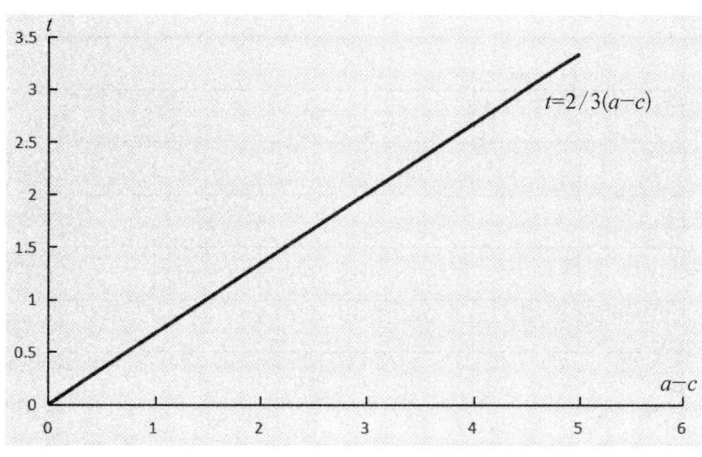

图3-1 东道国对厂商A进入方式的偏好选择

综上，中国制造业企业开展国际产能合作，在出口和对外直接投资两种方式的选择上，单位生产成本、关税水平、东道国投资设厂的成本、东道国厂商与中国厂商的技术差距都是影响因素，各个因素对中国企业国际市场进入方式的选择影响也不尽相同。然而，我们不能忽略不同国际市场进入方式对东道国消费者剩余和社会福利效应的影响,东道国会根据自身受益情况,对中国企业的国际产能合作进入方式做出其偏好选择。通过建立企业开展国际产能合作的基本模型可以看出,在推进国际产能合作过程中,降低对外贸易成本和跨国投资成本是有利于中国企业开拓国际市场的,同时保持一定技术领先优势,或者建立中国企业主导的产业创新体系将有助于企业取得国际产能合作中的国际竞争力。另外,在推进国际产能合作过程中,中国企业要注重对促进东道国经济发展和提升社会福利效应的贡献,实现双方互利共赢局面。因此在推进国际产能合作的机制建设方面,以上几个关键因素将产生重要影响。

第二节 国际产能合作机制运行系统

机制是由一系列机制要素,在系统网络框架内,通过相互作用而结成的有机功能体。机制要素按照一定原则进行联结,由此构成机制网络中的子机制,不同子机制相互关联与相互作用,最终结成机制网络。因此,国际产能合作的机制构建,首先要确定机制要素,其次是明确机制构建原则,最后是研究机制之间相互作用的机理。

一、机制构建的要素

实践经验证明,国家和产业发展的要素由经济要素、政治要素和社会要素组成。经济要素居于核心地位,对国家和产业发展起到决定性作用,政治要素起到引导及保障作用,而社会要素则起到促进或抑制作用。根据以上要素分类,对国际产能合作的机制构建要素说明如下:

1. 经济要素。国际产能合作经济行为的实践主体是企业,企业通过整合各类经济要素,充分挖掘经济要素潜能,调动经济要素驱动力来开展经济活动。经济要素包括市场、自然资源、资本、劳动力和技术等一系列生产要素。经济要素中一部分是固定要素,另一部分是流动要素。固定要素主要指自然资源要素,例如土地和矿产资源等。这部分要素为经济活动开展提供原材料。流动要素主要指资本要素、人力资源要素和技术要素,这部分要素是当今全球经济竞争的关键所在。由中国提出的国际产能合作建设之所以能稳步推进,其中决定性因素是中国拥有了在产业发展方面具备国际竞争力的资本、人力资源和技术要素。

2. 政治要素。国际产能合作政治行为的实践主体是政府,政府的作用主要是规范企业行为,管理市场活动,提供公共服务,确保政治和社会稳定。政治要素包括政府颁布的一系列政策、法律和规章制度等措施。自 2015 年提出国际产能合作以来,各级政府的推进工作都处于逐步摸索阶段,新任务提出新要求,为中国政府职能转变和改革工作带来了巨大转型压力。政策设计能否及时跟进,法律制度建设能否行使保障职责,各类规章制度是否合理有效,对于这些议题的准确处理将关乎国际产能合作建设的成败。国际产能合作强调的是国际合作,中国企业与东道国企业合作过程中,政府之间良好的沟通和政策协调是国际产能合作顺利开展的重要保障。因此,国际产能合作的机制设计要将政治要素摆在突出位置。

3. 社会要素。国际产能合作社会行为的参与者较为多元,包括提供创新技术的高校科研院所、提供劳动力的就业市场、提供产业发展相关配套服务的各类型企业,也包括一国所能提供的交通运输、电力和能源为代表的基础设施。以劳动力为例,劳动力包括普通劳动力和高级劳动力,普通劳动力指从事简单生产加工工作的工人,而高级劳动力指受过良好职业教育的企业管理者、高级技术工人和企业研发人员等。劳动力受到所在国家教育水平和社会文化环境因素的影响,这部分社会要素包括除经济和政治要素以外的社会文化、价值观、宗教信仰等。社会要素对开展国际产能合作的影响虽不如经济要素和政治要素那般直接,但间接起到了促进或制约作用。如果企业能够充分融入东道国社会文化环境,那么其开展国际产能合作将会游刃有余,反之则会困难重重。国际产能合作的机制设计要尽可能考虑到如何调动各类型社会要素的积极性,让它们充分发挥主观能动性,实现企业、社会和国家三者有机配合与充分协调。

国际产能合作的机制要素之间并不是相互独立存在的,而是相互制约与相互促进的。经济要素居于核心地位,政治要素起到保障作用,社会要素起到润滑作用,三类要素构成国际产能合作机制建立的基础。

二、机制构建遵循的原则

1. 机制构建要化解国际产能合作的不同参与者产生的矛盾冲突。推进国际产能合作过程中,不同参与者会有其各自利益诉求,往往双方利益诉求存在较大冲突,此时要充分发挥相关机制作用,协调乃至化解矛盾冲突所带来的不利影响。例如:中国承建的海外工程项目,在施工过程中,或多或少会对当地自然环境造成一定影响。作为当地政府和百姓,出于环保目的,可能会阻止项目施工继续推进,而东道国政府站在项目整体利益层面考虑,将会排除阻碍协助中国企业推进项目建设。此时,中国企业和东道国政府、企业所在地政府和百姓,这两组参与者的利益诉求就会产生冲突。为此,需要一种国际协调机制,解决此类利益冲突,平衡各方利益诉求。

2. 机制构建应在国际产能合作的主要参与者的差异性价值主张基础之上达成一致。一方面要界定清楚国际产能合作的主要参与者的身份,主要参与者里还应当分清行动主导者、行动协助者和行动其他参与者的角色来各自承担任务;另一方面,要提出让各位主要参与者在差异性基础之上达成一致的价值主张,以此凝聚出共同利益,形成共同行动目标。国际产能合作的机制在设计之初,倘若要求所有参与者都遵循一个共同目标,制定相应规范和规则,要求它们行动一致,这类"硬机制"很容易由于国际产能合作众多参与者因利益冲突而分崩离析。因此,机制设计要"自下而上",根据不同参与者的利益诉求,允许有差异性的价值主张。首先让众多参与者镶嵌进国际产能合作网络中,其次通过机制作用,将不同价值主张凝结提炼出一个所有参与者均能接受的共同价值目标,动员国际产能合作网络中各位参与者为此目标而展开行动。

3. 机制构建应与国际产能合作运行过程中各阶段行动目标方向保持一致。由于国际产能合作运行的每个流程发挥功效的时间不同,各个不同阶段产生的成果与效益以及发挥的效能都各有千秋,从而能为国际产能合作的参与者提供持续不断的利益激励。国际产能合作初始阶段,需要合作国家之间、合作企业之间进行充分的沟通、磨合与协调,此时国家间和企业间的国际合作与协调能力起到关键作用;当进入运行阶段,由各方利益诉求共同组成的行动目标,成为推进国际产能合作运行的动力源,此时机制运行的动力源起到核心作用。然而,在国际产能合作整体运行过程中,各方参与者难免会产生利益冲突,或是面临各类政治、经济和社会风险冲击,此时需要相应机制发挥作用,来协调矛盾和化解各类风险。

三、机制构建形成的推进系统

1. 驱动与保障机制运行的"推进力"。机制是由系统内部事务流程运行结果衍生出来的,要符合系统运行规律。机制运行由"推进力"为之驱动与提供保障,分别由"驱动力""协同力""保障力"三种力组成。"驱动力"是机制运行的动力来源,驱动机制要素按照一定目标方向和规律运转,机制要素镶嵌在机制网络中的核心点,要素运转带动整个机制网络运行。"协同力"指机制要素经过运行爆发出竞争冲动,通过协调凝聚价值共识,建立起机制规则和规范运转的协同能力,直接表现是国际产能合作的不同参与者存在利益冲突,能否按照国际产能合作的要求化解矛盾,达成共识,形成协同推动力。"保障力"指保障机制要素按照既定目标与规划进行运转,排除内外部不利环境因素的干扰,有效防控风险,确保国际产能合作持续稳定运转。由"推进力"衍生出来的机制,才会符合国际产能合作运行规律发展的内在要求。

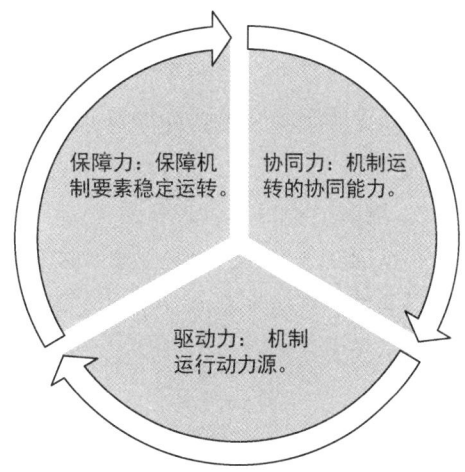

图 3-2 驱动与保障国际产能合作机制运行的"推进力"

2. 国际产能合作推进系统的运行。国际产能合作推进系统是在动力机制、协调机制和风险防控机制等三种机制共同作用下实现健康平稳运转的(国际产能合作推进系统见图3-3)。

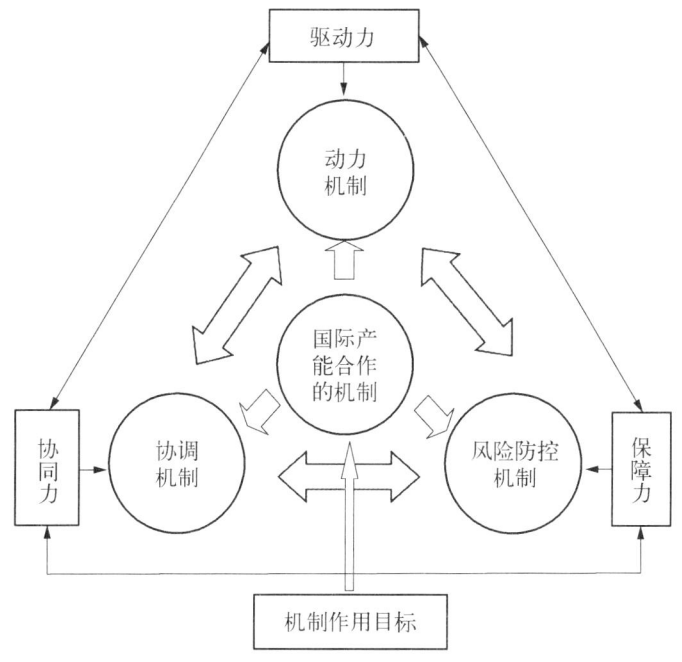

图 3-3 国际产能合作推进系统的运行

（1）"驱动力"衍生出的动力机制。作为推进国际产能合作的动力源泉，动力机制的运行可以驱动机制要素按照驱动目标运转。动力机制的核心是"动力源"，动力源是国际产能合作内部不同参与者的差异化利益诉求。这里的"参与者"包括人类行动者和非人类行动者，人类行动者指劳动者、政府和企业等人类组织，而非人类行动者包括政策、生产要素、创新技术和规则规范等一系列围绕人类组织而衍生出的机制要素。不同行动者在机制内部有其各自利益诉求，人类行动者中劳动者通过劳动创造价值来取得收益，从而改善生活；企业开展生产经营活动取得利润，从而继续投入生产；政府通过为企业和劳动者服务，从而获得税收，并将税收的部分投入公共服务，保障生产顺利进行，以获得劳动者和企业支持，维护国家整体利益。非人类行动者是依附在人类行动者之上的各类要素。例如，政府通过政策法规实施治理社会和国家，企业提高生产技术，从而改善产品质量，国家之间按照国际行为准则和规范展开跨国经济合作等。

国际产能合作内部不同参与者尽管主体差异性较大，并且均按照各自利益诉求的驱动展开行动，但进一步分析可以发现，由于所有参与者都是在机制网络框架下进行活动，因此，不同参与者的驱动活动最终会推进机制网络按照统一终极目标进行运转，国际产能合作的动力机制就此产生。

（2）"协同力"衍生出的协调机制。正如上文所述，国际产能合作内部不同参与者利益诉求差异性较大，国际产能合作内部如果没有协调机制来化解各类矛盾，那么一旦矛盾积累到一定程度爆发出来，就将导致既有合作网络的瓦解与破裂。因此，国际产能合作的协同需要有协调机制发挥作用。协调机制的构建首先要确定"协调主体"，本国政府与东道国政府，本国企业与东道国企业均是互为对称关系的合作主体；其次要确定"合作规范与规则"，没有规矩不成方圆。参与国际产能合作的各类参与者均要按照事先约定的规则和规范展开推进活动，如有违反规则和规范的现象出现，必须遵照既定惩戒措施约束行动者行为；最后要按照制定的国际产能合作决策程序进行决策。对合作各方形成的群体而言，其协同合作产生的协同力则依靠组织内部协调合作并基于群体目标的实现而得以产生。不同参与者组成的国际产能合作网络中，在达成共识下，按照统一规则和规范的要求建立决策程序，决策程序的作用就是帮助参与者在面对多种矛盾迸发的时刻，能够理性、科学而又稳妥地化解矛盾冲突，在保证国际产能合作可持续运转基础上实现协同创新力，加速推进国际产能合作的运行。

（3）"保障力"衍生出的风险防控机制。推进国际产能合作运行需要有强大的保障能力发挥作用,保障能力的强弱关乎机制运行是否能发挥最大效能。在推进国际产能合作过程中,企业会受到内部和外部环境风险因素的影响与制约,尽管不同因素作用效果的程度会有差异,但是国际产能合作网络的所有参与者都无法忽略内外部环境风险因素的影响。因此,推进国际产能合作的"保障力"主要从风险防控方面进行保障,从而形成风险防控机制。

国际产能合作的内部环境风险因素主要指由于核心参与者采取行动所产生的风险要素。具体来看,企业作为国际产能合作的核心参与者,其开展运营活动将会面临多重风险。内部风险是由自身管理不善、生产技术低下、劳动力流失等造成的效益损失。另外,企业生产与经营的产品所代表的产业,也会面临市场竞争不确定性和竞争者增多而出现的市场风险。外部风险是企业所面临的外部环境不利因素冲击所带来的风险。比如由政治冲突、经济危机、法律法规不健全、自然灾害、社会人文冲突、汇率波动、融资成本及关税上升等因素造成的企业经营困难。推进国际产能合作的风险防控机制的建立要注意以上各类风险的防范与处置。

第三节 国际产能合作机制运行的作用机理

一、机制作用目标的实现机理

1. 机制作用的目标。由动力机制、协调机制和风险防控机制共同组成的推进国际产能合作的机制,其运行目标是推进国际产能合作顺利展开,促进国际产能合作可持续发展。在此最高机制运行目标下,三种机制围绕共同目标在推进系统中运行,不同机制又有其各自异质性的运行目标。动力机制的运行目标是为国际产能合作的机制运行提供可持续的发展动力源,机制构建的要素(本章第二节所述的经济要素、政治要素和社会要素)在动力机制的驱动下,围绕统一目标凝聚在国际产能合作核心参与者设立的网络中,彼此相互作用又相互促进,共同推动国际产能合作运行。协调机制的运行目标是通过设立相应的规则和规范,建立国际产能合作的决策程序,协调国际产能合作各个参与者的利益冲突,化解矛盾。风险防控机制的运行目标是保障动力机制和协调机制得以顺利发挥效能,降低及防控国际产能合作运行过程中可能产生的各种内外部环境风险所带来的不利影响,确保国际产能合作推进保持稳定。

2. 机制作用目标的实现系统。根据机制内容所确定的运行目标,三种机制充分发挥其效能的关键在于机制要素和国际产能合作的参与者,机制要素的内容和国际产能合作的参与者角色,本章第一节和第二节已经进行过介绍,在此不再赘述。下面将通过数学表达式来说明机制作用目标的实现机理。

设有国际产能合作的机制为 J,它由动力机制 D、协调机制 X 和风险防控机制 F 共同组成,每个机制均由机制要素和国际产能合作参与者构成,机制要素由 m 个经济要素 E(市场、自然资源、资本、劳动力和技术等一系列生产要素等),n 个政治要素 G(政策、法律和规章制度等),s 个社会要素 S(高校科研院所、就业市场、提供配套服务的各类型企业、基础设施等)组成,而国际产能合作的参与者由 q 个企业 Q 和 g 个政府 GM 组成。根据以上条件设定,得到动力机制、协调机制和风险防控机制的数学表达式分别为式 3-23、式 3-24 和式 3-25:

$$D = \sum_{i=1}^{m} E_i + \sum_{i=1}^{n} G_i + \sum_{i=1}^{s} S_i + \sum_{i=1}^{q} Q_i + \sum_{i=1}^{g} GM_i \quad (式3-23)$$

$$X = \sum_{j=1}^{m} E_j + \sum_{j=1}^{n} G_j + \sum_{j=1}^{s} S_j + \sum_{j=1}^{q} Q_j + \sum_{j=1}^{g} GM_j \quad (式3-24)$$

$$F = \sum_{x=1}^{m} E_x + \sum_{x=1}^{n} G_x + \sum_{x=1}^{s} S_x + \sum_{x=1}^{q} Q_x + \sum_{x=1}^{g} GM_x \quad (式3-25)$$

那么,国际产能合作的机制 J 的简单数学表达式为式 3-26:

$$J = D + X + F \quad (式3-26)$$

将式 3-23、式 3-24 和式 3-25 代入式 3-26,经整理后得到式 3-27:

$$J = 3\left(\sum^{m} E + \sum^{n} G + \sum^{s} S + \sum^{q} Q + \sum^{g} GM\right) \quad (式3-27)$$

式 3-27 即为国际产能合作的机制完整数学表达式,从该式可以得出,在动力机制、协调机制和风险防控机制共同作用下,机制要素和国际产能合作的参与者实现了彼此融合。国际产能合作的机制运行是机制要素和国际产能合作参与者共同完成的结果,只有使机制要素和参与者共同发挥作用,才能使机制运行的效能得以充分发挥和实现。因此,根据式 3-26 和式 3-27 得到如下结论:国际产能合作机制作用目标的实现是由动力机制、协调机制和风险防控机制共同推进并相互作用的结果。

二、机制作用的关联互动机理

根据上一节国际产能合作的机制构成的设置条件及数学模型(式3-23、式3-24、式3-25和式3-27),本节将参考谷国锋分析区域经济发展动力系统的研究方法[①],利用矩阵来描述及分析国际产能合作的三个机制关联互动机理。

正如机制要素构成原理所述,国际产能合作的机制是由一系列机制要素构成,不同机制要素相互作用共同组成链条结构,在国际产能合作参与者的共同参与和自觉维护下,结成国际产能合作的机制网络,机制要素连接如图3-4所示。

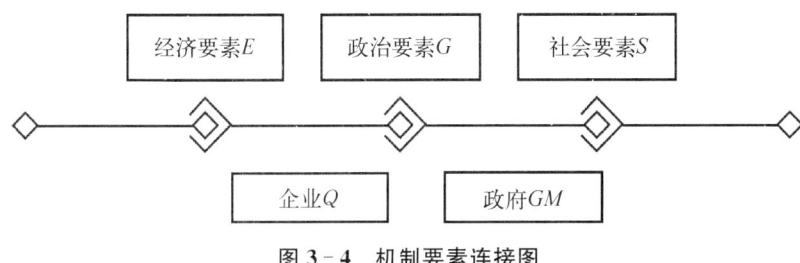

图3-4 机制要素连接图

下面将采用矩阵表达式来说明机制要素以及国际产能合作参与者之间的相互关系,根据式3-26,令矩阵 J 为:

$$J = \begin{bmatrix} 1 & 0 & 0 & 0 & 0 \\ 0 & 1 & 0 & 0 & 0 \\ 0 & 0 & 1 & 0 & 0 \\ 0 & 0 & 0 & 1 & 0 \\ 0 & 0 & 0 & 0 & 1 \end{bmatrix} \quad \text{(式3-28)}$$

其中,矩阵中的1代表机制要素之间以及与国际产能合作参与者产生了关联性,0则代表无关联。J_1 代表经济要素 E,J_2 代表政治要素 G,J_3 代表社会要素 S,J_4 代表企业 Q,J_5 代表政府 GM。

正如前文所述,动力机制、协调机制和风险防控机制均由机制要素和国际产能合作参与者建立完成,假设动力机制 D 只由经济要素 E 和政治要素 G 构成,协调机制 X 只由社会要素 S、企业 Q 和政府 GM 构成,那么可以把矩阵 J 改

---

① 谷国锋.区域经济发展的动力系统研究[D].长春:东北师范大学,2005.

写为：

$$J' = \begin{bmatrix} 1 & 0 & 0 & 0 & 0 \\ 0 & 1 & 0 & 0 & 0 \\ 0 & 0 & 1 & 0 & 0 \\ 0 & 0 & 0 & 1 & 0 \\ 0 & 0 & 0 & 0 & 1 \end{bmatrix} = \begin{bmatrix} J_{11} & J_{12} \\ J_{21} & J_{22} \end{bmatrix} \quad \text{(式 3-29)}$$

其中，

$$J_{11} = \begin{bmatrix} 1 & 0 \\ 0 & 1 \end{bmatrix}$$

$$J_{12} = \begin{bmatrix} 0 & 0 & 0 \\ 0 & 0 & 1 \end{bmatrix}$$

$$J_{21} = \begin{bmatrix} 1 & 0 \\ 1 & 0 \\ 0 & 0 \end{bmatrix}$$

$$J_{22} = \begin{bmatrix} 1 & 0 & 0 \\ 0 & 0 & 0 \\ 0 & 0 & 1 \end{bmatrix}$$

根据以上矩阵的计算可知，动力机制 D 的结构矩阵是 J_{11} 和 J_{22}，协调机制 X 的结构矩阵是 J_{12} 和 J_{21}。同理，也可以得到关于风险防控机制 F 的结构矩阵。

经过构建机制矩阵可以证明，国际产能合作的机制 J 是由一系列机制要素和国际产能合作的参与者构成，同时，机制要素和国际产能合作参与者的不同排列组合，又组成了动力机制、协调机制和风险防控机制。三种机制内部的机制要素与国际产能合作参与者存在一定程度的相互关联的关系，换言之，三种机制之间的关联互动作用是由机制要素和国际产能合作参与者的相互关系展现出来的。

三、机制作用的协同配合机理

经过上文分析得知，国际产能合作推进系统由动力机制、协调机制和风险防控机制三种机制构成，三种机制既相互作用又互相影响，共同推进国际产能合作的可持续运转。

1. 国际产能合作的动力机制为协调机制和风险防控机制发挥效能提供动力源,是机制运行的基础。动力机制为国际产能合作运行提供驱动力,不同国际产能合作的参与者有各自"动力源"并驱使其展开行动,行动中所产生的矛盾存在化解与破裂的两种可能,假如不同参与者间的利益不可协调而导致矛盾破裂,那么原有国际产能合作网络将会瓦解。同时,原有国际产能合作的机制要素将根据各自新的利益诉求重新集结在新的国际产能合作网络中,并在相应核心参与者的征召之下,共同组建新的国际产能合作网络。在此过程中,推进动力驱使原有国际产能合作的网络破裂并促进新的网络形成。原有国际产能合作网络破裂的原因除了动力驱使所造成的利益不可协调以外,还会受到系统内外环境风险因素的致命影响。假如系统内外环境风险没有引起国际产能合作参与者的足够重视并及时化解,那么该风险将会由小变大,成为国际产能合作网络结构破裂的主要推手。然而,不同环境风险产生的背后也是一系列"动力源"的驱使使然,这些"动力源"成为系统内外环境风险主导者,破坏原有国际产能合作网络的驱动力。

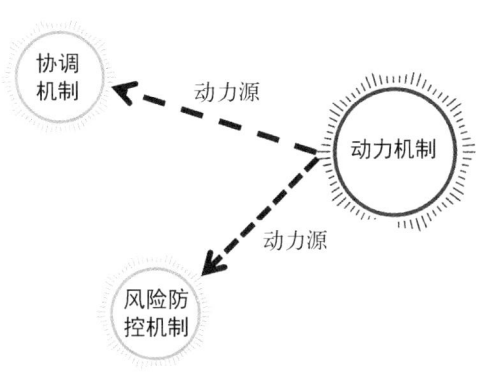

图 3-5　动力机制的作用

2. 国际产能合作的协调机制为动力机制和风险防控机制发挥作用提供协调保障,并成为维护子系统运行的协同力。根据第二章所述,协调机制是按照一定的协调原则及要求、根据明确的协调目标和协调方向展开的关于规范和规则建设的一系列机制内容。动力机制和风险防控机制发挥作用的前提,是按照国际产能合作的既定规范和规则进行运转,假如没有建立起价值共识,并形成制度规则和准则的具体要求,那么国际产能合作的运行系统将会呈现无序状态,甚至存在偏离运行目标的可能性,国际产能合作网络破裂也就在所难免。尽管国际产能合作运行的动力,来源于不同参与者各自的差异性利益诉求,但每个居于国际产能合作网络内部的参与者所提出的利益诉求绝不能与整体行动目标相违背,不能损害其他参与者的现实利益,其推进的动力机制设计必须符合国际产能合作运行的原则要求,受到国际产能合作规范和规则的限制,在此基础上才能产生协同力。另外,风险防控机制的设置也必须在国际产能合作整体框架下展开,同样受到国际产能合作规范和规则的约束。

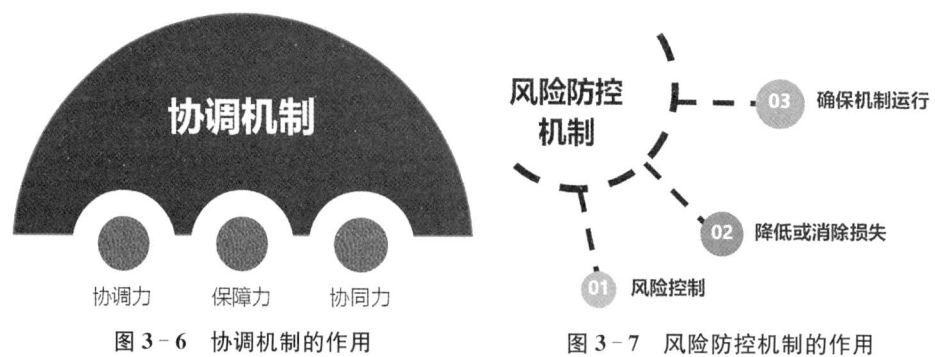

图 3-6 协调机制的作用　　　图 3-7 风险防控机制的作用

3. 国际产能合作的风险防控机制为动力机制和协调机制的运行提供风险防控保障。正如前文所述,国际产能合作推进系统的运行将会面临内部和外部多重风险,国际产能合作的机制组成部分——动力机制和协调机制也同样面对各种风险,有可能导致动力源枯竭,协同力失灵。风险防控不及时或处置不当,这些情况都会造成原有国际产能合作的机制网络瓦解。因此,科学地建立风险防控机制,将会为动力机制和协调机制运行提供重要保障。国际产能合作的动力机制和协调机制,在风险防控机制的保障作用下顺利健康平稳运行,由此将推进国际产能合作的可持续运行。

第四节　本章小结

通过本章研究,结合第二章理论基础,共同组成本书研究理论框架。本章第一节对国际产能合作理论模型展开分析。首先从基本模型入手,提出国际产能合作的基本模式为出口和对外直接投资,接下来构建企业选择模型。研究发现,对企业进入国际市场的模式选择会造成直接影响的因素很多,而东道国根据自身情况也会有国际市场进入方式选择的倾向性。数理模型的推导结论初步筛选出影响国际产能合作机制建设的主要因素,为机制构建提供指导。本章第二节和第三节对国际产能合作的机制构建和机制作用机理展开分析。首先对机制的构成要素内容和设置原则进行说明,机制要素由经济要素、政治要素和社会要素组成;其次重点研究机制构建形成的推进系统,从促使国际产能合作运行的"推进力"出发,提出国际产能合作的机制由动力机制、协调机制和风险防控机制组成;最后详细论证了国际产能合作的机制作用机理。通过数学表达式,说明了机制目标的实现机理和关联互动机理,在此基础上,论述了机制的协同配合机理。本章为开展制造业国际产能合作机制构建研究提供理论依据。

第四章　中国制造业国际产能合作的商业模式

本章对中国制造业国际产能合作的商业模式展开分析,为机制构建提供现实依据。首先对中国制造业开展国际产能合作的基础条件进行说明,其次归纳中国制造业国际产能合作的商业模式,最后以案例分析的方式介绍中国企业开展国际产能合作的商业模式。

第一节　开展制造业国际产能合作的基础条件

本节将从外部需求和内部条件两个角度出发,试图对开展中国制造业国际产能合作的基础条件展开论述,指明中国开展制造业国际产能合作的优势。

一、全球市场拥有产业升级及基础设施投资需求

2008年全球金融危机过后,世界各国纷纷思索产业转型升级之路,以此摆脱经济危机的长期困扰。发达国家通过技术创新赋予产品科技含量,提升产品附加价值,发展中国家则在生产制造环节体现出自己的价值。然而随着产品更新换代速度的加快,生产制造环节同样面临产业转型升级的倒逼压力,发展中国家正在积极寻求产业链中的上升空间。位于发展中国家的工厂想要持续提高生产效能,只有通过改进生产技术,更新生产设备,提高劳动力生产效率的方式得以实现。但是受制于技术、设备、人力资源及资金的缺乏,发展中国家短期内实现产业升级似乎

困难重重。为此多数发展中国家正在通过一系列经济发展规划,积极寻求与他国加强合作,例如,印度尼西亚的"六大经济走廊"建设规划、哈萨克斯坦的"光明之路"经济政策、泰国"东部经济走廊"发展规划等。这些国家的建设规划,都将制造业产业转型升级和基础设施建设等项目列为重点引进外资的方向。

另外,一份由二十国集团(G20)旗下的"全球基础设施中心"发布的《全球基础设施展望》指出,由于现有基础设施需要更新换代以及为了支撑经济发展,当前世界50个国家在未来20~30年内对基础设施投资的需求会快速增长,总需求额为97万亿美元,但其中有20%的资金需求无法得到满足。特别是美国基础设施投资资金的缺口达到3.8万亿美元,而其他新兴发展中国家为了实现工业化,也加大了对基础设施建设的投资力度,迫于资金缺口压力,都在积极引入来自世界金融组织和其他外部资金帮助[1]。事实上,发展中国家不仅对投资资金有大量需求,对基础设施领域涉及的技术、人力资源、制造业和原材料产品等也有巨大的市场需要,甚至是整个基建全产业链的需求。

可以看出,世界需要新的经济增长驱动力,国际市场普遍存在产业转型升级和基础设施投资需求,这些基础条件成为中国提出国际产能合作的现实出发点。

二、中国制造业的生产规模优势

纵观世界主要发达国家产业发展历程,都经历了一段漫长的从工业化初期到工业化中期,再转型至工业化后期阶段。而中国则是通过七十多年的时间,特别是抓住改革开放历史机遇的40年黄金期,快速实现由工业化初期向工业化后期转型的过程[2]。实现快速工业化必然要求中国制造业具有产业发展优势,且对国家经济发展拥有强大推动力。制造业产业优势的评价体系构建较为多元,其中基于产业增加值的评价方法简单易行[3]。该指标主要以现价核算的产业增加值及其占国内生产总值(GDP)比重组成,代表着一类产业对国民经济的影响程度,也意味着该类产业是否具有比较优势[4]。根据世界银行统计数据,图4-1展示了2008—2018年中国与世界其他主要国家制造业增加值和制造业增加值占GDP比重的变化趋势。

---

[1] 周雪松.中国基建需求占全球三成[J].建筑设计管理,2017,34(10):49.
[2] 黄群慧.中国工业化进程与产业政策[J].中国经济报告,2019(1):49-54.
[3] 傅元海,叶祥松,王展祥.制造业结构变迁与经济增长效率提高[J].经济研究,2016,51(8):86-100.
[4] 刘伟、张辉.一带一路:产业与空间协同发展[M].北京:北京大学出版社,2017.

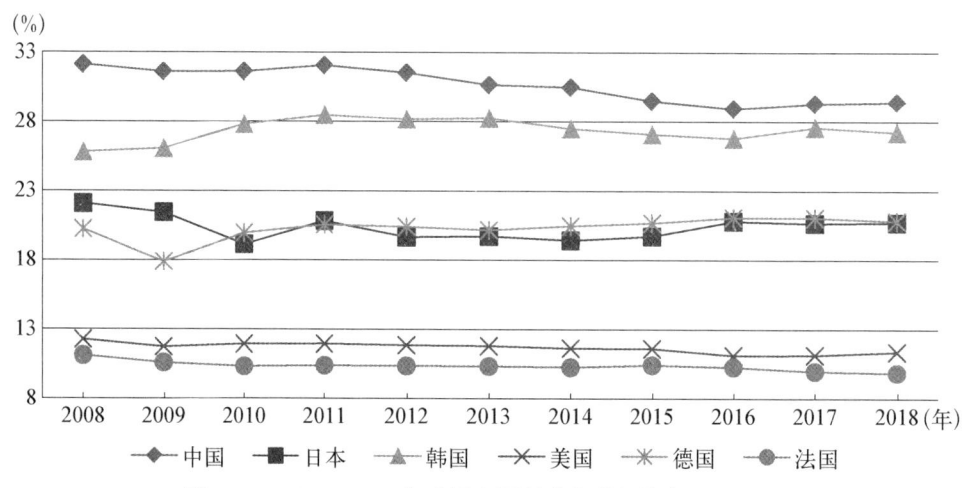

图 4-1 2008—2018 年世界六国制造业增加值占 GDP 比重

资料来源：世界银行数据库。

从表 4-1 可以看出，中国制造业增加值在逐年上涨，由 2008 年的 1.47 万亿美元，增长至 2018 年的 4 万亿美元，增长近 3 倍，位列世界第一。美国在 11 年间，由 1.8 万亿美元增加至 2.33 亿美元，位列世界第二。日本却由 2008 年的 1.08 万亿美元小幅下滑至 2017 年的 1 万亿美元，位列世界第三（2018 年数据世界银行没有给出）。从制造业增加值世界排名对比发现，自 2010 开始中国一直稳居世界第一，且与世界其他国家的差距越拉越大。2018 年中国制造业增加值已经超过了韩国、德国、法国、印度尼西亚、马来西亚、俄罗斯和哈萨克斯坦 7 国的总和。并且，近几年中国制造业增加值占世界制造业增加总值的比例维持在 25% 左右，反映出中国拥有较为强大的制造业生产能力，对世界制造业增长的贡献度也相当高，成为推动世界经济发展的重要力量。

表 4-1 世界主要国家制造业增加值（万亿美元）

国家	年　份										
	2008	2009	2010	2011	2012	2013	2014	2015	2016	2017	2018
中　国	1.47	1.61	1.92	2.42	2.69	2.94	3.18	3.25	3.23	3.56	4.00
日　本	1.08	1.00	1.19	1.21	1.22	1.00	0.96	0.914	1.02	1.01	—
韩　国	0.26	0.23	0.30	0.34	0.34	0.37	0.39	0.37	0.38	0.42	0.44
美　国	1.80	1.70	1.79	1.86	1.92	1.98	2.04	2.12	2.08	2.17	2.33

(续 表)

国家	年份										
	2008	2009	2010	2011	2012	2013	2014	2015	2016	2017	2018
德国	0.76	0.61	0.68	0.78	0.72	0.76	0.80	0.70	0.74	0.78	0.83
法国	0.32	0.28	0.27	0.30	0.28	0.29	0.29	0.25	0.25	0.26	0.27
印度尼西亚	0.14	0.14	0.17	0.19	0.2	0.19	0.19	0.18	0.19	0.20	0.20
马来西亚	0.06	0.05	0.06	0.07	0.07	0.07	0.08	0.07	0.07	0.07	0.08
俄罗斯	0.25	0.16	0.20	0.24	0.26	0.26	0.24	0.17	0.15	0.19	0.20

资料来源：世界银行数据库。

表4-1还反映出制造业对一国经济发展的贡献度。根据世界银行统计数据显示，中国自2008年起，制造业增加值占GDP的比重平均达到30.66%，但是呈现逐年缓慢递减状态。排名第二的韩国，制造业增加值占GDP比重平均为27.34%，而日本为20.39%、德国为20.31%、美国为11.68%、法国为10.36%，世界平均值是15.74%。从变化趋势来看，11年间美国和法国制造业增加值占GDP比重变化幅度不明显，韩国和日本有增有减，德国呈现缓慢递增状态。中国制造业对世界经济的贡献度明显高于其他国家，说明中国作为世界第一制造业大国，制造业成为推动经济增长的重要引擎。中国国民生产总值已经位居世界第二，作为世界第一的美国，制造业对GDP的贡献度在11%左右，而中国是30%。这也从另一个角度反映出中国制造业的产业规模十分庞大。

总之，无论从制造业增加值数额还是制造业增加值占GDP比重来看，与世界其他国家相比，中国制造业拥有强大的生产制造优势和规模优势，这些优势为中国推进制造业国际产能合作奠定了良好的产业发展基础。

三、中国对外直接投资快速增长

改革开放的四十多年，是中国经济腾飞的岁月，也是中国经济快速融入全球经济发展浪潮的时期。改革开放初期，中国通过"三来一补"方式成为全球产业链中的一环，随着2001年加入世界贸易组织（WTO）和开启"走出去"战略，中国以更加积极主动的姿态成为全球产业链中不可或缺的重要节点，从以往单向引入外资向引入外资与对外投资双向并举方向发展。特别是"一带一路"倡议的提出标志着中国对外直接投资进入了"新时代"。商务部发布的《中国对外投资合作发展报告》(2014—2018年)以及商务部网站公布的国际产能合作统计信息显示,中国自2013年"一带一路"倡议提出以来,非金融类对外投资连续4年保持稳定增长,在2016年达到历史同期最高,对外投资额1701.1亿美元,增长率为44.1%。在2017年国家对对外直接投资进行产业引导,减少不健康的对外直接投资。尽管如此,2017年的非金融类对外直接投资额也达到了1200.8亿美元,位列考察期内第二位,如图4-2所示。

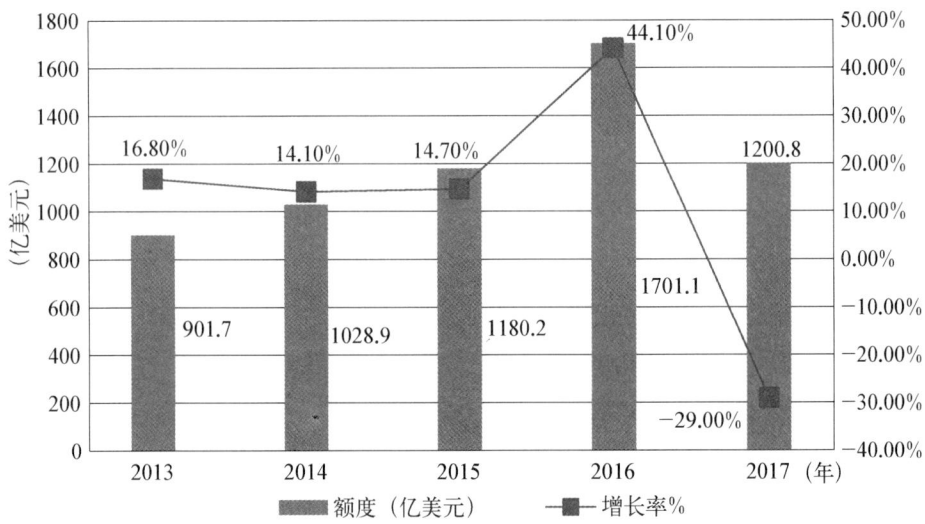

图4-2 2013—2017年中国非金融类对外投资额及增长率

数据来源:《中国对外投资合作发展报告》。

根据国家统计局数据,制造业对外投资净额自2008年起(除2013年以外的9年间),均保持增长态势。尤其是"一带一路"倡议提出后的2013年到2017年的5年间,增长幅度格外显著。由2013年的71.9715亿美元达到2017年的295.0737亿美元,同比增长率为309.99%,如图4-3所示。

从对外直接投资流向来看,覆盖区域广泛但投资净额集中度较高。据图4-4所示,2009年至2017年间中国对世界主要地区均有对外直接投资流入。2017年中国对各大洲进行对外直接投资净额排名,第一至第六名分别是亚洲、欧洲、拉丁美洲、北美洲、大洋洲和非洲,且排名第一的亚洲净额是11 003 986万美元,排名第六的非洲为410 500万美元,两者之比为29.81∶1。

第四章 中国制造业国际产能合作的商业模式

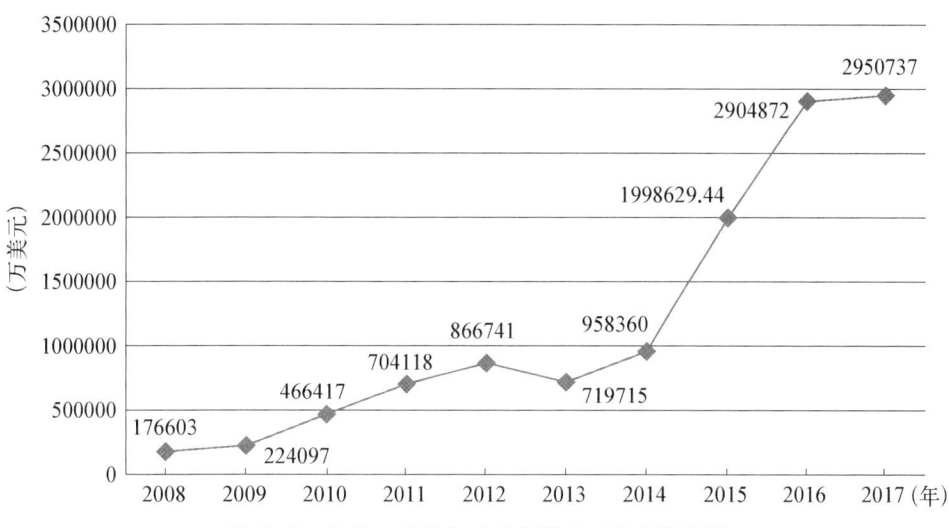

图 4-3 2008—2017 年中国制造业对外投资净额

数据来源：国家统计局。

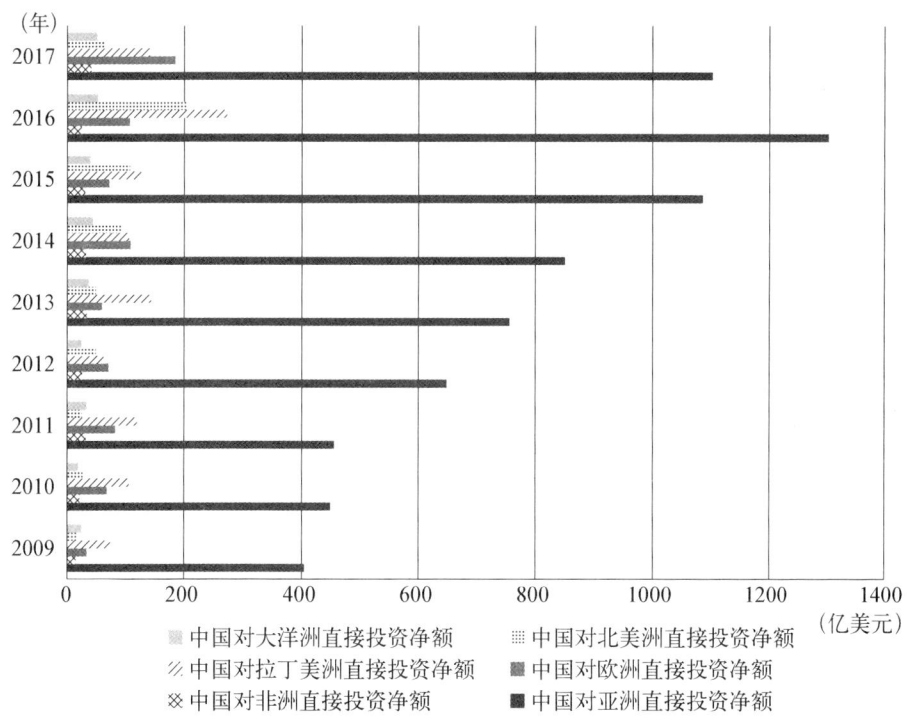

图 4-4 2009—2017 年中国对世界主要地区对外投资净额

数据来源：国家统计局。

通过对以上数据分析可知,中国对外直接投资在近十年间呈现快速增长态势,特别是"一带一路"倡议提出后的五年间,制造业对外直接投资增幅格外显著。"一带一路"倡议重点合作区域位于亚洲,从中国对世界主要地区对外投资净额的排名上也证明了这点。总之,中国在对外直接投资领域积累的投资经验将为推进制造业国际产能合作提供良好借鉴,同时原有的对外直接投资渠道也将被国际产能合作加以利用。

第二节 中国制造业国际产能合作的商业模式

模式是机制作用的外在表现,而机制是体现模式运行的内在联结关系。明确制造业国际产能合作的商业模式,有助于研判制造业国际产能合作的机制作用目标和实践结果,因此,分析制造业国际产能合作的商业模式,是研究推进制造业国际产能合作机制内容的前提。从中国制造业产业发展现状及产业转移现实需求出发,制造业国际产能合作的商业模式需要立足于全球产业链、价值链和供应链,从产业、平台和参与方等维度布局国际产能合作,逐步形成集群式、开放式和可持续发展式的高质量合作模式。

一、产业集群转移模式

产业集群的形成得益于内部企业之间基于共同产业发展目标,以专业化分工的方式彼此结成了联结网络。在联结网络体的构成过程中,产业集群也促进了地方专业市场的形成。产业集群跨国转移是企业通过对外投资、对外贸易和工程承包等多种国际经济合作方式,在东道国建立新的产业组织,结成新的联结网络。新的产业集群境外网络与境内网络共同嵌入该产业的全球价值链。企业处于国内国际两个网络中,整合了两个市场和两种资源,促进了资金、劳动力、技术、市场等生产要素在全球范围内进行重新配置。在要素的传递和流通过程中,各个产业集群嵌入全球价值链网络中,境内外的产业集群只是价值链上的一个环节,全球生产网络中的产业集群通过嵌入全球价值链体系而彼此结成了"命运共同体"。基于以上分析,本书认为,国际产能合作是地方性产业集群顺应国际产业转移的基本趋势,到境外建立新的产业集群组织,从而与境内构成全球产业链和价值链,这种链式效应是多种产业组织互动关系的总和,而以此形式运行的国际商业模式将会是链式效应的实践展现。

目前世界产业转移呈现集群式转移特点,以产业链为核心的生产环节横向转移和产业链上下游配套环节的纵向转移为主要形式,并且越来越多的高端产业转移采用"横纵一体化"的转移模式,这类模式基于企业间共生关系,强调企业的异质性,突出"小而精",摈弃"大而全"(刘友金等,[①]朱云平[②])。产业集群式转移模式在国内部分产业转移方面表现突出,但在由中国企业主导的制造业国际转移方面并不明显。旧时代的产能投资合作更多是"点对点"投资,在东道国建立某产业链条上的独立生产线,或者单纯开发自然资源,或者承包某项基础设施建设工程,生产出来的最终产品要么运回国内销售,要么销往所在国或其他国家,没有形成产业链条上的横向与纵向配合,与国内产业群出现布局断档,无法形成产业集团化优势,不利于国内产业升级与优化,要想打造具有国际竞争力的产业链存在一定困难。

新时代的国际投资与国际经济合作,要求中国企业走自己的特色及优势道路。因此,应尝试选取在国内产业发展健康、核心生产企业带动力强、国际市场有强烈需求的产业进行海外布局。中国提出的国际产能合作,就是建立以产能集群式国际转移为主导的运行模式,即以"一带一路"沿线重点国家为主要投资区域,以推动产能集群式合作发展为首要目标,积极寻找东道国制造业等产业合作切合点,深入挖掘围绕制造业等产业链横向生产环节和纵向供应及配套服务环节的各项合作潜能,吸引东道国及更多国家企业积极加入及建设产业集群,凭借各方强强联合,加快培育与建设世界级先进产业链。

二、境外产业园区承载模式

中国企业通过国际产能合作在海外建立新的生产基地,构建由其主导的产业链,需要有产业链上下游配套企业共同协作,组建研发、制造、销售、物流等内部产业链条。然而,由于境外投资环境复杂多变、风险较大,中国企业海外投资经验并不如欧美企业丰富,加之中小型企业受制于自身实力,只能集中优势资源专注于产业链条上某个环节的生产,因此,借助于某个平台,与其他产业链上下游企业结成合作关系,成为中国企业国际产能合作的首选方式。

---

① 刘友金,袁祖凤,周静,等.共生理论视角下产业集群式转移演进过程机理研究[J].中国软科学,2012(8):119-129.
② 朱云平.企业异质性视角下的产业集群产业链优化分析[J].宏观经济研究,2017(12):129-136.

境外产业园区成为承载中国制造业产业国际转移的重要平台,有力助推了中国与东道国制造业产业衔接和优势互补,是推动"一带一路"建设和国际产能合作的旗帜项目。但是旧时代境外产业园区并不完美,出现如下几个问题:一是园区产业聚集效应欠缺、产业结构单一;二是园区融资难且盈利模式不确定;三是园区可持续运营能力较弱,各项配套及服务设施落后。

推进制造业国际产能合作,需要通过借助各类产业园区提供的优质平台来打造"中国先进产业集群",使之成为推进"一带一路"建设的重要支撑点。资源整合型境外产业园区以推进"一带一路"建设为总任务,以构建优质产能全球产业链为总目标,由中国政府与东道国政府共同规划与布局,通过中资控股企业以市场化方式在境外进行运作,同时积极吸引东道国及第三国企业共同建设与开发。资源整合型境外产业园区成为国际产能合作的承载模式。资源整合型境外产业园区的优势表现为:产业链布局完整、上下游产业链衔接通畅、主导产业明确、多产业结构并行、基础设施建设完备、综合配套服务能力较强、融资渠道多样。园区具有长期盈利和抵御各类风险的能力,拥有强大的资源集聚和产业辐射效应。

中国在境外建设的各类产业园区起步较早,是中国企业海外投资第一"落脚点",当前呈现多点开花的局面。根据商务部网站统计的信息显示,截至2018年12月,中国在境外44个国家建有境外产业园区总计103个,其中20个园区通过商务部和财政部的考核(表4-2)。这些境外产业园区成为中国企业开拓国际市场的重要实践平台,也是国际商业模式运营的集中展示区。

表4-2 商务部确认考核通过的20个境外产业园区

成立时间	园区名称	园区所在国	中方企业名称	主导产业
2006年	巴基斯坦海尔-鲁巴经济区	巴基斯坦	海尔集团电器产业有限公司	家电、汽车、纺织等
2006年	俄罗斯乌苏里斯克经贸合作区	俄罗斯	康吉国际投资有限公司	轻工、机电、纺织、建材、家具等
2006年	泰国泰中罗勇工业园	泰国	华立产业集团有限公司	汽配、机械、建材、家电和电子产业等
2006年	柬埔寨西哈努克港经济特区	柬埔寨	江苏太湖柬埔寨国际经济合作投资有限公司	服装纺织、五金机械、轻工家电等
2007年	越南龙江工业园	越南	前江投资管理有限责任公司	电子电器类、机械、轻工业、建材、生物制药等

(续　表)

成立时间	园区名称	园区所在国	中方企业名称	主导产业
2007年	尼日利亚莱基自由贸易区(中尼经贸合作区)	尼日利亚	云南省海外投资有限公司	产品加工制造,房地产开发,商贸物流等服务业
2007年	赞比亚中国经济贸易合作区	赞比亚	中国有色矿业集团有限公司	有色金属加工等
2007年	埃塞俄比亚东方工业园	埃塞俄比亚	江苏永元投资有限公司	建材、金属、化工、纺织等
2008年	埃及苏伊士经贸合作区	埃及	中非泰达投资股份有限公司	交通运输装备、纺织服装、石油装备、高低压电器等
2008年	俄罗斯中俄托木斯克木材工贸合作区	俄罗斯	中航林业有限公司	森林资源开发、采伐、加工、运输和销售等
2009年	乌兹别克斯坦"鹏盛"工业园	乌兹别克斯坦	温州市金盛贸易有限公司	瓷砖生产、皮革制造、制鞋等
2009年	中国-印尼经贸合作区	印度尼西亚	广西农垦集团有限责任公司	汽车装配、机械制造、家用电器、精细化工等
2010年	中俄(滨海边疆区)农业产业合作区	俄罗斯	黑龙江东宁华信经济贸易有限责任公司	农产品生产、加工、仓储和物流园区等
2010年	老挝万象赛色塔综合开发区	老挝	云南省海外投资有限公司	能源化工、农畜产品加工、电力产品制造等
2011年	匈牙利中欧商贸物流园	匈牙利	山东帝豪国际投资有限公司	化工、生物化工等
2011年	吉尔吉斯斯坦亚洲之星农业产业合作区	吉尔吉斯斯坦	商丘贵友食品有限公司	家畜养殖、屠宰、加工等食品生产
2011年	中匈宝思德经贸合作区	匈牙利	烟台新益投资有限公司	商品展览、展示、交易、仓储、商贸物流服务平台等
2013年	中国印尼综合产业园区青山园区	印度尼西亚	上海鼎信投资(集团)有限公司	镍铬冶炼、不锈钢生产、加工和销售等
2014年	俄罗斯龙跃林业经贸合作区	俄罗斯	黑龙江省牡丹江龙跃经贸有限公司	林木采伐、粗加工、深加工、林产品交易和跨境运输等
2015年	中国-印度尼西亚聚龙农业产业合作区	印度尼西亚	天津聚龙集团	油棕种植开发、精深加工、收购、仓储物流等

数据来源:根据"中国一带一路网"公布资料整理得到(www.yidaiyilu.gov.cn)。

三、多元化企业联盟参与模式

2015年6月,李克强总理在访问法国时,首次提出"第三方市场合作"概念,随后这一概念被写入两国政府发表的联合声明中。这一概念转换为国际产能合作新模式,就是被广泛称赞的"1+1+1>3"模式。即中国优质产能+发达国家先进技术+发展中国家现实需求,以共建"一带一路"为引领,深化国际产能合作,积极与有关国家开展第三方市场合作,取得了各施所长、各得其所、多方共赢的积极进展。前文提到的中广核与法国电力集团共同投资建设英国核电项目;中车集团和德国西门子集团在中欧班列等高铁领域的合作;中国机械工业建设集团与韩国现代建设株式会社合作开发厄瓜多尔太平洋炼油厂……这些国际产能合作项目均有效践行了"1+1+1>3"的多元化企业联盟模式。

过去中国企业进行海外投资习惯于"单打独斗",缺少与东道国企业及第三国企业开展合作。这种模式不利于企业海外经营的长期稳定、不利于整合境外优质资源、不利于打造全球化优质产业链。国际产能合作的主体是制造业企业,这类企业代表中国最先进的生产力和创新技术发展水平,是政府大力鼓励和支持的出海型企业。因此,中国企业为进一步提高海外市场运营能力,加快吸纳各类先进生产要素的进程,降低海外投资风险,应组建以多元化企业联盟为推动力量的国际产能合作参与模式。

多元化企业联盟,即以共同开发"一带一路"沿线产能市场为总方向,以围绕中国优质产能构建全球产业链为总目标,以重点开发交通、能源、装备制造等产业为核心内容,以国有企业+民营企业、中国企业+欧美等国先进技术企业和核心企业+配套服务企业为组成结构。首先,在企业属性方面,积极探索建立大型国有企业和中小型民营企业共同参与的混合所有制海外投资体。其次,在企业来源国组成方面,充分发挥欧美等发达国家企业在高端装备制造技术方面优势,以及开发海外市场的成熟经验,同时充分利用中国中端装备的性价比和生产优势,在"第三国同意、第三国参与、第三国受益"的前提下,与发达国家企业一道在发展中国家等第三方市场建立以项目开发与合作为目标的企业联盟。再次,在企业经营结构组成方面,以交通、能源和装备制造业企业为主体,以金融及保险机构、国际商务咨询机构、技术服务机构、物流企业、教育培训和医疗保障等服务机构组成的综合配套体为辅助,通过为产业链核心生产环节的企业提供服务保障,以增强企业在开拓海外市场方面的竞争力。

事实上,近年来中国已成立了许多由行业协会牵头、行业内各类型企业及社会服务机构组成的多元化国际产能合作企业联盟(见表4-3)。

表4-3 国际产能合作企业联盟

序号	成立时间	联盟名称	所属行业
1	2016年06月	中国电力国际产能合作企业联盟	电力
2	2016年09月	中国石油和化学工业国际产能合作企业联盟	石化
3	2016年12月	中国工程机械行业国际产能合作企业联盟	工程机械
4	2017年03月	中国纺织国际产能合作企业联盟	纺织
5	2017年03月	中国钢铁行业国际产能合作企业联盟	钢铁
6	2017年04月	中国轻工业国际产能合作企业联盟	轻工
7	2017年04月	中国通信行业国际产能合作企业联盟	通信
8	2017年09月	中国矿业国际产能合作企业联盟	矿产
9	2017年10月	中国建筑业国际产能合作企业联盟	建筑

资料来源:作者整理所得。

这些联盟在帮助企业整合行业内资源,促进信息共享与交换,加强与政府沟通及协调领域发挥了重要作用。国际产能合作多元化企业联盟以所属行业为范围,不断扩大国内外加盟成员数量,丰富成员组成结构,协调联盟间合作,为共同开发国际产能市场贡献力量。

第三节 案 例 分 析

一、中国广核集团

目前中国是世界上主要的核电装备生产、技术开发及核电站运营国家之一。以中国广核集团(简称"中广核")为代表的核能企业是中国国际产能合作的重要推动力量。中国广核集团的前身中国广东核电集团成立于1994年9月,是改革开放之后伴随着我国核电事业发展,逐步成长壮大起来的中央企业。中广核作为国内核电龙头企业,拥有核工业全产业链,几乎涵盖了所有核工业的环节,是世界上少数几个拥有完整核工业全产业链的企业。中广核产业链各环节相互配合、相互促进,可满足不同的市场需求,并提供全产业链、全售期的服务保障,集团国际业务已分布在20多个国家,海外收入占比超过20%。同时,中广核还积极在海外布局新能源项目,并力推我国首个具有自主知识产权的核级数字化仪控通用平台"和睦系统"走向海外。

中广核在推动中国核电产业国际产能合作领域取得了显著成绩。其与法国电力集团(以下简称"EDF")签署了在英核电站项目一揽子协议。2014年3月,中广核、EDF签署了英国新建核电项目工业合作协议。2015年10月20日,中广核在英国签署了英国项目的投资协议。2016年9月29日,中国、EDF与英国政府签署了英国欣可利角C项目最终投资协议。该项目是英国核电开发一揽子项目中的一部分,项目总投资额达到180亿英镑,是目前中国核电领域海外投资额最高的国际产能合作项目。

英国欣可利角项目是典型的由我方核心企业(中广核集团)主导,采用我方核心技术(中国自主研发的"华龙一号"世界主流三代核电技术),积极引导产业链横向和纵向企业(已有超过12家与核电产业相关的中国公司参与核电设备供应及项目实施工作,7家企业参与项目分包建设工作)集群式出海,通过与拥有先进技术及运管经验的发达国家企业(法国电力集团)开展集群式产能合作,共同开发第三国市场的成功案例。

目前"华龙一号"已经形成了生产力,其商业应用和技术出口,将有力发挥国内优势,有效缓解高端装备制造产能的过剩,也有利于我国核电发展规划目标的顺利实现。核电走出去,可带动装备制造业走出去,真正体现核电强国地位和影响力。但核电站是一个庞大的系统工程,其造船出海需要核电企业、装备制造商、建造商等共同完成。近年来,国内企业在对外推广、品牌塑造和政策支持上形成了"华龙一号"产业联盟,建立目标市场的"大团队",和企业联盟立体联动、统一协调、优势互补、抱团出海、共同推动。

二、中埃·泰达苏伊士经贸合作区

中埃·泰达苏伊士经贸合作区成立于2008年,位于亚非欧三大洲的金三角地带,紧邻苏伊士运河,市政完善交通顺畅,是我国重点建设的国家级海外经贸合作区,由天津泰达控股和中非基金共同出资建设。合作区位于"一带一路"和"苏伊士运河走廊经济带"交汇点上,是埃及当前唯一完成全方位配套的、可以让企业直接入驻的工业园区,备受中埃政府关注。2009年11月,时任国务院总理温家宝与时任埃及总理为该合作区起步区项目授牌,开创国际区域合作的典范;2013年12月,合作区扩展区6平方千米的项目土地合同正式签订;2016年1月,中国国家主席习近平与埃及总统塞西为合作区扩展区项目揭牌,标志着合作区已成为中国企业布局"一带一路"和"苏伊士运河走廊经济带"的新平台。

中埃·泰达苏伊士经贸合作区占地面积7.34平方千米,其中起步区1.34平方千米,累计投资约1亿美元,已完成开发建设,并已初步形成了新型建材、石油装备、高低压设备、机械制造四大主导产业,经济效益不断增长;扩展区总面积6平方千米,计划开发投资2.3亿美元,累计实际投资6 300万美元。目前,扩展区一期基础设施建设完成,吸引包括大运摩托、泰山石膏等项目在内的入区企业共8家,吸引协议投资额约2亿美元。合作区紧密结合苏伊士地区的市场优势和区位优势,开展深耕细作的市场化运作,以化工、建材、纺织、电工电气、金属加工、工程机械六大产业为主导,将合作区打造为涵盖住宅、商业、金融、物流园等,引入技术开发和现代服务为一体的现代化工业新城。

中埃·泰达苏伊士经贸合作区是典型的资源整合型境外产业园区。中非泰达公司基于长期运营经验,提炼出园区建设"飞雁模型"(图4-5),该模型主要包括四大部分,分别是"一头、一身、两翼、一尾"。"一头"指中国与东道国政府间加强顶层设计,做好政策衔接。"一身"

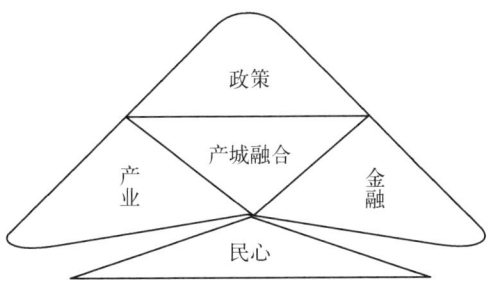

图4-5 中埃·泰达苏伊士经贸合作区"飞雁模型"——资源整合型境外产业园区

指以现有园区经营为主体,做好园区配套服务,推动园区与所在国城市的融合发展。"两翼"指园区运营的核心动能——产业发展和金融支持。"一尾"指民心相通,做好园区企业与东道国各界的沟通与互动。

中埃·泰达苏伊士经贸合作区作为中国"一带一路"倡议与埃及"苏伊士运河走廊"开放战略的合作桥梁与产能合作项目落脚点,得到两国政府在政策方面的大力扶持。该园区在建设及运营期间,倡导园区产业发展与埃及城市经济建设广泛融合,引导埃及紧缺的石油装备和建筑建材等行业的国内领导型企业入驻园区,同时有效利用中非发展基金、亚洲基础设施投资银行和国家开发银行等金融机构提供的融资贷款服务。另外,园区企业经常通过各类文化交流活动、培训服务等方式,加强与当地社会各界及普通百姓的沟通,创造良好和谐氛围。可以看出,合作区在践行"一带一路"倡议与推动国际产能合作建设方面树立了典范,其呈现出的资源整合型境外产业园区模式,为新时代中国开展国际产能合作园区建设、运营及管理提供了经验借鉴。这些经验将会更有效地推动中国企业走出去,促进境外合作区的健康发展,在我国的"一带一路"建设和国际经贸合作中发挥积极作用。

三、中国纺织行业国际产能合作联盟

由中国纺织国际产能合作企业联盟(以下简称"联盟")牵头组成的中国纺织行业国际产能合作联盟,成立于2017年3月,是由中国纺织工业联合会(以下简称"中纺联")牵头发起,纺织服装全产业链相关企业、团体和服务机构自愿参加,共同推进纺织产业国际产能合作的平台组织。目前联盟共有成员单位107家,具有广泛的代表性,基本涵盖了我国纺织服装行业国际布局的骨干先锋企业,囊括全产业链的所有国家级行业组织,也包括了江苏、山东、广东、辽宁等重点省份的纺织服装协会以及与行业国际化发展相关的单位。联盟是企业"走出去"和开展国际产能合作的综合信息服务平台,引导企业对外投资,构建国内金融资源与企业海外融资需求渠道,共同抵制无序竞争、化解风险,让企业与海外优质资源进行对接。具体工作包括完善联盟成员共享的中国纺织服装产业"走出去"数据库,为联盟成员提供国内外最新政策信息、国外贸易投资环境分析、风险预警以及推荐潜在投资项目等。

加入联盟的成员还包括纺织领域各行业组织(全国性和地方性)和事业单位、产业集群相关机构、装备制造企业、商贸服务企业,还有相关科研院所、高校、金融机构、法律机构和传媒等独立法人。以上机构和社会组织与纺织企业共同组成中国纺织行业国际产能合作联盟。联盟内部不同性质的企业和社会组织立足于本职工作,发挥各自领域的专业特长。例如,中介组织和信息平台组织发挥与国内外政府部门、专业机构以及海外产业园区之间的桥梁纽带作用,积极参与国家发改委、工信部等相关部门"一带一路"和国际产能合作政策制定,结合纺织行业发展现实情况和企业诉求,就纺织业"走出去"相关工作的进展向有关部门积极建言献策、反映情况,并在纺织业内宣传、贯彻国家方针政策,支持和协助行业企业境外投资合作项目。中介服务机构通过国内外实地走访,摸清企业的"走出去"进展和相关问题、需求,使中介各项服务更加精准有效。联盟核心成员的纺织企业间构建了交流、合作和资源共享的联络机制,让联盟成员之间的互动活跃起来,形成成员间的定期交流拜访机制。另外,投资不同国家的纺织企业继续拓展海内外朋友圈,进一步与国内的政策部门、金融机构和专业服务中介、海外重点国别的政府部门、工业园区以及纺织时尚类的商协会建立良好的工作联络机制。

以上成员组成的中国纺织行业国际产能合作联盟,以推进中国纺织业国际产能合作为总目标,以中介信息服务平台为依托,彼此相互依靠、相互支持、相互服务,结成重要的战略伙伴关系,在企业开拓国际市场,建立海外生产基地,构建全球产业链方面发挥了积极作用。

第四节 本章小结

中国企业在"一带一路"背景下,通过国际产能合作方式开拓国际市场必须具备一定基础和条件。从外部环境考察,全球市场拥有产业升级及基础设施投资需求;从内部条件考查,中国制造业的生产规模具有强大优势,更重要的是中国企业对外直接投资快速增长为开拓国际产能合作提供先期准备。中国企业在推进国际产能合作过程中,形成了自身独有的国际商业模式,这些商业模式的形成与中国企业投资历程、投资行为和国内相关产业链配套企业及社会服务机构的紧密配合息息相关。正因为各类社会组织协同配合,结成利益联盟,构成国际产能合作网络链,才有效推动了"一带一路"建设和国际产能合作项目的落地。

第五章 中国制造业国际产能合作运行效率评价

本章将根据制造业国际产能合作的运行机理,在满足一定指标选取原则的基础之上,借助数据包络分析方法,构建制造业国际产能合作的运行效率评价指标体系,并进行评价分析。

第一节 评 价 模 型

一、数据包络分析法基本原理

DEA方法是一种以线性规划(Linear Programming)来进行绩效评估的方法,一般文献称之为CCR(Charnes,Cooper和Rhodes缩写)模型。CCR模型假设规模报酬固定不变,即每一单位投入可得到的产出量固定不变。CCR模型的数学规划是以一个决策单元(Decision Making Unit,简称DMU)的效率最大化为目标,寻求对决策单元最有利的投入产出组合,使得决策单元的效率达到最大化(效率值不能大于1)。决策单元的技术无效是由纯技术无效率或规模无效率造成的,传统的CCR模型无法解决这个问题。1984年规模报酬不变的假设被Banker,Charnes和Cooper打破,他们提出在最优化限制条件中,对于各决策单元的权数加总为1的凸性限制(Convexity Constraint)后,成为可变规模报酬的模式,该模型被广泛称之为BCC(Banker,Charnes和Cooper缩写)模型。BCC模型是在CCR模型基础之上,加入了凸性限制,使得随着决策单元的不同规模报酬可变。因此，BCC模型假设DMU在规模报酬可变条件下进行生产，以求得纯技术效率值。对于两种DEA计算方式，都可以从两个方向来分析其效率值，一种为给定产出水平，如何通过减少要素使用，来达成相对有效（Relatively Efficient）的生产方式，称之为投入导向型（Input Orientation）DEA。另一种为给定固定的生产要素条件下，如何通过产量的增加，来实现相对生产效率最大化，这种计算方式称之为产出导向型（Output Orientation）DEA。DEA模型将所有决策单元的投入与产出项放在一个框架下考虑，以加权产出除以加权投入的思想计算出个别厂商相对于其他厂商的效率值。效率值为1（位于生产边界上），表示有效率单位，相对效率值小于1，表示无效率单位（未落在生产边界上）。

DEA模型已是一种被广泛运用于管理学、经济学、工程学等学科领域问题研究的效率评价工具。DEA模型不需要预设函数和参数，就可以处理多项投入和多项产出的评价问题，在实践运用领域方便快捷。DEA模型不会因为投入和产出指标的计量单位不同而影响效率评价结果（DMU需要使用相同计量单位），不受人为主观因素的干扰，被评价的不同决策单元均在统一评价方式下进行效率评估，评价结果更符合独立客观原则。然而DEA模型的使用也存在一定限制。首先DEA模型只提供相对性的效率评价，而非绝对性的效率评价；其次DEA模型对投入项和产出项的选取相当敏感，投入指标和产出指标一旦发生变化，就会对效率评价结果造成显著影响；并且，DEA模型无法处理产出指标为负的数据，这为评价指标的选取带来一定限制。

二、CCR模型

CCR模型作为DEA模型的基本模型，将"两投入一产出"的概念引出为"多项投入多项产出"，以此解决现代更为复杂的生产程序问题。在规模报酬不变的假设条件下，借助线性规划，分别将各项产出与投入元素加以线性整合，求出决策单元的生产边界，并且以两线性组合之比代表决策单元的效率值，而各单元的决策单位效率值介于0到1之间。DEA模型按投入和产出不同，划分为投入导向型和产出导向型。

1. 投入导向型（Input Orientation）。假设有 N 个 DMU：

$$\underset{X_z, \lambda}{Min} \quad X_z$$

$$s.t. \sum_{i=1}^{n} \lambda_i K_{ij} \leqslant X_z K_{zj}, j=1,\cdots J$$

$$\sum_{i=1}^{n} \lambda_i G_{ir} \geqslant G_{rz}, r=1,\cdots R$$

$$\lambda_i \geqslant 0, i=1,\cdots n \qquad (式5-1)$$

各字母含义如下。X_z：代表受评估 z 的 DMU 的相对投入效率值，当其值为 1 时，表示受评估的 DMU 为生产效率最佳 DMU，若小于 1，则表示 DMU 的技术相对于最佳 DMU 是无效率的；λ_i：代表各 DMU 的权数，λ 为 λ_i 所形成的向量；K_{ij}：代表第 i 个受评估的 DMU 的第 j 项投入；G_{ir}：代表第 i 个受评估的 DMU 的第 r 项产出。

需要特别说明的是，各项投入与产出项均为水平值，且历年的投入与产出都会通过物价指数加以调整，以便进行年度比较。

2. 产出导向型（Output Orientation）

$$\underset{h,\lambda}{Max} \quad Q_k$$

$$s.t. K_k \geqslant \sum_{i=1}^{n} \lambda_i K_{ij}, j=1,\cdots J$$

$$Q_k G_{kr} \geqslant \sum_{i=1}^{n} \lambda_i G_r, r=1,\cdots R$$

$$\lambda_i \geqslant 0, i=1,\cdots n \qquad (式5-2)$$

各字母含义如下。K_k：代表第 k 个 DMU 的相对产出效率水平。就此模式下，在给定的要素投入水平 K_{ij} 下，第 k 个 DMU 必须要将其产量增加为 $Q_k G_{ij}$，才能到达相对有效率的生产水平。此外，除了最优效率的厂商之外，其他非最优效率的 DMU 的 Q_k 通常会大于 1，因此产出导向的技术效率值为 Q_k 的倒数。

三、BCC 模型

班克（Banker）等（1984）将 CCR 模型加以改进得到 BCC 模型。最大贡献在于将决策单元在不变规模报酬情况下改为可变规模报酬情况下进行讨论，重新建立起 DEA 导出与 CCR 相同的模式，再经过生产可能集合限制假设，探究技术效率（TE）无效率形成的原因，并推导出纯技术效率（PTE）与规模效率（SE）。如同 CCR 模型，BCC 模型也分为投入导向型和产出导向型两种模式，基于规模报酬可变的假设下，运用不同的衡量模式求得根据需要的效率值。

1. 投入导向型(Input Orientation)

$$Min\ h_j$$
$$s.t.\ \sum_{j=1}^{n}\lambda_j X_{ij} \leqslant h_j X_{ij}$$
$$\sum_{j=1}^{n}\lambda_j Y_{rj} \geqslant Y_{rj}$$
$$\sum_{j=1}^{n}\lambda_j = 1$$
$$\lambda_j \geqslant 0,\ i=1,\cdots m,\ r=1,\cdots s,\ j=1,\cdots n \qquad (式5-3)$$

各字母含义如下。X_{ij}：代表第 j 个 DMU 的第 i 项投入值；Y_j：代表第 j 个 DMU 的第 r 项产出值；λ_j：代表非负向量；h_j：代表纯技术效率值。

经转化后的对偶问题如下：

$$Max\ h = \sum_{r=1}^{s}u_r Y_{rj} - u_j$$
$$s.t.\ \sum_{i=1}^{m}v_i X_{ij} = 1$$
$$\sum_{r=1}^{s}u_r Y_{rj} - \sum_{i=1}^{m}v_i X_{ij} - u_j \leqslant 0$$
$$u_r,\ v_i \geqslant \varepsilon > 0,\ i=1,\cdots m,\ r=1,\cdots s,\ j=1,\cdots n \qquad (式5-4)$$

其中 u_j 代表规模报酬，$u_j>0$ 代表 DMU 规模报酬递减，$u_j=0$ 代表 DMU 规模报酬不变，$u_j<0$ 代表 DMU 规模报酬递增。

2. 产出导向型(Output Orientation)

$$Max\ g_j$$
$$s.t.\ \sum_{j=1}^{n}\lambda_j X_{ij} \leqslant X_{ij}$$
$$\sum_{j=1}^{n}\lambda_j Y_{rj} \geqslant g_j Y_{rj}$$
$$\sum_{j=1}^{n}\lambda_j = 1$$
$$\lambda_j \geqslant 0,\ i=1,\cdots m,\ r=1,\cdots s,\ j=1,\cdots n \qquad (式5-5)$$

其中 $\dfrac{1}{g_j}$ 代表纯技术效率值。

经转化后的对偶问题如下:

$$Min\ h_j = \sum_{r=1}^{s} v_i X_{ij} + v_j$$

$$s.t.\ \sum_{r=1}^{s} u_r Y_{rj} = 1$$

$$\sum_{r=1}^{s} u_r Y_{rj} - \sum_{i=1}^{m} v_i X_{ij} + v_j \leqslant 0$$

$$u_r, v_i \geqslant \varepsilon > 0,\ i=1,\cdots m,\ r=1,\cdots s,\ j=1,\cdots n \quad (\text{式}5-6)$$

其中 v_i 代表规模报酬,$v_i > 0$ 代表 DMU 规模报酬递减,$v_i = 0$ 代表 DMU 规模报酬不变,$v_i < 0$ 代表规模报酬递增。

BCC 模型将 CCR 模型中的规模报酬不变改为规模报酬可变,以此算出 DMU 的纯技术效率。根据 Banker 等(1984)提出的,技术效率值(TE)为纯技术效率值(PTE)与规模效率值(SE)的乘积。因此,规模效率值可由 CCR 模型的技术效率值(TE)与 BCC 模型的纯技术效率值(PTE)的关系求得。

$$TE = PTE \times SE$$
$$SE = TE/PTE \quad (\text{式}5-7)$$

当 $SE=1$ 时,表示 DMU 规模报酬不变,若小于 1 则表示规模报酬递增或规模报酬递减。

四、超效率 DEA 模型

在对各决策单元进行效率评价时,无论采用 CCR 模式还是 BCC 模式,都会产生不止一个决策单元效率值为 1 的现象,这就造成评估结果的失真,导致无法进行效率值评比和排名,会对决策者产生误导。鉴于此,安德森(Andersen)和彼得森(Petersen)(1993)提出修正的数据包络分析法,以固定规模报酬的投入导向为基础,衡量受评单元的效率值。该方法的操作思路是将决策单元中有效率的 DMU 先行剔除,以剩余决策单元为基础,来计算出新的效率值,把全部决策单元的效率值与新效率值进行距离计算。产生的结果显示出原本有效率的决策单元效率值大于 1,重新进行排序。其对应公式如下:

$$Min\ h_k = \theta_k - \varepsilon\left(\sum_{i=1}^{m} s_{ik}^- + \sum_{r=1}^{s} s_{rk}^+\right)$$

$$s.t. \sum_{j=1}^{n}\lambda_j X_{ij} - \theta_k X_{ik} + S_{ik}^{+} = 0$$

$$\sum_{j=1}^{n}\lambda_j Y_{rj} - s_{rk}^{+} = Y_{rk}$$

$$\sum_{j=1}^{n}\lambda_j = 1$$

$$\lambda_j, s_{ik}^{-}, s_{rk}^{+} \geqslant 0, j=1,\cdots n, i=1,\cdots m, r=1,\cdots s \quad (式5-8)$$

第二节 评价指标体系构建

一、评价指标选取原则

相比于其他全要素生产率的测算方法,使用数据包络分析方法,可以更为便捷地对制造业国际产能合作的运行效率进行测算,主要原因在于该方法可以针对复杂的评价目标进行简化测评。DEA 模型选择评价指标的首要任务是确定投入项和产出项。投入指标和产出指标如果选择无误,则能较好测算出决策单元的效率值。制造业国际产能合作的运行效率评价指标的选择,既要符合制造业产业发展领域投入产出的基本要求,又要结合国际产能合作在产业国际合作领域的基本特点。因此,本书提出制造业国际产能合作的运行效率评价指标在投入和产出项的选取方面需要遵循的原则如下:

1. 科学及合理性。制造业国际产能合作的运行效率评价体系的构建,本身就基于产业经济学和国际贸易学相关领域学科的基础理论,因此构建有效且针对性强的评价体系首先就要求评价指标拥有科学及合理性的特点。科学性的评价指标要遵循制造业国际产能合作发展的内在运行规律,体现出内部主体间的逻辑关系,具有真实性和系统性的特点。合理性的评价指标要符合制造业国际产能合作的现实基础及未来发展态势。评价指标不仅反映出当前世界各国制造业国际产能合作运行状态,也能对世界各国制造业国际合作领域未来发展特点进行简单预测。

2. 目标导向性。制造业国际产能合作的运行效率评价指标的选取,要以设定的评价目标为导向,选取的评价指标在整体评价系统中要与评估目标形成逻辑对应关系。目标导向型的评价过程,对于决策者而言,有利于迅速对评价主体进行逻辑分解,便于抓住评价体系中的关键指标,同时有助于决策者迅速发现真实问题并做出决断。评价世界各国的制造业国际产能合作的运行效率的目标包括两个方面,一是世界各国制造业产能效率,二是各国间开展制造业国际经济合作的效率。在此目标下,选取相关评价指标。

3. 兼顾可操作性。制造业国际产能合作的运行效率评价指标的选取,应当在科学及合理性的基础之上,有利于获取数据及易于计算。制造业国际产能合作的运行效率的评价,涉及产业数据和国际经济合作数据两个方面,不同方面的庞大的数据量是评价指标选取的较大障碍,如何同时兼顾两个不同层面的评价要求是评价指标选取的又一难题。因此,在投入项和产出项的设计之初,就需要考虑好产业面和国际经济合作面的两面特点,尽量兼顾彼此发展要求。并且评价指标数据的搜集过程尽量做到简单易行。借助现有国内外政府权威机构公开使用的数据库进行数据搜集就是指标数据获取的有力途径。例如:世界银行数据库、WTO 数据库、联合国 UN Comtrade 数据库及国家统计局数据库等。同时结合评价目标和指标数据的现实需要,评价效率的计算方法选择及软件使用也是不容忽视的问题。基于制造业国际产能合作的运行效率评价指标涉及大量数据,因此需要使用拥有一定运算能力且操作简单方便的统计软件。

二、评价指标体系

国际产能合作作为一种新型国际经济合作方式,评价指标的选择要结合其基本运作模式展开,根据第二章对国际产能合作的概念剖析,本书主要考察对外贸易和对外直接投资两种基本国际产能合作模式。世界各国开展制造业的对外贸易和对外直接投资离不开国内基本生产要素的投入,而资本和劳动力作为被广泛选择的投入指标,已经在诸多效率评价研究中采用(陈新华和王厚俊[1];苏昕和刘昊龙[2];乔志霞等[3])。与此同时,产出指标较多采用评价宏观经济发展水

---

[1] 陈新华,王厚俊.基于生态效率评价视角的广东省农业生产效率研究[J].农业技术经济,2016(4):94-104.

[2] 苏昕,刘昊龙.农村劳动力转移背景下农业合作经营对农业生产效率的影响[J].中国农村经济,2017(5):58-72.

[3] 乔志霞,霍学喜,张宝文.农业劳动力老龄化对劳动密集型农产品生产效率的影响:基于陕、甘745个苹果户的实证研究[J].经济经纬,2018,35(5):73-79.

平的 GDP 和评价制造业发展水平的制造业增加值两个指标(宋勇超[①];陈伟和王妙妙[②])。经过前期的数据搜集,笔者发现要想整理出全面覆盖中国对世界主要国家制造业领域的对外贸易和对外直接投资的数据较为困难,只能最大限度地满足其中一个层面的评价需求。有鉴于此,对于中国与世界主要国家开展制造业国际产能合作的运行效率评价采用分步法。第一步评估世界主要国家制造业对外贸易的效率;第二步评估中国对世界主要国家制造业对外直接投资及出口贸易的运行效率。两套评价指标在投入项方面有所区别,但产出项均一致。

第一,世界主要国家制造业对外贸易效率评价。资本投入指标采用世界主要国家固定资本形成总额数据(单位:万美元),劳动力投入指标采用世界主要国家工业就业人员数据(占就业总数百分比),对外贸易投入指标采用世界主要国家制造业对外出口(占商品出口百分比)和制造业对外进口(占商品进口百分比)两组数据。而产出指标使用通过制造业国际产能合作带来产出效果的世界各国 GDP(单位:万亿美元)和世界主要国家制造业增加值(占 GDP 百分比)两个指标。指标选取及数据来源如图 5-1 所示。

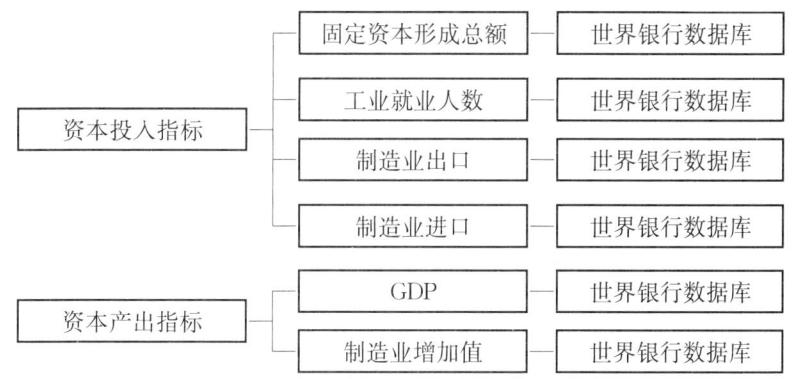

图 5-1 世界主要国家制造业对外贸易效率评价指标

第二,中国对世界主要国家制造业对外直接投资及出口贸易的运行效率评价。资本投入指标采用世界主要国家固定资本形成总额数据(单位:万美元),劳动力投入指标采用世界主要国家工业就业人员数据(占就业总数百分比),对外直接投资指标采用中国对世界主要国家对外直接投资存量指标(单位:万美

---

① 宋勇超."一带一路"战略下中国对外直接投资与国际产能合作[J].技术经济与管理研究,2018(1):86-90.
② 陈伟,王妙妙."一带一路"背景下中国国际产能合作效率及其影响因素研究[J].经济论坛,2018(3):87-92.

元),出口贸易投入指标采用中国对世界主要国家海关货物出口总额指标(单位:万美元)。而产出指标同第一步。如图5-2所示。

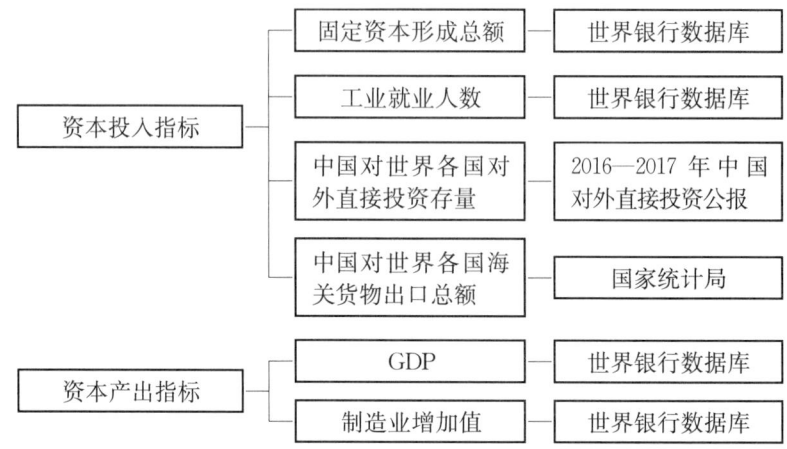

图5-2 中国与世界主要国家制造业国际产能合作效率评价指标

三、选择决策单元

正如第一章所述,国际产能合作是中国政府在"一带一路"背景下提出来的,推进国际产能合作建设,必须围绕"一带一路"六大经济走廊展开。同时作为世界制造业大国,中国与世界多国在制造业产能合作领域拥有长期稳定的合作基础。因此选取的评价决策单元国家首先要覆盖"一带一路"沿线,其次要选取除"一带一路"沿线以外与中国拥有良好制造业国际产能合作基础的重点国家。经过数据搜集与整理,本书发现在"一带一路"沿线60多个国家中,部分国家在个别评价指标方面数据缺失严重(例如:柬埔寨、老挝和土库曼斯坦等国),所以需要将这部分国家剔除。最终本书选取了"一带一路"沿线及世界其他重点国家共计53个。它们分别是:东亚和东南亚地区的中国、蒙古、日本、韩国、新加坡、印度尼西亚、马来西亚、越南、菲律宾、泰国。南亚地区的印度、孟加拉国、斯里兰卡、巴基斯坦。西亚地区的约旦、黎巴嫩、阿曼、沙特阿拉伯、阿联酋、伊朗、土耳其、塞浦路斯、格鲁吉亚、阿塞拜疆。中亚地区的哈萨克斯坦、吉尔吉斯斯坦。欧洲地区的白俄罗斯、俄罗斯、乌克兰、斯洛文尼亚、克罗地亚、捷克、斯洛伐克、罗马尼亚、爱沙尼亚、拉脱维亚、立陶宛、保加利亚、英国、德国、法国、西班牙、荷兰、匈牙利。非洲地区的阿尔及利亚、安哥拉、埃及、尼日利亚、南非。世界其他重点国家加拿大、美国、巴西和澳大利亚。

第三节 运行效率评价分析

本章根据中国开展制造业国际产能合作的特点及现实基础,选取产出导向型 BCC-超效率 DEA 模型进行制造业国际产能合作的运行效率测算(分别是式 5-5 和式 5-8),运行效率评价由两套测算方案组成,分别是世界制造业对外贸易的效率测算和中国与世界主要国家开展制造业国际合作的效率测算,最后结合两套测算结果对制造业国际产能合作的运行效率展开综合分析。在本章选取的指标中,由于世界银行数据库中除少数几个国家数据更新到 2018 年以外,大部分国家的数据更新至 2017 年,因此实证研究的数据采用周期为 2008—2017 年,共计十年的样本数据。另外,数据库中个别国家在个别年份数据存在缺失现象,为了保证研究完整性和连续性,本书对缺失数据采用线性插值法来进行填补。根据上文构建的评价体系,首先对数据按照投入项和产出项进行分组,其次按照年份进行归类,再次将 53 个决策单元进行编号,把十年投入项和产出项对应的国家重新编表,最终得到 120 组,6 360 个数据,另外,数据包络分析软件使用 DEA-Solver。

一、世界制造业对外贸易的效率测算

(一) BCC 模型综合技术效率测算

综合技术效率是衡量决策单元整体运行效率的评价指标,反映出决策单元在资源投入、资源使用和产出成果之间是否实现资源最优化配置和成果最大化产出。综合技术效率值由技术效率和规模效率的乘积组成,因此也从另一个角度反映出决策单元的技术效率和规模效率的水平。本书利用 BCC 产出导向模型对 53 个国家进行制造业对外贸易综合技术效率测算,按照年份综合技术效率平均值进行排序。如果综合技术效率为 1,则认为 DMU 在该年份的投入和产出实现了效应最大化,即技术效率和规模效率有效。综合技术效率小于 1 的年份,则认为 DMU 在该年度没有实现效应最大化,即技术效率和规模效率无效。当然,综合技术效率值越接近于 1,则表示 DMU 在该年份技术效率和规模效率越有效。因此,对世界主要国家制造业的对外贸易进行综合技术效率测算及排名,可以从一定程度上反映出该国在制造业国际贸易合作领域的投入和产出是否实现了技术和规模有效。通过国家间的横向比较,可以初步判断出一国在世界制造业领域的对外贸易竞争能力。2008年至2017年世界主要国家制造业对外贸易综合技术效率值计算结果及排名如下表5-1所示。

表 5-1 世界主要国家制造业对外贸易综合技术
效率均值排名(2008—2017年)

排名	国家	2008年	2009年	2010年	2011年	2012年	2013年	2014年	2015年	2016年	2017年	均值
1	阿曼	1	1	1	1	1	1	1	1	1	1	1
2	吉尔吉斯斯坦	1	1	1	1	1	1	1	1	1	1	1
3	阿尔及利亚	1	1	1	1	1	1	1	1	1	1	1
4	美国	1	1	1	1	1	1	1	1	1	1	1
5	英国	1	1	1	1	1	1	1	1	0.986	1	0.998 6
6	尼日利亚	1	0.890	1	1	1	1	1	1	1	1	0.989
7	中国	0.990	0.892	1	1	1	1	1	1	1	1	0.988 2
8	巴基斯坦	1	0.983	1	1	1	0.973	0.955	0.967	1	1	0.987 8
9	格鲁吉亚	1	1	1	0.927	0.948	0.998	0.926	1	1	0.937	0.973 6
10	菲律宾	0.971	0.881	0.917	1	1	0.933	0.967	1	0.975	0.926	0.957
11	约旦	0.996	0.850	0.729	0.811	0.984	1	1	1	1	1	0.937
12	泰国	0.820	0.750	0.992	1	0.955	0.915	0.871	1	1	1	0.930 3
13	埃及	0.806	0.840	0.806	0.870	0.980	1	1	1	1	1	0.930 2
14	德国	0.977	0.900	0.895	0.881	0.889	0.926	0.948	0.949	0.966	0.946	0.927 7
15	立陶宛	0.764	0.970	0.969	0.872	1	0.920	0.890	0.938	0.921	0.926	0.917
16	日本	1	0.843	0.949	0.988	0.918	0.848	0.886	0.853	0.902	0.874	0.906 1
17	巴西	0.893	0.872	0.842	0.849	0.855	0.846	0.914	0.950	1	1	0.902 1
18	蒙古	1	1	0.690	0.804	0.620	0.628	0.949	1	1	1	0.869 1
19	乌克兰	0.715	0.917	0.851	0.745	0.734	0.772	0.907	1	0.961	0.960	0.856 2
20	韩国	0.762	0.606	0.757	0.875	0.838	0.830	0.848	0.981	1	0.980	0.847 7
21	斯洛文尼亚	0.691	0.719	0.741	0.730	0.885	0.844	0.881	0.958	0.993	0.970	0.841 2

(续 表)

排名	国家	2008年	2009年	2010年	2011年	2012年	2013年	2014年	2015年	2016年	2017年	均值
22	俄罗斯	0.921	0.824	0.839	0.845	0.856	0.838	0.863	0.838	0.785	0.772	0.838 1
23	塞浦路斯	0.657	0.657	0.66	0.686	0.964	0.977	1	1	0.879	0.746	0.822 6
24	荷兰	0.780	0.727	0.784	0.772	0.826	0.84	0.902	0.763	0.832	0.798	0.802 4
25	印度尼西亚	0.851	0.717	0.800	0.802	0.707	0.721	0.745	0.854	0.859	0.811	0.786 7
26	法国	0.788	0.756	0.748	0.751	0.76	0.78	0.806	0.819	0.818	0.794	0.782
27	西班牙	0.637	0.641	0.686	0.733	0.795	0.845	0.851	0.835	0.848	0.821	0.769 2
28	新加坡	0.668	0.575	0.671	0.717	0.722	0.668	0.776	0.901	0.908	0.977	0.758 3
29	南非	0.744	0.729	0.798	0.784	0.768	0.700	0.705	0.705	0.75	0.789	0.747 2
30	马来西亚	0.894	0.751	0.709	0.712	0.677	0.619	0.656	0.767	0.812	0.782	0.737 9
31	阿塞拜疆	1	0.889	0.893	0.794	0.657	0.572	0.633	0.577	0.669	0.665	0.734 9
32	白俄罗斯	0.860	0.605	0.614	0.902	0.638	0.513	0.632	0.764	0.939	0.852	0.731 9
33	匈牙利	0.771	0.716	0.730	0.687	0.759	0.683	0.639	0.744	0.830	0.740	0.729 9
34	爱沙尼亚	0.647	0.778	0.786	0.624	0.681	0.650	0.730	0.814	0.802	0.766	0.727 8
35	保加利亚	0.574	0.615	0.681	0.673	0.739	0.703	0.710	0.772	0.869	0.891	0.722 7
36	拉脱维亚	0.567	0.731	0.820	0.630	0.676	0.685	0.707	0.729	0.852	0.826	0.722 3
37	克罗地亚	0.634	0.644	0.694	0.644	0.768	0.719	0.745	0.772	0.784	0.806	0.721
38	加拿大	0.742	0.709	0.697	0.704	0.691	0.698	0.712	0.726	0.760	0.757	0.719 6
39	阿联酋	0.907	0.651	0.725	0.730	0.693	0.775	0.768	0.635	0.670	0.641	0.719 5
40	斯洛伐克	0.733	0.743	0.688	0.590	0.706	0.699	0.701	0.685	0.763	0.767	0.707 5
41	沙特阿拉伯	0.867	0.692	0.717	0.724	0.739	0.673	0.677	0.602	0.656	0.644	0.699 1
42	安哥拉	0.716	0.525	0.702	0.631	0.652	0.624	0.761	0.700	0.847	0.822	0.698
43	孟加拉国	0.743	0.649	0.634	0.659	0.674	0.622	0.648	0.746	0.777	0.752	0.690 4
44	澳大利亚	0.693	0.645	0.659	0.681	0.668	0.654	0.694	0.691	0.687	0.732	0.680 4
45	哈萨克斯坦	0.684	0.592	0.659	0.734	0.639	0.659	0.702	0.662	0.713	0.708	0.675 2
46	斯里兰卡	0.825	0.785	0.691	0.619	0.619	0.560	0.566	0.674	0.706	0.653	0.669 8

(续 表)

排名	国家	2008年	2009年	2010年	2011年	2012年	2013年	2014年	2015年	2016年	2017年	均值
47	罗马尼亚	0.522	0.637	0.625	0.654	0.604	0.612	0.639	0.686	0.772	0.729	0.648
48	伊朗	0.555	0.554	0.624	0.640	0.612	0.607	0.616	0.681	0.750	0.761	0.6400
49	印度	0.623	0.545	0.563	0.610	0.583	0.625	0.674	0.691	0.713	0.699	0.6326
50	土耳其	0.657	0.698	0.625	0.590	0.603	0.583	0.619	0.633	0.660	0.657	0.6325
51	黎巴嫩	0.661	0.564	0.581	0.509	0.592	0.519	0.584	0.677	0.740	0.802	0.6229
52	捷克	0.635	0.605	0.58	0.569	0.587	0.584	0.610	0.647	0.727	0.681	0.6225
53	越南	0.624	0.511	0.491	0.579	0.618	0.612	0.617	0.642	0.685	0.663	0.6042
	均值	0.803	0.762	0.779	0.780	0.790	0.775	0.804	0.831	0.860	0.845	0.8029

数据来源：作者计算所得。

从表5-1可以看出，2008年至2017世界主要国家制造业对外贸易综合技术效率平均值分别为0.803、0.762、0.779、0.780、0.790、0.775、0.804、0.831、0.860、0.845，十年间的平均值为0.8029。从世界范围来看，自2008年至2017年，综合技术效率值位于世界平均综合技术效率值水平之上的国家只有23个，而56.6%的国家达不到世界平均水平。这种情况反映出DMU中大部分样本国家制造业对外贸易综合水平的综合技术效率不太高，没有处于有效状态。中国在53个国家中排名第7，2008—2017年间综合技术效率值平均值为0.9882，远高于世界均值0.8029。值得注意的是，除2008年和2009年两个年份以外，中国制造业对外贸易综合技术效率值均为1，即完全实现技术效率和规模效率有效。这说明十年间中国制造业在资本投入和劳动力投入，以及制造业进出口贸易领域的投入，较好地实现了效率最大化，符合中国作为世界制造业生产大国和对外贸易大国的地位。

然而，从表5-1中发现，排名前7位的国家中，除了英国、尼日利亚和中国以外，其余的4个国家在2008年至2017年长达十年间，综合技术效率值均为1。并且世界其他国家也在个别年份出现效率值为1的现象，这为客观评判世界各国在制造业对外贸易领域的综合技术效率带来了阻碍，鉴于此，本书接下来将使用超效率DEA模型继续对世界主要国家制造业对外贸易综合技术效率进行评价及排名。

(二) 超效率DEA模型效率测算

与传统的CCR和BCC模型相比,利用超效率DEA模型计算出来的效率值,可以突破1的上限,对于衡量DUM效率值为1的多个样本,提供了一个更具有区分度的方法。2008年至2017年世界主要国家制造业对外贸易超效率值世界排名前21位的计算结果及排名如下图5-3所示。

经过测算,2008—2017年世界主要国家制造业对外贸易超效率平均值为0.8029,决策单元53个国家中,有21个国家位于平均值之上。由于篇幅限制图5-3只绘制出位于超效率平均值0.8029之上的21个国家位次及对应的超效率值。通过观察图5-3发现,2008—2017年间中国的制造业对外贸易超效率值排名世界第10位,高出世界平均值约0.2382,但与排名世界第一位的蒙古,差距约为0.9892,与世界排名第三位的美国差距约为0.4782。从区域分布来看,排名前十的国家中(排除中国),美国和英国为发达国家,其余8个均来自发展中

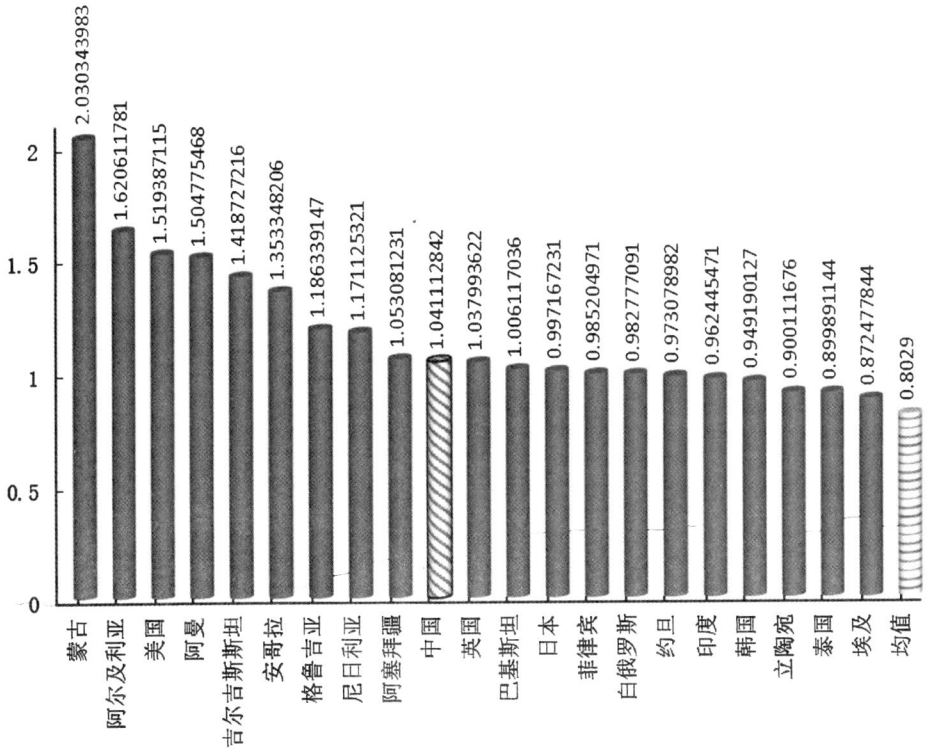

图5-3 世界主要国家制造业对外贸易超效率值排名(前21位)

资料来源:作者计算所得。

国家并且都是"一带一路"沿线国家。

经过利用 BCC 模型和超效率 DEA 模型进行测算,本书发现中国制造业对外贸易水平的综合技术效率值和超效率值均位于世界前列,反映出中国制造业自 2008 年以来的十年间,在克服了全球金融危机带来的不利影响下,制造业对外贸易合作领域依旧表现出了良好的发展态势。通过借助制造业的进口和出口,在一定程度上促进了制造业增加值和 GDP 水平的提高。但值得注意的是,无论 BCC 模型测算的综合技术水平效率值还是超效率 DEA 模型测算的超效率值,部分国家的世界排名位次有些不合乎常理。在此需要说明的是,两个模型的测算没有将外界环境影响因素考虑在内,同时受制于投入项和产出项评价指标选取的影响,最终测算数值与实际情况会有一定出入,因此需要结合现实情况及其他效率数据进行综合研判。

二、中国与世界主要国家制造业国际合作的效率测算

本节将按照中国对世界主要国家制造业对外贸易和对外直接投资的运行效率评价指标体系的设计方案,继续使用软件 DEA-Solver 按照 BCC-超效率 DEA 产出导向型模型(根据式 5-3 和式 5-6)进行测算,以此进一步检验中国与世界主要国家制造业国际合作效率的整体水平。

(一) BCC 模型效率分解

通过对 2008—2017 年 BCC 模型效率分解表进行梳理可知(分解结果见附录 A),十年间中国对世界主要国家制造业对外贸易和对外直接投资的运行效率水平在稳步提高。从各项指标平均值来看,综合技术效率水平自 0.855 提升到 0.902,升高幅度为 5.5%,纯技术效率水平自 0.877 提升到 0.919,升高幅度为 4.8%,规模效率水平自 0.976 提升到 0.981,升高幅度为 0.5%。尽管十年间各项指标提升幅度并不显著,但是由于 BCC 模型效率测算结果数值取值区间(位于 0 至 1 之间)的限制,数值 0.8 以上的效率水平已经被认为拥有较高的合作效率(数值为 1,代表合作效率有效,数值越接近于 1,代表越有效)。

受于篇幅限制,本节只展示 2008 年和 2017 年 BCC 效率分解表(表 4-4)。下文将根据表 5-2 的具体数据信息,对综合技术效率、纯技术效率、规模效率和规模收益四个指标展开分析。

表 5-2 中国对世界主要国家制造业对外直接
投资和出口贸易的合作效率分解表

国家	2008 年				2017 年			
	综合技术效率	纯技术效率	规模效率	规模收益	综合技术效率	纯技术效率	规模效率	规模收益
中国	0.824	0.876	0.941	drs	1	1	1	—
日本	1	1	1	—	1	1	1	—
韩国	0.649	0.652	0.996	drs	0.992	1	0.992	irs
新加坡	0.661	0.667	0.99	drs	0.977	1	0.977	irs
印度尼西亚	0.851	0.954	0.892	irs	0.817	0.843	0.969	irs
马来西亚	0.864	0.901	0.959	drs	0.782	0.784	0.998	irs
越南	0.619	0.625	0.991	drs	0.663	0.675	0.982	drs
菲律宾	0.971	1	0.971	irs	1	1	1	—
泰国	0.82	0.858	0.956	irs	1	1	1	—
印度	0.642	0.665	0.965	irs	0.815	0.822	0.992	drs
孟加拉国	0.751	0.787	0.953	irs	0.825	1	0.825	irs
斯里兰卡	0.885	0.887	0.997	irs	0.653	0.664	0.984	drs
巴基斯坦	0.996	1	0.996	drs	1	1	1	—
约旦	1	1	1	—	1	1	1	—
黎巴嫩	1	1	1	—	1	1	1	—
阿曼	1	1	1	—	1	1	1	—
沙特阿拉伯	0.755	0.755	1	—	0.639	0.643	0.994	irs
阿联酋	0.770	0.771	0.999	irs	0.639	0.647	0.988	drs
伊朗	0.609	0.612	0.995	drs	0.748	0.759	0.986	drs
土耳其	0.745	0.745	1	—	0.784	0.785	0.999	irs
塞浦路斯	0.929	1	0.929	irs	0.801	1	0.801	irs
蒙古	0.786	1	0.786	irs	1	1	1	—
哈萨克斯坦	0.656	0.670	0.979	drs	0.689	0.698	0.988	drs
吉尔吉斯斯坦	1	1	1	—	1	1	1	—
白俄罗斯	1	1	1	—	1	1	1	—

(续　表)

国　　家	2008年				2017年			
	综合技术效率	纯技术效率	规模效率	规模收益	综合技术效率	纯技术效率	规模效率	规模收益
俄罗斯	0.771	0.774	0.996	drs	0.694	0.741	0.936	drs
乌克兰	0.924	0.929	0.995	irs	1	1	1	—
斯洛文尼亚	1	1	1	—	1	1	1	—
克罗地亚	0.832	0.832	1	—	1	1	1	—
捷克	0.761	0.767	0.992	drs	0.821	0.863	0.952	drs
斯洛伐克	1	1	1	—	1	1	1	—
阿塞拜疆	1	1	1	—	1	1	1	—
罗马尼亚	0.630	0.631	0.999	drs	0.905	0.932	0.971	drs
爱沙尼亚	1	1	1	—	1	1	1	—
拉脱维亚	1	1	1	—	1	1	1	—
立陶宛	1	1	1	—	1	1	1	—
格鲁吉亚	1	1	1	—	1	1	1	—
保加利亚	0.774	0.775	0.998	irs	1	1	1	—
英国	1	1	1	—	0.986	1	0.986	irs
德国	0.944	0.966	0.977	drs	0.974	0.996	0.978	drs
法国	1	1	1	—	1	1	1	—
西班牙	0.785	0.785	0.999	—	1	1	1	—
荷兰	0.831	0.835	0.995	irs	0.798	0.82	0.973	irs
匈牙利	0.787	0.796	0.989	drs	0.751	0.772	0.974	drs
阿尔及利亚	0.951	1	0.951	drs	1	1	1	—
安哥拉	0.595	1	0.595	irs	0.808	1	0.808	irs
埃及	0.800	0.810	0.987		1	1	1	—
尼日利亚	1	1	1	—	1	1	1	—
南非	0.739	0.749	0.987	drs	0.785	0.797	0.985	drs
加拿大	0.777	0.788	0.986	drs	0.794	0.803	0.989	drs

(续 表)

国　　家	2008年				2017年			
	综合技术效率	纯技术效率	规模效率	规模收益	综合技术效率	纯技术效率	规模效率	规模收益
美国	1	1	1	—	1	1	1	—
巴西	1	1	1	—	1	1	1	—
澳大利亚	0.608	0.609	0.999	drs	0.641	0.647	0.990	irs
均值	0.855	0.877	0.976		0.902	0.919	0.981	

数据来源：作者计算所得。

注："drs"为规模收益递减，"irs"为规模收益递增，"—"为规模收益不变。

1. 综合技术效率。从表5-2观察到，中国自2008年开始与世界主要国家展开制造业对外出口和对外直接投资以来，综合技术效率水平数值从0.824提高到2017年的1，在现有投入和产出条件下，达到综合有效。2017年与中国开展制造业对外出口和对外直接投资实现综合有效（综合技术效率值＝1）的国家共计27个，占比51.92%；比较有效（0.8≤综合技术效率值＜1）的国家共计11个，占比21.15%；中等有效（0.6≤综合技术效率值＜0.8）的国家共计14个，占比26.92%；被考查的53个国家中没有处于综合水平一般甚至较差合作水平（综合技术效率值低于0.6）的国家（见表5-3）。反观2008年，这一组数据分别为综合有效17个国家、比较有效14个国家、中等有效21个国家，同样没有合作水平一般甚至较差的国家。反映出长期以来中国与世界主要国家在制造业对外出口和对外直接投资领域保持较高水平的合作关系。

表5-3 2017年综合技术效率水平分组

综合技术效率水平	国　　家
有效：27国（综合技术效率水平＝1）	阿尔及利亚、阿曼、阿塞拜疆、埃及、爱沙尼亚、巴基斯坦、巴西、白俄罗斯、保加利亚、法国、菲律宾、格鲁吉亚、吉尔吉斯斯坦、克罗地亚、拉脱维亚、黎巴嫩、立陶宛、美国、蒙古、尼日利亚、日本、斯洛伐克、斯洛文尼亚、泰国、乌克兰、西班牙、约旦
比较有效：11国（0.8≤综合技术效率水平＜1）	韩国、英国、新加坡、德国、罗马尼亚、孟加拉国、捷克、印度尼西亚、印度、安哥拉、塞浦路斯
中等有效：14国（0.6≤综合技术效率水平＜0.8）	荷兰、加拿大、南非、土耳其、马来西亚、匈牙利、伊朗、俄罗斯、哈萨克斯坦、越南、斯里兰卡、澳大利亚、阿联酋、沙特阿拉伯

2. 纯技术效率。纯技术效率指标表示刨除规模因素以外,由于投入指标技术变化,带来的产出变化,是衡量一国产业或者某个企业的管理运营和技术能力水平的指标。从表5-4观察到,2008年和2017年与中国开展制造业贸易和投资合作的52个国家中有24个国家在两年间均实现纯技术效率有效(纯技术效率值=1),可以认为中国与这些国家在制造业对外出口和对外直接投资领域,凭借良好的产业管理及运营能力,实现了制造业产出最大化的目标。24个国家分布地理区域如下:1. 东亚:日本、蒙古;2. 东南亚:菲律宾;3. 南亚:巴基斯坦;4. 西亚:约旦、黎巴嫩、阿曼、塞浦路斯、阿塞拜疆、格鲁吉亚;5. 中亚:吉尔吉斯斯坦;6. 东欧:白俄罗斯、斯洛文尼亚、斯洛伐克、爱沙尼亚、拉脱维亚、立陶宛;7. 西欧:英国、法国;8. 非洲:阿尔及利亚、安哥拉、尼日利亚;9. 美洲:美国和巴西(见表5-4)。

表5-4 纯技术效率有效和规模效率有效的国家(2008年和2017年)

指 标	国 家
纯技术效率有效	1. 东亚:日本、蒙古; 2. 东南亚:菲律宾; 3. 南亚:巴基斯坦; 4. 西亚:约旦、黎巴嫩、阿曼、塞浦路斯、阿塞拜疆、格鲁吉亚; 5. 中亚:吉尔吉斯斯坦; 6. 东欧:白俄罗斯、斯洛文尼亚、斯洛伐克、爱沙尼亚、拉脱维亚、立陶宛; 7. 西欧:英国、法国; 8. 非洲:阿尔及利亚、安哥拉、尼日利亚; 9. 美洲:美国和巴西。
规模效率有效	1. 东亚:日本; 2. 西亚:约旦、黎巴嫩、阿曼、阿塞拜疆、格鲁吉亚; 3. 中亚:吉尔吉斯斯坦; 4. 东欧:白俄罗斯、克罗地亚、斯洛文尼亚、斯洛伐克、爱沙尼亚、拉脱维亚、立陶宛; 5. 西欧:法国; 6. 非洲:尼日利亚; 7. 美洲:美国、巴西
纯技术效率和规模效率同时有效	1. 东亚:日本; 2. 西亚:约旦、黎巴嫩、阿曼、阿塞拜疆、格鲁吉亚; 3. 中亚:吉尔吉斯斯坦; 4. 东欧:白俄罗斯、斯洛文尼亚、斯洛伐克、爱沙尼亚、拉脱维亚、立陶宛; 5. 西欧:法国; 6. 非洲:尼日利亚; 7. 美洲:美国、巴西

3. 规模效率。规模效率指标表示刨除纯技术因素以外，由于投入指标规模变化，带来的产出变化，是在现有管理运营及技术水平下，通过调整生产规模，实现产业或企业最大化产出的能力。从表5-4观察到，2008年和2017年两年间规模效率值均为1的国家共有18个。可以认为中国与18个国家通过扩大生产规模和生产要素的投入，实现了产出最大化。纯技术效率有效的24个国家与规模效率有效的18个国家进行比对发现，有7个国家不再是规模效率有效（分别是蒙古、菲律宾、巴基斯坦、塞浦路斯、英国、阿尔及利亚、安哥拉），其中克罗地亚不是纯技术效率有效，但却是规模效率有效。剩余17个国家同时实现了纯技术效率有效和规模效率有效（见表5-4）。中国通过与这17个国家进行贸易和对投资合作，无论是借助管理运营水平，技术水平的提高还是扩大生产与合作规模，均达到了有效的合作状态，实现了制造业产出最大化的目标。

4. 规模收益。规模收益变化的状态呈现出递增，不变和递减三种。规模收益递增表示通过扩大投入，可以实现较多产出；规模收益不变表示投入和产出实现了均衡，同比例的投入会实现同比例产出，或者认为目前状态下不需要继续投入；规模收益递减表示即使扩大投入，产出也不会实现递增，甚至呈现递减状态。通过对表5-2观察，53个DMU中，2008年共有12个国家实现规模收益递增，22个国家实现规模收益不变，19个国家实现规模收益递减。2017年共有12个国家实现规模收益递增，28个国家实现规模收益不变，13个国家实现规模收益递减。十年过后，规模收益递增的国家仍为12个，规模收益递减的国家降为13个，大部分国家呈现规模收益不变的状态。值得注意的是，两个年份同时呈现规模收益递减的国家有越南、斯里兰卡、伊朗、哈萨克斯坦、俄罗斯、捷克、罗马尼亚、德国、匈牙利、南非和加拿大。这就说明中国与这些国家开展的制造业贸易和投资合作存在一定资源浪费现象，甚至是处于生产要素投入无效状态。哈萨克斯坦和俄罗斯处于陆上丝绸之路的核心地带，越南和斯里兰卡又是海上丝绸之路的核心国家，而德国、匈牙利和加拿大又与中国保持长期友好国际经济合作关系，但与这些国家开展的制造业对外出口和对外直接投资合作却呈现规模收益递减状态，这一现象值得高度关注。

(二) 超效率 DEA 模型效率测算

正如上文所述，超效率DEA模型可以对综合技术效率值为1的DMU进一步测算及区分，可以更准确地反映出各个DMU的真实效率水平。世界主要国家2008—2017年超效率平均值排名见图5-4。在与中国开展制造业对外出口

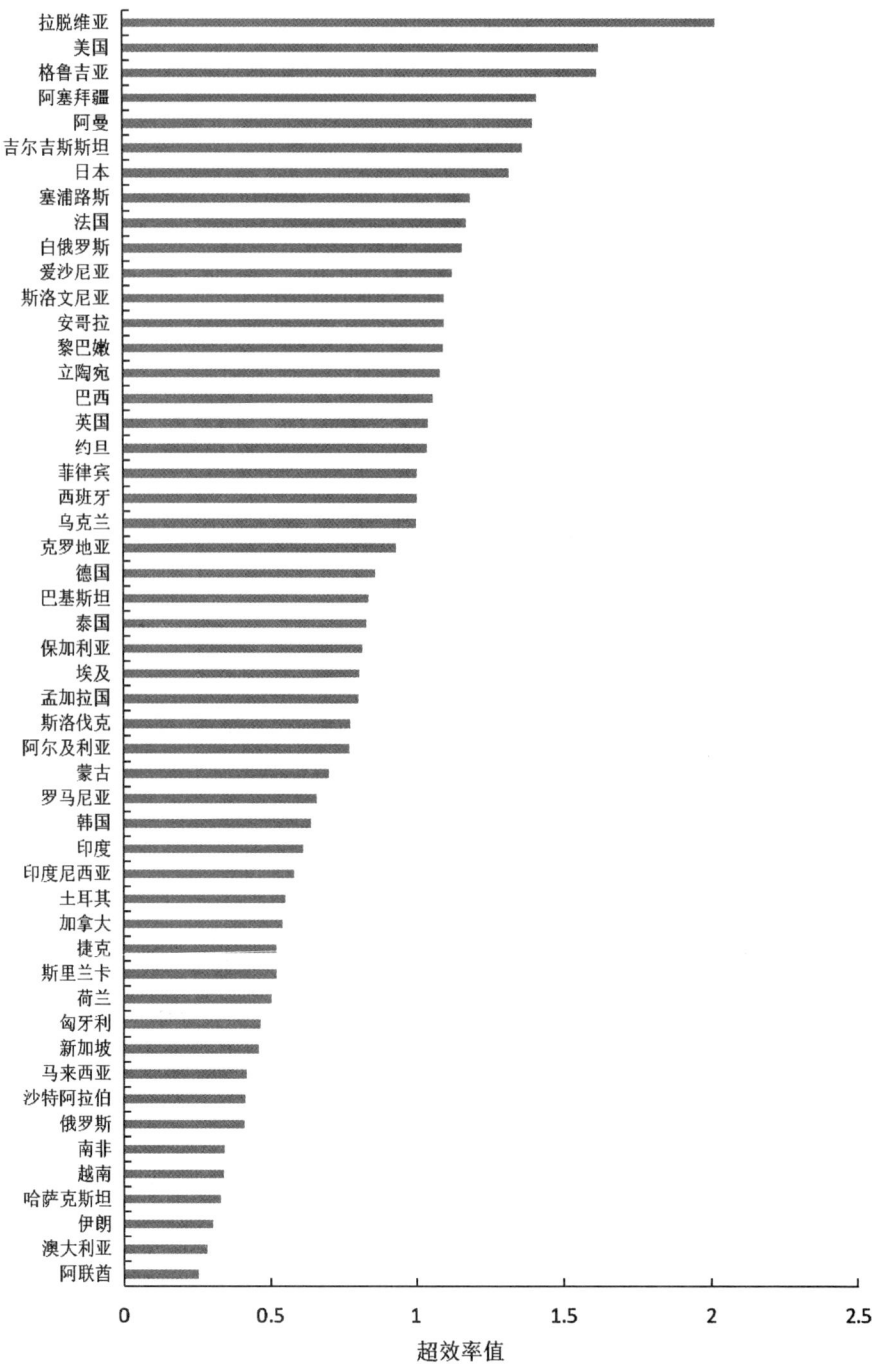

图 5-4 世界主要国家 2008—2017 年超效率平均值排名

数据来源：作者计算所得。

和对外直接投资合作的国家范围内,超效率排名前十的国家中来自发达国家的有3个,分别是美国(排名第2)、日本(排名第7)和法国(排名第9);其余均来自陆上丝绸之路的7个国家,按照效率值排名先后顺序分别是拉脱维亚、格鲁吉亚、阿塞拜疆、阿曼、吉尔吉斯斯坦、塞浦路斯和白俄罗斯。可以看出中国开展制造业国际产能合作的重点区域在中亚、西亚和东欧,这与上一节测算制造业对外贸易效率水平的超效率值排名表现一致。然而通过对图5-4排名发现,"一带一路"倡议下与中国保持长期稳定良好经贸合作关系的国家,并没有呈现出排名较为靠前的状态,例如:马来西亚排名43,俄罗斯排名45,哈萨克斯坦排名48,反倒是没有积极加入"一带一路"建设的美国、日本和法国等国排位较高。下文将对以上现象产生的可能原因进行解释。

三、中国制造业国际产能合作的运行效率分析

上文已对世界主要国家制造业对外贸易效率和中国对世界主要国家制造业国际合作的效率水平进行了测算。两个评价体系对中国制造业国际产能合作的运行效率评测的重点不同。方案一利用世界各国制造业进口和出口数据,评估中国制造业开展对外贸易的效率水平及其在世界中的排名,侧重点是横向评测中国制造业对外贸易竞争能力。而方案二利用中国对外直接投资和商品出口的数据,评估中国对世界52国在制造业对外直接投资和出口贸易的效率水平,侧重点是评测中国与某国开展制造业国际合作的运行效率。因此,将两组评测结果进行综合分析,就能较为完整、客观和科学的评估中国制造业国际产能合作的运行效率。

1. 中国制造业国际合作综合技术效率水平较高,但规模收益提升存在障碍。经过对世界53国制造业对外贸易效率综合技术水平和超效率值的测算,证明中国制造业对外贸易综合技术效率维持较高水准。其中利用BCC产出导向型模型测算的中国制造业对外贸易综合技术效率值,除了2008年和2009年以外,自2010年开始连续8年保持综合技术效率、纯技术效率和规模效率有效(各指标均为1)状态(见表5-5)。利用超效率DEA模型测算的超效率值,考察期内的平均值达到1.0411(世界均值为0.8029)。各项效率值测算结果表明,中国制造业自2008年至2017年十年间,对外贸易呈现良好的发展态势。作为世界重要的制造业生产基地和世界制造业产品出口大国,中国在制造业对外贸易领域拥有的国际竞争力显而易见。但是中国位列的次序并不靠前(排世界第10),

说明中国制造业对外贸易效率水平仍有一定提升空间。表5-5可以明显看出，中国制造业对外贸易综合技术效率的规模收益除2009年呈现递增以外，其余年份均为规模收益不变。反映出在考察期内，同比例改善纯技术效率和规模效率，只会同比例提升综合技术效率，无法进一步扩大综合技术效率。尽管中国制造业对外贸易纯技术效率和规模效率均为有效状态，位于生产前沿，但如何继续提高中国制造业对外贸易综合技术效率水平，一直是制造业国际产能合作可持续发展面临的重要问题。

表5-5 中国制造业对外贸易 BCC 模型效率分解

年 份	2008	2009	2010	2011	2012	2013	2014	2015	2016	2017
综合技术效率	0.99	0.892	1	1	1	1	1	1	1	1
纯技术效率	0.99	0.953	1	1	1	1	1	1	1	1
规模效率	1	0.935	1	1	1	1	1	1	1	1
规模收益	—	irs	—	—	—	—	—	—	—	—

数据来源：作者计算所得。

注："drs"为规模收益递减，"irs"为规模收益递增，"—"为规模收益不变。

2. 中国对世界主要国家制造业国际合作的综合技术效率水平较高，但合作效率区域水平差距较大。中国对世界主要国家在制造业对外出口和对外直接投资领域的效率分解结果表明（见表5-6），自2008年起综合技术效率水平保持稳定增长态势，2008年至2014年综合技术效率比较有效（0.8≤综合技术效率值＜1），2015年至2017年综合技术效率有效（综合技术效率值＝1）。2009年相较于2008年出现一定幅度的下降，原因在于受到2008年全球金融危机的影响，国际制造业市场需求下滑，无论是出口还是对外直接投资都遭受到一定负面冲击。但是中国经过快速调整，一年过后的2010年，综合技术效率水平再次站上0.9的位置，自2015开始连续3年保持综合技术效率水平有效（综合技术效率值＝1)状态。仔细观察表5-6发现，自2011年起，纯技术效率就维持有效状态（纯技术效率值＝1），而规模效率是从2015年起开始维持有效状态（规模效率值＝1）。说明中国政府和制造业企业，很早就认识到只有通过提高企业国际化运营管理水平和技术水平，鼓励先进制造业和高端装备制造业的发展，才能保证中国制造业对世界各国开展的对外直接投资和出口贸易维持较高水准。但也正是由于纯技术效率和规模效率呈现的偏差现象，揭示出中国制造业在对外直接投资和出口贸易领域的"规模"有些不够合理。这里的"规模"包括制造业产能过剩、低端制造业产品大量出口、进行过渡低端制造业国际直接投资或进行大量无效的国际直接投资,或者说海外投资风险的冲击所带来的威胁,这些行为会造成生产要素投入无效,投资风险加剧,或者即使扩大纯技术要素的投入也无法扩大规模收益。这也就解释了表5-6中,规模收益除2010年为递增状态以外,其余大部分年份为规模收益递减或不变的现象。

表5-6 中国对世界主要国家制造业对外直接
投资和出口贸易BCC模型效率分解

年 份	2008	2009	2010	2011	2012	2013	2014	2015	2016	2017
综合技术效率	0.824	0.742	0.922	0.954	0.959	0.965	0.991	1	1	1
纯技术效率	0.876	0.774	0.922	1	1	1	1	1	1	1
规模效率	0.941	0.958	0.999	0.954	0.959	0.965	0.991	1	1	1
规模收益	drs	drs	irs	drs	drs	drs	drs	—	—	—

数据来源:作者计算所得。
注:"drs"为规模收益递减,"irs"为规模收益递增,"—"为规模收益不变。

基于对国际合作区域效率的考查,与中国保持制造业国际合作规模效率有效和规模收益有效的国家分布较广,每个地理区域均有国家分布。但通过对综合技术效率、纯技术效率和规模效率三个指标整体观察后发现,在考察期内三个指标的效率值得到明显提升的国家主要是东亚的韩国和蒙古,东南亚的新加坡,中欧的捷克,东欧的克罗地亚、罗马尼亚和保加利亚,西欧的西班牙,非洲的安哥拉和埃及;效率值提升幅度不明显的国家主要分布在东南亚、西欧以及中亚的哈萨克斯坦和东欧的俄罗斯。前文提到中国对哈萨克斯坦和俄罗斯开展制造业对外直接投资和出口贸易的合作效率值并不高,这与两国同中国保持长期稳定的经贸合作关系的现实情况有些不符。经过对2008年至2017年效率分解表的仔细研究发现,中国与两国的制造业国际合作在纯技术效率指标上表现一般,俄罗斯约为0.7858,哈萨克斯坦约为0.7134,而规模效率水平基本都在0.9以上。说明中国与两国进行制造业对外出口和对外直接投资合作要注重从产业运营、企业国际化管理以及技术水平等方面进行改善。而效率值变化较大,甚至呈现下降态势的国家是南亚的斯里兰卡,西亚的沙特阿拉伯和阿联酋,这些国家同俄罗斯和哈萨克斯坦类似,均是在纯技术效率值指标上表现欠佳。另外,澳大利亚、加拿大和南非等国长期以来与中国开展制造业国际合作的综合效率水平也不理想,同样是较低的纯技术效率值制约了综合技术水平的提高。

实证结果分析可知,中国主导的制造业国际产能合作的综合技术效率水平在稳步提高,并保持较高水准,其中制造业对外贸易的综合技术效率贡献度最高,其次是制造业对外直接投资。值得注意的是,"一带一路"沿线国家成为制造业国际产能合作综合技术效率水平表现最为优异的地区。然而,中国主导的制造业国际产能合作经过一定时期运行,同样存在一些技术性和结构性发展难题。例如,如何持续性提高制造业国际产能合作的综合技术效率,并且确保其能一直处于稳步提高的发展态势,这是推进制造业国际产能合作机制构建中最核心的问题目标,对此目标的解决亟须动力机制加以配合。同时,实证结果反映出,与中国开展制造业国际产能合作的国家中,运行效率的提升,区域国家的分布并不均衡,甚至拥有传统经贸合作基础的国家反倒表现"不够优异",对此问题的解决亟须国际协调机制加以完善。另外,纯技术效率和规模效率的偏差反映出中国制造业企业在开展国际产能合作过程中存在"规模"偏差问题,这些问题可能是由各类国际产能合作风险产生,从内部因素到外部因素,从宏观因素到微观因素,都对企业顺利开展国际产能合作产生重大影响,为此,需要构建综合全面的风险防控机制予以解决。通过对中国制造业国际产能合作运行效率的评价分析,为推进制造业国际产能合作的机制构建提供了实证依据和参考。

第四节 本 章 小 结

本章对中国制造业国际产能合作的运行效率进行评价,以期全面而客观地评估当前中国开展制造业国际产能合作的运行现状。采用数据包络分析方法中的 CCR-BCC-超效率 DEA 三阶段模型展开实证研究,研究结论认为,中国主导的制造业国际产能合作的综合技术效率水平在稳步提高,并保持较高水准。从国际产能合作产业发展层面看,中国制造业对外贸易的综合技术效率贡献度最高。从国际产能合作基本模式层面看,对外贸易和对外直接投资对国际产能合作综合技术效率水平的提高起到了关键作用。从国际产能合作区域层面看,

"一带一路"沿线国家成为制造业国际产能合作综合技术效率水平表现最为优异的地区。然而,中国主导的制造业国际产能合作经过长期运行,也同样存在一些技术性和结构性发展难题,处理这些问题需要制造业国际产能合作拥有良好的运行机制。

第六章　推进中国制造业国际产能合作的动力机制

本章尝试引入社会学研究中的行动者网络理论,用来分析推进制造业国际产能合作的动力机制,从动态化和网络化角度解析制造业国际产能合作的动力机制形成机理,并以该理论分析范式为指导设计动力机制,最后结合第五章研究结果,利用 Tobit-超效率 DEA 模型验证动力机制对推进制造业国际产能合作运行效率的提升作用。

第一节　动力机制构建的理论依据

一、行动者网络理论引入

社会经济结构的复杂性,加深人与人之间、人与社会之间、社会内部各要素之间的矛盾,矛盾冲突的网状结构成为社会网络复杂性的表现点之一,因此,通过网络结构分析组织间经济行为成为越来越多学者研究的出发点(Borgatti 和 Halgin[1]；Bizzi 和 Langley[2])。通过分析组织行为的复杂性和多样性及其在社会网络背景下的发展动态,基于企业经济行为,构建企业行为的动力机制,将有

---

[1] BORGATTI S P, HALGIN D S. On Network Theory[J]. Organization Science, 2011, 22 (5): 1168-1181.
[2] BIZZI L, LANGLEY A. Studying Processes in and Around Networks[J]. Industrial Marketing Management, 2012, 4 (2): 224-234.

助于研究企业行为与社会网络结构的关系(Combera 等[①])。组织网络的参与者不但相互依赖且关系复杂,其行为的出发点、落脚点及相互作用关系都具有动态化、互动性及连续性的特点,因此分析不同层级的组织单位的行为选择,可以探究社会网络对企业行为的深刻影响机理(Zaheer 等[②];Ahuja 等[③])。基于社会网络动态变化对各类企业行为与社会网络结构的互动关系展开研究成为诸多学者新的研究视角(Ward[④];Sunday 等[⑤])。

行动者网络理论(actor network theory,简称 ANT)是由法国学者米歇尔·卡尔(Michel Callon)[⑥]与布鲁诺·拉图尔(Bruno Latour)[⑦]与英国学者约翰·劳(John Law)[⑧]所建构用以研究科学、技术与组织发展的理论。早期,理论着重于对"知识"如何形成的探讨。行动者网络的概念内涵,被延伸应用于社会科学领域,这一概念认为人们常用一种简化的概念来描述那些习以为常的社会现象,而往往忽略了构成这社会现象背后隐含的成分元素,并将这现象称之为网络强化(network consolidation)(Law[⑨])。在行动者网络理论的讨论中,假设各类社会现象的发生都是基于一张社会网络。然而,在这一张社会网络关系中,每一个构成网络模型的参与者被赋予相同的地位,无论是"人类"或是"非人类物质"(如自然、产业等)都被视为一个具有能动性(agency)、可组织网络关系的"行动者"。从社会意义上来说,行动者网络理论的提出者认为任何行动者在网络当中所拥

[①] COMBERA A, FISHERA P, WADSWORTH R. Actor-network Theory: A Suitable Framework to Understand How Land Cover Mapping Projects Develop? [J]. Land Use Policy, 2003, 20: 299-309.

[②] ZAHEER A, GÖZÜBÜYÜK R, MILANOV H. It's the Connections: The Network Perspective in Interorganizational Research[J]. Academy of Management Perspectives, 2010, 24(1): 62-77.

[③] AHUJA G, SODA G, ZAHEER A. Introduction to the Special Issue: The Genesis and Dynamics of Organizational Networks[J]. Organization Science, 2012, 23(2): 434-448.

[④] WARD E. An Actor-network Theory Model of Property Development[J]. Journal of European Real Estate Research, 2018, 11(2).

[⑤] SUNDAY C EZE, VERA C. Chinedu-Eze, Adenike O. Bello. Determinants of Dynamic Process of Emerging ICT Adoption in SMEs — Actor Network Theory Perspective[J]. Journal of Science and Technology Policy Management, 2019, 10(1).

[⑥] CALLON M. Some Elements in a Sociology of Translation: Domestication of the Scallops and Fishermen of the St. Brieuc Bay[J]. The Sociological Review, 1984, 32(S1): 196-233.

[⑦] CALLON M, LATOUR B. Unscrewing the Big Leviathan: How Actors Macrostructure Reality and How Sociologists Help Them to Do So[C], K Knorr-cetina, & A V Cicourel Advances in Social Theory & Methodology Toward an Integration of Micro and Macrosociologies. 1981, 277-303.

[⑧] LAW J. After ANT: Complexity, Naming and Topology[J]. Sociological Review, 1999, 47(S1): 14.

[⑨] LAW J. Notes on the Theory of the Actor-Network: Ordering, Strategy, and Heterogeneity[J]. Systems Practice, 1992, 5(4): 379-393.

有的行动力并无差异。例如,对于经济活动的讨论而言,Callon 等人(2002)提出了质量经济(the economy of quality)的概念:一项产品(products)到成为可被贩售、买卖的商品(goods)当中有着复杂的社会转化过程。这样的过程,被 Callon 等人称作是一个产品取得资格成为商品的过程(qualify)[①]。因此在消费者购物的过程中,呈现出一个庞大且复杂的网络关系。通过分析商品市场中,消费者在面对诸多近似的商品时,如何主动或被动地建构其消费行为,对企业今后设计产品、生产产品和销售商品都具有实践意义。

二、行动者网络理论的理论架构

行动者网络理论中有三项基本要素:异质性的网络、转译与转译的策略。Walsham(1997)指出:ANT 的理论架构构成包含行动者(actor)、行动者网络(actor-network)、结盟与转译(enrolment and translation)、强制通行点(obligatory passage point)、铭写与代言(delegates and inscription)和黑箱(black box)等概念,并以此作为分析符号去系统化地理解行动者网络的构成[②]。以下针对 ANT 常用的分析元素进行说明:

1. 行动者(actor)。ANT 的核心概念之一是"行动者",传统社会学中所指的有能动性的行动者,仅包括有主观目的和意图的人。ANT 所使用的行动者是广义的,既可以指人类(humans),也可以指非人(non-humans);行动者这个概念在 ANT 的概念中不仅指行为人(actor),还包括思想、技术、教育、社会力量等许多非人的事物,行动者在网络中以实践行为的相互作用,相互关联共同形成社会网络。以此网络为基础的每一个行动者,通过与其他行动者的相连而获得角色意义,所以每一个行动者的指认,则必须在网络形成的过程中去寻找。

2. 转译(translation)。ANT 的"转译"指行动者不断努力,把其他行动者的问题和利益通过连接的方式转换出来。所有行动者都处在这种转换和被转换之中,转译的过程是行动者产生的过程,也是行动者被去除的过程,转译过程产生了能量,这种能量推动行动者之间角色的互换,也推动网络的联结与形成。转译

---

① CALLON M, MÉADEL C, RABEHARISOA V. The Economy of Qualities[J]. Economy & Society, 2002, 31(02):194-217.
② WALSHAM G. Actor-Network Theory and IS Research: Current Status and Future Prospects[C].82th International Conference on Information Systems & Qualitative Research. 1997.

的过程也逐渐形成"共同利益",各位行动者通过转译,借助利益的诱导,引诱更多行动者加入网络。Latour认为:利益转换的同时,意味着提供对这些利益的新的解释,并把人们引向不同的方向。一个网络的成功与否的关键在于能否透过转译的过程把其他的行动者纳入网络中。只有在相互利益关系转译的基础之上,才能构建起一个强大而又稳固的研发共同体[1]。转译表明了行动者之间的相互理解与行动者之间的相互作用,它可以把来自社会和自然两个方面的因素纳入统一的解释框架,在这种意义上ANT通常也被称为"转译社会学"(郭荣茂)[2]。

3. 网络(network)。ANT把行动者视为分散的利益点,通过转译的过程将各利益点联结成一个网络。网络是ANT描述联结的方法,在网络建构过程中,自然与人、人与社会以及行动者之间的边界在不断地改变,同时网络的范围逐渐从局部扩展开来,力量由弱到强,并相对固定下来。转译的过程就是旧的网络破裂,新的网络形成的过程,新的网络与新的行动者行为联结,他们在网络中不断形成新的角色和利益联结关系,因此,网络强调的是变化,这种变化既是相对的,也是永恒的[3]。Callon认为网络的形成要经过五个阶段[4]:

(1) 问题呈现(problematization):将不同的行动者所关注的事件问题化,并界定问题与内涵,从而让行动者间产生共同的问题意识与共同关注点。

(2) 利益赋予(interessement):意味着强化其他行动者在问题化过程中界定的角色与权益关系,其结果是行动者被招募成为网络成员。

(3) 征召(enrolment):通过转译过程建构行动者网络,让不同的行动者镶嵌在网络之中,此时主要的行动者借助指派与安排角色以达成网络的共同行动。

(4) 动员(mobilization):当网络逐渐成形,主要行动者赋予其他行动者任务,而被赋予任务的行动者也能发挥其效能,行动者网络不断演化产生新的行动者网络。

(5) 异议(dissidence):因为转译机制失败或是出现断裂,使行动者背离了原来主体的目标,间接让行动者网络瓦解。

---

[1] LATOUR B. Science in Action: How To Follow Scientists and Engineers Through Society[J]. Canadian Journal of Sociology, 1987, 18(5).
[2] 郭荣茂.转译社会学视角下的技术治理研究[J].科学学研究.2016,34(11):1608-1614.
[3] LATOUR B. What Is Given in Experience? [J]. Boundary, 2005, 32(1): 223-237.
[4] CALLON M. The Sociology of an Actor-Network: The Case of the Electric Vehicle [M]. Mapping the Dynamics of Science and Technology. 1986.

4. 强制通行点(obligatory passage point,简称 OPP)。ANT 的形成必须由行动者去界定议题,形成事物的共同目标,而在此过程中,异质性事件主题中需要有强制通行点。即为所有行动者的共同目标与利益,OPP 使得网络出现缺口以接纳新行动者的进入,各行动者在强制通行点中交易(transactions)、再现(representations)与认识(understandings)。Callon 认为一个 OPP 的形成,必须是行动者在转译过程中,角色转译要素的必然选择。也就是说,网络转译的成功关键在于行动者是否对 OPP 满意[①]。

总而言之,行动者网络理论中最核心的环节是"转译"。所有行动者在网络中通过转译过程联结在一起(见图 6-1)。起主导作用的核心行动者在"问题呈现"环节提出核心问题,核心问题是所有行动者的共同利益。核心行动者利用核心问题,让其变成所有行动者的共同问题(强制通行点 OPP),在此环节凝聚共识,拥有共同目标。核心行动者通过"利益赋予"强化其他行动者的角色和定位,并借助"征召"明确各位行动者需要承担的任务和实现目标的方法路径。最后核心行动者利用"动员"号召其他行动者为了利益联盟的共同目标开始行动,此过程中行动者们被钩织在利益网络中。一旦利益网络钩织完成,网络中各位行动者开始行动,网络从静态平面模式转型为动态空间模式。倘若在网络运转过程中,出现利益冲突或矛盾点,异议的解决将助推已有网络不断演进和升级;但若

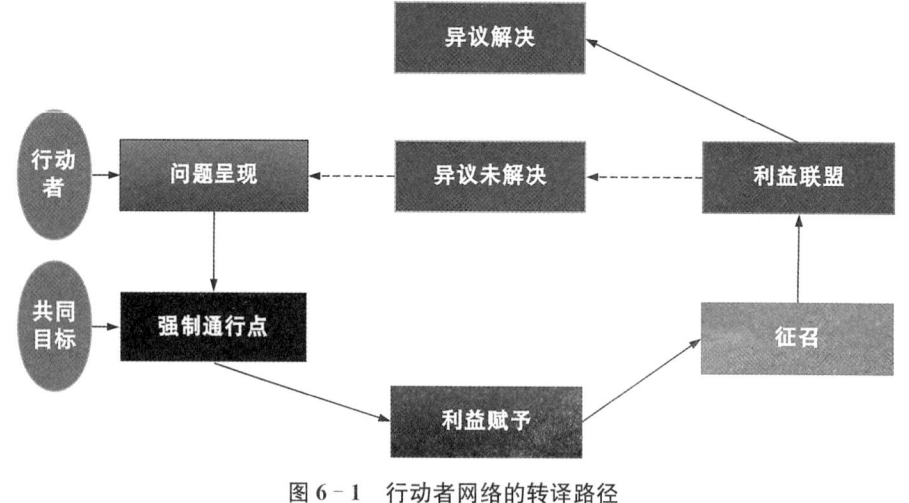

图 6-1 行动者网络的转译路径

---

① CALLON M. An Essay on the Growing Contribution of Economic Markets to the Proliferation of the Social[J]. Theory Culture & Society,2007,24(7-8):139-163.

异议没有得到行动者们的化解,那么由异议产生的巨大矛盾将会迫使现在网络瓦解,原网络中的各位行动者将会重新排列组合,集结成新的行动者网络。

三、行动者网络理论对国际产能合作动力机制的适用性

1. 基于网络状结构的国际产能合作。国际产能合作的基本模式是对外贸易和对外直接投资,以往的研究是将对外贸易行为和对外直接投资行为进行切割,关注的重点是评估企业对外贸易和对外直接投资分别创造的利润,忽视了对外贸易行为和对外直接投资行为背后隐藏的网络联结关系。企业处于不同的国际化发展阶段,有其差异化的国际经济发展战略。出口导向型企业在演进过程中,随着国际化程度的提高,必将向海外投资型转变。但与此同时,该类型企业可能即做出口也同时做对外直接投资。类似这类行为的企业,以往的研究忽略了对其不同行为的共性驱动力分析,特别缺乏对企业通过国际产能合作是如何将产业链上下游不同企业共同编织进全球生产网络之中的深层次机理分析。

另外,在参与国际产能合作的主体行动者当中,有以企业为代表的核心参与者,也有以政府为代表的协助参与者,彼此通过产业投资行为联结在一起。母国和东道国分别有企业进行对外直接投资或者承接海外投资,双方国家的政府承担任务也不尽相同。尽管如此,不同角色还是秉持同一目标在共同组成的全球生产网络结构中各司其职,发挥各自效能。可以看出,在这一过程中所有参与国际产能合作的行为主体均是网络结构中的一员,网络状结构成为国际产能合作行为的基本形态。

2. 基于网络状结构的动力机制。根据第二章对机制的定义,从深层次逻辑运行机理来看,系统内部各个成员通过机制的联结结成统一整体,机制是系统内部不同要素之间运行的联结程序。因此,本书认为动力是系统内不同要素运行及相互作用的根本力量,通过动力机制激活系统内部各个成员的活力,促使所有成员按照各自任务分工,围绕系统统一设定的目标,积极主动地为推进系统不断完善优化而采取的行动。

国际产能合作是一项复杂的国际投资行为,其包括的行为主体种类繁多,行为方式复杂,又同时涉及要素跨国界流动。围绕国际产能合作每一个行为主体的企业,都会形成各自的国际产能合作网络,驱动企业开展国际产能合作的动力可能是为了获取海外资源、扩大海外市场份额或者赚取更多利润。而每一个协

助企业开展国际产能合作的政府组织,级别上的差异也会形成不同的动力来源。比如地方政府为了扩大财政收入,会扶持本地企业开拓海外市场以此获得更多利润。但是中央政府出于制造业产业升级角度、经济转型角度、甚至是国际政治需要,会引导本国企业开展有针对性的国际产能合作。至于东道国政府和企业,也同样拥有各自不同的目的。显而易见,不同行为主体的国际产能合作参与者,其动力来源并不一致,倘若针对每项国际产能合作行为展开动力机制分析,会发现动因错综复杂。但是,如果将国际产能合作视为统一整体,就会发现涉及的动力来源都是动力机制上的一个核心点,不同的核心点编织成了动力机制网络,以此推动国际产能合作行为的展开。想要抽丝剥茧进行制造业国际产能合作的动力机制分析,可以对动力机制进行网络化分解。

行动者网络理论最大的研究优势是可以将不同的行为主体(无论是自然人还是非自然人均能同等看待)纳入统一研究范畴之中,在网络状系统运行框架下,不同行为主体有其各自不同的驱动力,但是各个主体可以按照同一目标从不同角度展开活动,共同推动网络系统运行。检验网络状结构构造是否完备和正确,就看不同行为主体所拥有的共同目标最终是否能实现。确定国际产能合作的不同行为主体,问题呈现—利益赋予—征召—动员—异议,通过这五个环节来阐释主体转译的过程。转译过程的实现,代表动力机制的形成与设置完毕。制造业国际产能合作的动力机制的主导者是核心行动者和主要行动者,动力机制的驱动力是强制通行点,动力机制的形成与设置过程是围绕行动者网络"转译"环节的实现过程(见图6-2)。

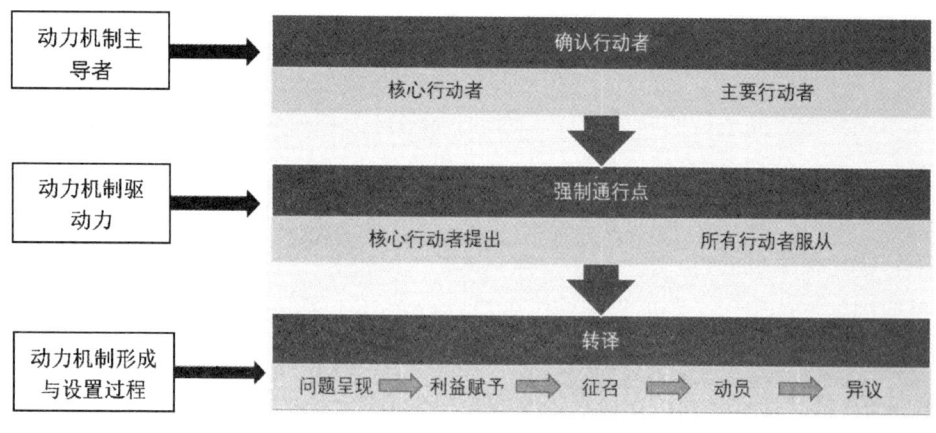

图6-2 动力机制的研究框架

第二节 动力机制构建

根据动力机制研究框架(图6-2),确认行动者是制造业国际产能合作网络建构的首要任务,也是明确动力机制实施者的重要环节。核心行动者提出共同问题,所有行动者围绕强制通行点进行转译,因此强制通行点是动力机制运行的力量来源,转译是不同行动者推动制造业国际产能合作网络动态化运行的过程,所以转译被认定为动力机制的形成过程。因此,对制造业国际产能合作转译环节的分析,有助于研判制造业国际产能合作的行动者是如何推动国际产能合作进行运转的。转译过程分成五个步骤:问题呈现、利益赋予、征召、动员和异议,这也是制造业国际产能合作动力机制形成与设置的过程。

一、确认网络行动者

行动者是网络运行的主体,转译是网络运行的核心环节。构造制造业国际产能合作行动者网络的首要工作是确定行动者。根据行动者网络理论关于行动者的定义,这里的行动者,即可指人类行动者(humans),也可指非人类行动者(non-humans)。结合国际产能合作的发展现状及推进模式,确认制造业国际产能合作的行动者如下:

1. 制造业国际产能合作网络的核心行动者——各类型企业。企业在制造业国际产能合作网络里面居于核心地位,是制造业国际产能合作网络运行的主要推动者。企业是一切市场活动的行为主体,将各种生产要素集合在一起,通过生产方式将要素转化成产品,再借助市场化运作模式,将产品转化为商品。商品售卖给消费者,企业取得利润。参与制造业国际产能合作的各类型企业,从所有制性质上来看,既包括国有企业,也包括民营企业;从企业规模上来看,以国有大型企业为主,中小型民营企业为辅;从承担任务上来看,有提供产品零部件的设备供应商、有提供融资服务的金融类企业、有负责基础设施建设的建筑商,还有提供人力资源服务的各类型人才供给企业;从所属国籍上来看,以中国企业为主,东道国企业、第三国企业为辅。参与制造业国际产能合作的各类型企业根据各自目的,集结成一个整体,共同推进制造业国际产能合作网络运行的展开。例如:中国参与主导制造业国际产能合作的A企业,想要通过国际产能合作的方式,在哈萨克斯坦投资一家工厂。受制于哈萨克斯坦国际投资壁垒,A 企业计划通过跨国并购的方式(收购东道国 B 企业)进入哈萨克斯坦市场。由于东道国的 B 企业设备陈旧,厂房年久失修,技术人员缺乏,A 企业需要对工厂进行设备更新换代,重新整修生产车间,并从国内外招募新的技术工人。在此过程中,A 企业资金短缺,需要向金融机构寻求贷款。通过过程分析可以看出,A 企业的国际投资行为,需要有设备供应商、建筑公司、人力资源供给者(包括国内外劳务公司、高校和科研院所等)和银行提供相应服务(见图 6-3)。不同行为目的的各类型组织在 A 公司招募下集结成国际产能合作行动网络,成为网络运行的主体之一。

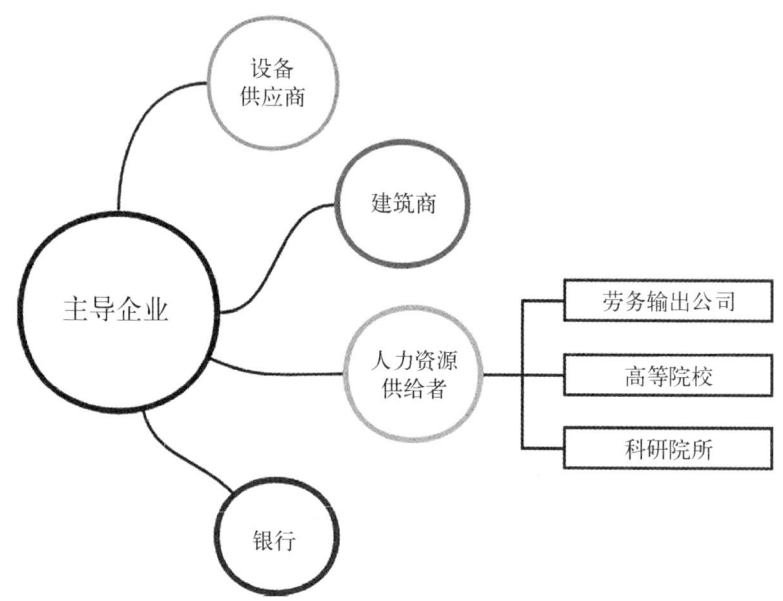

图 6-3 制造业国际产能合作网络的核心行动者——企业

2. 制造业国际产能合作网络的主要行动者之一——政府和政策。政府在制造业国际产能合作网络里面的作用是架构网络,通过发布政策促使其他行动者加入制造业国际产能合作网络并发挥实际作用。在制造业国际产能合作网络中,中央政府的职责是制定国际产能合作总体发展规划和各类行政法规,确定制造业国际产能合作的方向和目标,安排协调和指导国际产能合作的政府部门,负责与东道国政府签订国家层面的国际合作机制,出台与之相匹配的支撑保障措施。地方政府根据中央政府的要求,负责制造业国际产能合作企业的具体跟进和任务落实,为企业解决在制造业国际产能合作过程中产生的实际问题,规范企业投资行为,做好后勤保障工作。东道国政府从中央层级来看,负责与中国政府商洽国际产能合作协议,制定透明、公正、合规的国际投资行为法律法规,保障中国企业的合法权益。地方政府为此需要承担一定基础保障工作职责,具体负责国际产能合作项目的落地,提供必要的生产要素和基础设施,不得非法干预企业正常的生产经营活动。除此以外,无论是本国的还是东道国的各层级政府,都拥有资源整合能力,将创新技术、人员、资金资本等要素进行汇集,引导这些关键要素在制造业国际产能合作网络中流动,充分调动各类要素的积极性,激活各类要素的潜在能动性。制造业国际产能网络的主要行动者之一——政府和政策行动者,见图6-4。

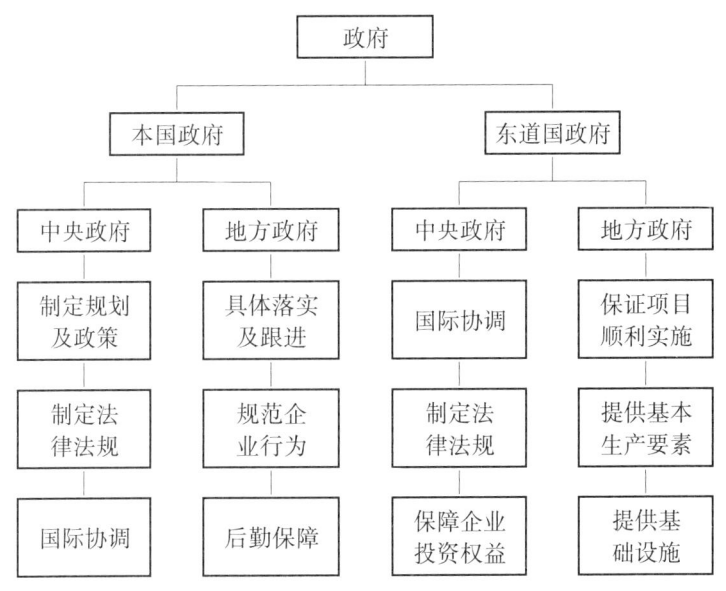

图6-4 制造业国际产能合作网络的主要行动者之一——政府和政策行动者

3. 制造业国际产能合作网络的主要行动者之二——创新体系。创新体系作为制造业国际产能合作网络的非人类行动者,承担网络可持续发展重任。第四章通过实证研究,证明了技术创新对制造业国际产能合作的运行效率提升有正向促进作用。熊彼特1912年的创新理论将"创新"当作一种可以投入生产的生产要素,同其他生产要素进行组合能够创造新的生产体系[①]。现代企业的竞

---

① 熊彼特.发展经济理论[M].王永胜,译.北京:立信会计出版社,2017.

争越来越多的依靠创新,创新能力高低成为制约企业绩效提升的核心要素①。制造业国际产能合作的行动者网络中,创新体系作为关键行动者,与企业行动者和政府行动者相互作用,共同组成知识创新与扩散系统、知识运用与应用系统,如图6-5所示。

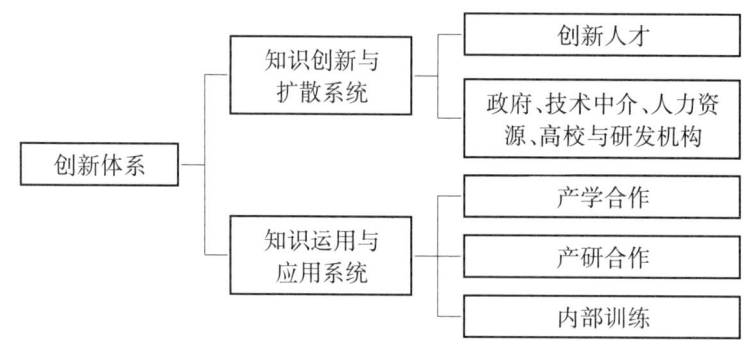

图6-5 制造业国际产能合作网络的主要行动者之二——创新体系

(1)知识创新与扩散系统。第一,知识的产生与扩散系统包括了政府机构、技术中介机构、人力资源机构、高等教育及研发机构。核心机构是由政府、高等教育及研发机构组成的一个创新协调组织。首先,政府通过制定政策与引导产业发展在创新系统中扮演指导性角色。政府规划了制造业产业发展方向,其他角色在旁予以协助。营造良好的制造业创新环境是政府工作的重点,其努力解决制造业创新技术研发及转化过程中涉及的制约条件,如交通、电力和通信等基础设施建设。政府出面协调厂商、科研机构和公共服务机构之间的关系,同时设立涉及知识产权保护的措施及法律法规,积极维护技术创新者的利益,使坚守创新的理念根植于全社会每个公民的心中。政府承担的这些社会责任,将有利于制造业企业开展创新活动,有利于全社会享受到技术外溢带来的好处。第二,创新人才是创新系统的关键要素之一。作为创新人才的供给者,高等院校和科研机构在创新系统中拥有重要地位。在产学研运作体系中,高等院校是基础知识的提供者,职业技能院校是技能型人才的培养者,科研机构兼具创新技术的提供方和技术扩散的转承方的双重角色。科研机构不但补足大学基础研究的不足,更进一步将技术进行升级与转化,使其能有效融入市场。创新人才所参与的技

---

① 陈力田,赵晓庆,魏致善.企业创新能力的内涵及其演变:一个系统化的文献综述[J].科技进步与对策,2012,29(14):154-160.

术创新活动,不论是企业内部在职训练,或是科研机构、高等教育机构内充沛的研发力量,都是整个社会创新行为的引领者。通过有目的地对人力资源进行创新行为训练,实现知识与人才更好的融合与转化。

（2）知识运用与应用系统。首先,要提升企业活力与竞争力,纯粹的降低成本已无法满足企业的需求,因此企业要通过创新系统的作用,使得企业扩大自己的创新力量,从而强化本身的竞争力。为此,企业可以透过产学合作,获得技术转移与优质人力资源,抑或是通过产研合作,以资金支持方式让科研机构与高等教育机构从事指定课题的研究,并与其保持良性互动关系。其次,除了外部网罗人才以外,内部员工的训练交流也十分重要。凭借企业内部形成的网络交流系统,使知识的运用和应用能顺利发挥其功能。要想令企业内部创新系统有所作用,首要任务就是让创新系统内的知识产生群集行为,不同创新思想在此碰撞,相互激发而产生新的知识,其次就是要通过扩散与传播,让新知识得以应用。

行动者网络始终处于动态变化过程中,突出表现就是行动者角色在动态转换,由此将会产生新的强制通行点,构建新的行动者网络。因此,核心行动者和主要行动者承担的角色并不是一成不变的,而是随着行动者网络的变化进行动态调整。2013年习近平主席提出"一带一路"倡议,在开启建设初期,国内各层级政府和各类型企业对如何建构"一带一路"国际合作网络缺乏统一而清晰的认识,国内民营企业更是不敢率先尝试。在此时期,政府就是制造业国际产能合作网络中的核心行动者。政府通过政策指引,征召国有企业成为"一带一路"建设的排头兵,树立几个国际产能合作的样板工程。随着"一带一路"倡议深入推进,企业逐步走向国际产能合作中心舞台,建立起成熟而系统的国际产能合作路径,此时企业成为国际产能合作网络的核心行动者,政府属于提供配套服务的关键行动者,两类行动者角色完成转换。

二、问题呈现

问题呈现环节是让处于网络结构中所有行动者间产生共同的问题意识与共同关注点,而在此过程中,异质性事件主题中需要有强制通行点(简称：OPP),各行动者围绕强制通行点贡献自己的力量,为了同一目标不断奋斗与提高,以此结成行动者网络。制造业国际产能合作的核心行动者是企业,强制通行点是由核心行动者提出的共同议题,因此强制通行点成为推进制造业国际产能合作的动力机制的驱动力。制造业国际产能合作企业提出的核心问题是:"国际产能合作下企业可持续发展的实现路径"。企业成长会经历三个阶段,即企业增长—企业发展—企业可持续发展。三个阶段并不是完全独立存在,有可能会在一个时期内企业同时需要增长发展和可持续发展[1]。企业增长表现更多的是财务报表数据的增长,类似于销售额的增加,企业利润率的提高;企业发展表现的是目标和定位的改变,由低层级向高层级转型;企业可持续发展则是企业随着社会经济的发展,需要承担更多的社会责任,特别是在新兴国家市场,企业要将自身经营与东道国社会道德和责任义务进行结合[2]。

制造业国际产能合作的强制通行点是企业在实现自身发展需要的同时,又履行东道国的社会责任,与东道国市场和社会形成和谐共进发展局面。在该强制通行点下,不同行动者面临的问题存在异质性,成为推进制造业国际产能合作网络运行的驱动力。

1. 核心行动者——企业的强制通行点。国内企业开展国际产能合作的主要目标是拓展海外市场,争夺市场份额,提高企业利润率。除此以外,国有大型企业还面临化解过剩产能,推进"一带一路"建设,参与国际援建等多重任务。与此相对应的,东道国承接国际产能合作的企业的目的是取得我方资金、技术或人员要素的援助,以此提高自身竞争力等。对于本国企业而言,国有大型企业面临海外投资前期投入成本过高而预期收益不确定、国际投资和经营风险较大等问题。中小型民营企业面临海外投资风险过高、投资壁垒较多、融资困难等问题。而对于东道国企业而言,面临失去企业控制权、利润获取较少、产业链低端锁定困境的问题。

2. 主要行动者之一——政府和政策的强制通行点。本国及东道国各层级政府承担国际产能合作协调和保障工作。本国中央政府希望通过国际产能合作,化解国内过剩产能,促进产业结构转型升级,提高企业国际市场开拓能力,推进"一带一路"建设等。但是中央政府可能存在施政方针针对性不强,并且企业和地方政府因为各自利益而对中央政策产生抵触行为的现象。同时,本国地方政府除了需要完成中央政府下达的工作任务以外,更多期望地方所属企业积极

---

[1] 肖海林,王方华.企业增长、企业发展与企业可持续发展[J].中南财经政法大学学报,2004(4):46-50,109.

[2] 郑琴琴,陆亚东."随波逐流"还是"战略选择":企业社会责任的响应机制研究[J].南开管理评论,2018,21(4):169-181.

开拓国际市场,赚取更多利润,以此提高财政收入,拉动地方经济增长。但是,地方政府有可能为了取得更多收入,鼓励和扶持一些产能过剩的企业或者低端制造业企业开展国际产能合作,在此环节,地方政府可能会与中央政府进行博弈,博弈失败会受到惩处。另外,东道国中央政府希望通过国际产能合作协助当地产业升级和结构调整,带动就业增长,改善当地基础设施建设条件,增加税收收入等。但是,东道国地方政府除了获取财政收入以外,可能存在"吃拿卡要"现象,拥有一定寻租空间。并且,东道国面临的最大问题是有可能成为跨国公司海外低端生产基地,陷入被产业链低端锁定的困境,环境污染,资源耗尽,社会福利水平提高不多,由此造成民怨,导致政权更迭。

3. 主要行动者之二——创新体系的强制通行点。制造业国际产能合作涉及的创新体系具有国际化特点。构成创新体系网络的各类国内外行动者将创新资源当作利益进行交易。本国创新体系网络的行动者借由创新技术的国内流动,实现制造业产业转型升级,构成相对闭环的利益交换网络结构。当国际产能合作进行时,原有的利益闭环网络出现裂口,东道国创新系统的某个结点就此进入,镶嵌在新的利益闭环网络链上。但是,东道国创新系统的行动者目的与本国不一定相同,他们可能持有技术窃取、获得技术转让、提高科研能力及生产制造水平等目的而参与进来。

可以看出,制造业国际产能合作的各类型行动者或受制于所处的位置或出于自身利益考量,产生了异质化的强制通行点,这些异质性行为会对国际产能合作网络的构建造成严重威胁。因此,只有所有类型的行动者摒弃自身的狭隘和短视行为,共同为了通过统一强制通行点目标而不断努力,才能最终实现国际产能合作网络利益最大化。

三、利益赋予

核心行动者提出转译过程中的强制通行点,借助各项政策、手段及措施,明确其他行动者在问题化过程中各自角色与职责,强化权益关系,其结果是行动者被招募成为网络成员。制造业国际产能合作的核心行动者是各类型企业,在制定强制通行点后,不同行动者依然存在异质化的行为目的,此时的核心行动者需要思考如何通过利益赋予将所有行动者整合在统一的行动者网络中。

制造业企业积极主动开拓国际市场,其行为必须符合本国和东道国关于境外投资与引进外资等相关行为的规定与要求,受到中央和地方政府有关部门的监督和管理。倘若企业投资行业和投资区域(国家)与"一带一路"倡议所规划的投资方案相吻合,与东道国重点吸引外资规划项目的要求相符合,将会得到国家层面在行政审批、项目申报和资金融通等方面的大力支持,也会得到地方政府在税收减免和公共服务等方面给予的鼎力协助。同时,企业在开展国际产能合作过程中,会不断产生新问题,新问题的解决如果涉及国家政府层面,将会需要中央政府出面协调;如果涉及东道国地方政府管理问题,可能需要本国地方政府或者中国驻东道国大使馆出面协商解决。并且,企业在生产经营过程中,对投资便利化和贸易便利化方面提出新要求,就会反馈给有关政府部门要求改进。本国及东道国各层级政府为了保障企业永续经营以此取得稳定的财政收入,保障充分就业,就必须满足企业的合理化要求。另外,制造业企业提供给当地市场的制造业产品和服务均需要不断加强技术创新和提高更新换代速度。企业是产品技术创新的落脚点和实践环节,通过在国内的技术研发中心建立创新系统,将国内创新资源进行整合,倘若国内技术满足不了生产需要,则必须寻求海外智力支持,通过与第三方国家展开技术合作,整合国际创新资源。但若是东道国就国际产能合作项目的开展提出技术转让要求,则国内企业可能需要承担一定技术转让所带来的经营风险。在整个创新系统运转过程中,政府的组织协调与政策支持是创新资源整合的必要条件。以上环节中国际产能合作网络的核心行动者——企业通过利益赋予的方式,将国际产能合作网络中的主要行动者均征召进了国际产能合作网络系统中来。

四、征召与动员

(一) 征召

通过转译过程建构行动者网络,让不同的行动者镶嵌在网络之上,此时主要行动者通过指派与安排角色以形成网络的共同行动。在"一带一路"建设之初,各方对于如何开展国际产能合作均处于探索期,作为制造业国际产能合作网络的核心行动者的政府需要通过征召的方式,完成探索期制造业国际产能合作网络的构建。

1. 开展制造业国际产能合作的探索期。作为核心行动者的政府提出强制通行点是"树立制造业国际产能合作的示范样例",该样例主要为国内从事各行业的企业开拓制造业国际产能合作市场提供参考和借鉴,为东道国政府和社会树立中国企业良好形象以及提高国际产能合作接受度。在此强制通行点指引下,中央政府会率先选择与中国拥有良好经贸合作基础及政治高度互信的国家作为早期合作伙伴。借助国际合作机制,与东道国商洽国际产能合作协议。政府以任务指派方式安排国内优质制造业国有企业,率先进入东道国市场开展制造业国际产能合作。在国有企业海外投资过程中,中央政府起到重要扶持作用,在融资担保、人力资源供给、创新技术要素汇集、税收减免、降低投资壁垒和提高贸易便利化等方面给予鼎力支持。凡是涉及上述环节中的企业和政府部门,中央和地方政府要么通过任务指派,要么通过政策指引的方式将主要行动者征召到国际产能合作网络中来,要求所有行动者必须服务于核心行动者的统一安排,接受各自承担的任务,共同通过强制通行点。

2. 制造业国际产能合作建设期。探索期的核心行动者政府,通过树立样例示范为开展国际产能合作开辟新路径,而早期投资的企业已经进入稳产收益期,此时的国际产能合作网络核心行动者由政府转变为企业。作为制造业国际产能合作网络中的核心行动者——主导型企业,负责为东道国市场提供最终产品和服务。先期通过政府扶持在东道国建立的工厂现已进入稳产期。随着该国市场同类型产品竞争者增多,主导型企业会加大资金投入力度进行技术研发,要么建立自主研发中心,要么寻求与高等院校和科研机构的技术合作,以此获取创新资源,提高产品国际竞争力。企业除了加大产品创新领域的投入以外,也会承担东道国市场的社会责任。例如:为东道国贫穷落后地区建设基础设施,捐资助学,提高工厂的环保建设标准等。在生产经营过程中,如若遇见东道国政府政权更迭或是社会动荡而产生的政治和经营风险,企业必须寻求本国政府给予必要协助和支持,以此维护自身利益。同时,随着市场经济的风云变幻,政府实施的政策措施和颁布的法律法规存在滞后性,将对企业生产经营活动产生制约作用,企业会向政府进行反馈,要求政府修改政策或是采取必要措施给予解决。在以上环节中,主导型企业通过市场化方式,与学校、科研机构、建筑建材和环保产品生产企业展开合作,通过意见反馈方式与政府产生联系,至此主导型企业将所有行动者征召进国际产能合作网络中来。

(二)动员

当制造业国际产能合作网络逐渐成形,核心行动者企业赋予其他行动者任务,被征召进网络的主要行动者按照任务安排与部署,发挥各自效能,朝着统一强制通行点方向努力,行动者网络不断演化产生新的同盟。制造业国际产能合作的核心行动者企业通过利益赋予和征召,将政府、政策、其他类型企业、高校、科研院所、创新技术镶嵌在网络中,所有行动者均从核心行动者处领取了各自应承担的任务。本国政府负责制定核心行动者需要的政策,同时负责与东道国政府建立国际合作机制。其他类型的企业根据各自从事的工作,为核心企业提供配套服务。高校和科研院所为企业提供人力资源和智力支撑。创新系统融入核心企业各个环节,成为其运转灵魂,保障企业可持续发展。总之,主要行动者根据核心行动者的动员,充分发挥各自效能,驱动国际产能合作网络持续健康运转。

五、异议

异议的出现是由于转译机制失败或是出现断裂,使主要行动者背离核心行动者树立的强制通行点,间接让行动者网络瓦解。正如前文所述,主要行动者在完成核心行动者安排的任务时,有其自身利益实现的需要,也存在自身矛盾点或是困难点。例如:在制造业国际产能合作建设探索期,国有企业根据核心行动者的政府的安排开展国际产能合作,由于项目盈利不确定性和东道国政治风险较大等原因,可能会存在利益受损局面。特别是制造业企业又是一个前期需要大量资金投入,同时面临收益不确定性较强的行业企业,该类型企业尤其需要政府提供产业扶持和资金融资担保机制。倘若政府没有给予足够补偿及保障措施,企业开展国际产能合作的积极性和信心将会严重受挫。显而易见,此时的企业盈利与政府目标就是矛盾点,企业在开展国际产能合作过程中必定困难重重。在此背景下的异议,如果没有得到核心行动者政府的解决,抑或是企业由于自身发展及营利性的需要,主动选择退出政府构建的国际产能合作网络,那么该国际产能合作网络就会破裂。

然而,异议也是催生新的网络形成的动力来源。行动者网络始终处于动态变化过程中,驱使行动者网络运转的是所有行动者为了通过强制通行点而采取的各种行为,而强制通行点由核心行动者确认。正如上文所述,当行动者产生的矛盾无法解决,强制通行点不能得到主要行动者认可时,该网络就失去继续运转的动力和存在下去的意义,那么原有的行动者将会分散,重新根据共同的目标集结成新的行动者网络。从这个角度理解,异议可以是新网络形成的驱动力量。在上段举例分析中,原有制造业国际产能合作网络由于政府的不配合和不作为,造成企业与政府产生异议,异议没有得到妥善解决,最终导致网络破裂。政府在网络破裂后,意识到自身存在的问题,积极调整制造业国际产能合作的施政方针,全身心投入对制造业企业的服务工作中。政府重新设立新的国际产能合作强制通行点,通过利益赋予和征召的方式,招募新的行动者加入网络中,至此由异议推动产生的新国际产能合作网络得以结成。

综上所述,推进制造业国际产能合作动力机制的形成与设置是一个不断动态变化及调整的过程。动力机制的主要推动者是国际产能合作网络中的核心行动者,核心行动者通过设置强制通行点(制造业国际产能合作网络中所有行动者的共同目标,也是推进网络运行的驱动力),以利益赋予的方式征召和动员其他行动者集结在制造业国际产能合作网络中,以此推进制造业国际产能合作网络运转。而在推进运转过程中,由于国际产能合作网络中的核心行动者决策失误或是与其他行动者产生利益冲突矛盾没有得到妥善解决,那么由此产生的制造业国际产能合作网络异议将会导致原有网络瓦解。与此同时,新的制造业国际产能合作网络将会在新的核心行动者设置的强制通行点下重新集结,按照"问题呈现—利益赋予—征召—动员—异议"五个环节的转译过程重新推进国际产能合作网络的可持续运转。以上程序即是制造业国际产能合作的动力机制形成与设置的过程。

第三节 动力机制作用效果分析

第五章利用 BCC-超效率 DEA 产出导向模型对中国制造业国际产能合作商业模式的运行效率进行了测算与评估,从投入—产出角度分析了影响中国同世界主要国家开展制造业国际产能合作的各类因素。然而,数据包络分析方法只是相对性的效率评估,而非绝对性的效率评价。因此,为了更加全面而深入地验证中国制造业国际产能合作的动力机制对国际产能合作运行效率提升的作用效果,本节将采用 Tobit 模型对动力机制的核心要素与制造业国际产能合作的综合技术效率的相关性展开实证研究。

一、Tobit 模型简介

1958 年詹姆斯·托宾对广义线性 Probit 模型进行了拓展,得到因变量受到约束限制的一种模型,后人称之为 Tobit 模型。该模型擅长解决因变量处于切割或隔断状态下的部分离散和部分连续型的数据。由于这类数据无法用普通最小二乘法(OLS)进行回归分析,而 Tobit 模型所使用的极大似然法就能很好地进行系数回归,因此 Tobit 模型成为解决这类数据的最佳办法。该模型主要由两个部分组成,一部分是选择的方程模型受到一定条件限制;另一部分是数据连续状态的方程模型必须满足设定的约束条件。

Tobit 回归模型为:

$$Y_{it} = \begin{cases} \beta'X_{it} + u_i + \varepsilon_i & if\ Y_{it} > 0,\ \forall\ it \\ 0 & if\ Y_{it} \leqslant 0,\ \forall\ it \end{cases} \quad (式 6-1)$$

其中,Y_{it} 代表因变量,X_{it} 代表自变量,β 代表自变量估计系数,u_i 和 ε_i 分别代表特定效果和误差项的变异系数,$Y_{it} > 0$ 为右截面观测值,$Y_{it} \leqslant 0$ 为非截面观测值。

其次,因变量的概率密度函数为:

$$Pr(Y_{it} \mid X_{it}) = \int_{-\infty}^{\infty} \frac{e^{\frac{-u_i^2}{2\sigma_u^2}}}{\sqrt{2\pi}} \left\{ \prod_{t=1}^{T} F(\beta'X_{it} + u_i) \right\} du_i \quad (式 6-2)$$

其中,

$$F(\beta'X_{it} + u_i) = \begin{cases} \dfrac{1}{\sqrt{2\pi}\sigma_u} e^{\frac{-(Y_{it} - \beta'X_{it} - u_i)^2}{2\sigma_\varepsilon^2}} & if\ Y_{it} > 0 \\ 1 - \phi\left(\dfrac{Y_{it} - \beta'X_{it} - u_i}{\sigma_\varepsilon}\right) & if\ Y_{it} \leqslant 0 \end{cases} \quad (式 6-3)$$

根据以上公式,求得似然函数:

$$L = \sum_{i=1}^{n} w_i \log\{Pr(Y_{it} \mid X_{it})\}$$

$$\approx \sum_{i=1}^{n} w_i \log\left\{ \frac{1}{\sqrt{\pi}} \sum_{m=1}^{M} w_m^* \prod_{t=1}^{T} F\left(\beta'X_{it} + \sqrt{\frac{2\rho}{1-\rho}}\ a_m^*\right) \right\} \quad (式 6-4)$$

其中,w_m^* 为四维权数,a_m^* 为四维横坐标,ρ,w_i 为第 i 个国家面板数据权数,最后对式(6-4)进行极大化。

二、变量选取

根据本章第二节分析,推进中国制造业国际产能合作的动力机制的核心行动者是企业,主要行动者是政府政策和创新体系,而"转译"过程是以企业为代表的核心行动者和以政府政策以及创新体系为代表的主要行动者,围绕强制通行点展开的推进活动。因此,动力机制的运行将取决于以上核心行动者与主要行动者之间的相互配合与协调程度,而运行效果将体现在动力机制是否能提升制造业国际产能合作的运行效率。结合第五章测算结果与本章国际产能合作的动力机制设置内容,以及基于指标的可衡量性特点,本节选取经济对外开放度、政府政策影响力、技术创新能力、制造业企业生产制造能力和交通运输能力五个指标作为推进制造业国际产能合作的动力机制作用效果的考查指标。

1. 经济对外开放度。该指标作为考察推进制造业国际产能合作动力机制的作用效果的环境指标。随着世界经济一体化趋势的不断加强,凭借着国际贸易和跨国投资,产业呈现全球化布局特点,产业内贸易和产业间贸易形式并存。生产要素除了土地以外,资金、人才、技术要素都可以跨国界移动。高度运转的信息流、资金流和人才流凭借着国际贸易和跨国投资,完成了资源全球化配置。国家间的竞争不仅体现在产业竞争领域,也同时比拼是否拥有高度开放的经济发展环境。经济开放度的主要体现是市场开放程度,在国际经济合作领域,即指对外贸易活跃度及其吸纳外商投资资金能力的程度。本节选取的经济对外开放度代理变量,一个是商品贸易占 GDP 比重,另一个是外商直接投资净流入占 GDP 比重。商品进出口贸易是最基本的国际经济合作方式,反映一国对外贸易进口和出口的能力,商品贸易占 GDP 比重越高,说明该国外向型经济越明显,对国际市场依赖程度越高。外商直接投资净流入反映的是一国吸引外国投资量的多少,外商直接投资净流入占 GDP 比重较高,说明该国拥有较多外国资本,也意味着外国资本对本国经济影响力较大。那么对外开放度越高,是否越能促进动力机制对制造业国际产能合作运行效率的提升产生积极推进作用,这一问题有待考察。

2. 政府政策影响力。该指标是推进制造业国际产能合作动力机制的主要行动者的考查指标。政府是国际产能合作行为的指导者和管理者,政府出台的各项法律法规成为"硬约束",指导并规范国际产能合作的各类行为。一国政府是否对开放型经济保持积极态度,体现之一就是设置较少或者水平较低的关税及非关税贸易壁垒;倘若一国需要维护本国市场利益,扶持相关幼稚产业发展,则会出台各类出口补贴,甚至限制同类型国外产品进口。然而,也有一些国家政府秉持开放态度,较少干预对外贸易和对外投资行为,取消各类进口管制措施,设置较低关税甚至零关税,吸引世界各国商品、物流、人员和技术到本国交流,例如世界著名的自由贸易港香港、新加坡和迪拜。当然,这种开放型政府,并不是完全放任不管,而是设立管理的底线思维,政府的政策影响力也同样重要。政府政策的影响力很难用具体指标进行衡量,但可以肯定一点,如果政府用于购买货物和服务的资金越多,其所占的经常性支出就越大,就越能反映政府在管理和服务社会方面投入越多力量,投入多的结果就是政府政策的影响力在不断加强。当然这种影响力产生的结果到底是积极还是消极则有待考察。因此,本书选取政府消费支出占 GDP 的比重,作为衡量政府政策对制造业国际产能合作运行效率提升影响力的变量。

3. 技术创新能力。该指标是推进制造业国际产能合作动力机制的主要行动者的考查指标。熊彼特提出的创新理论,把创新作为生产要素的一种,归为驱动一国经济发展的动力来源之一;波特提出的国家竞争优势理论,同样认为未来国家间的竞争将是一国创新能力水平的比拼;索罗提出的索罗增长模型,罗默提出的内生增长模型,都论证了技术进步可以带来一国经济的持续性增长。现代产品的国际化竞争越来越多体现在核心技术的拥有量方面。以往中国在制造业对外贸易领域,采用的合作方式多为来料加工、来样加工或者是其他代工式生产。中国除了拥有低廉的劳动力和易于获取的自然资源要素以外,很少甚至没有自己的核心生产技术。随着中国经济进入新时代,受到供给侧结构性改革的压力,倒逼这类低端制造业必须转型升级,过往的粗放型生产模式必遭淘汰。从技术创新能力角度考查,国家的创新能力体现在教育、企业和技术层面,拥有受过高等教育的人数,研发资金投入占 GDP 比重,科技型独角兽企业在上市公司所占比例等都是衡量国家创新能力的指标。特别是企业的创新能力体现在创新技术、创新产品和持续性发明创造的能力层面,拥有自主知识产权是企业竞争力的核心,而非居民专利申请量可以代表企业拥有自主知识产权的能力。那么在制造业国际产能合作领域,技术创新是否对制造业国际产能合作运行效率提升起到积极促进作用,这一问题有待考察。因此,动力机制对中国制造业国际产能合作运行效率提升的技术创新能力影响变量,本书采用的是非居民专利申请量指标。

4. 制造业企业生产制造能力。该指标是推进制造业国际产能合作动力机制的核心行动者——企业的考查指标。制造业产品按照科技含量和附加值来划分,分为低端、中端和高端。低端制造品包括只需简单生产加工的各种制成品,例如纺织化工和矿产资源加工品等;中端制造品需要一定生产要素进行生产,是社会和家庭消费的主要供给品,包括汽车、家电和机械设备等;高端制造品拥有大量核心关键性技术,只能在少数国家生产制造,例如航空航天、生物医药、电子通信和科学仪器等。而高端制造品代表一国在制造业领域拥有的先进技术创新能力和强大的生产制造能力,也代表拥有的完备产业链供应体系和产业链整体竞争能力。从以数理化为代表的基础性研究到以航空航天、生物医疗、5G通信技术的核心技术研发,科技成果转化成为科学技术与社会经济结合的重要节点。低端制造业对外贸易的特点是出口大量低端最终产品,而高端制造业对外贸易的特点是出口大量单位价值高、科技含量高、具备不可替代性的中间产品。显而易见,高端制造业产品代表一国制造业企业生产制造能力,高端制造业产品出口更代表一国制造业企业的国际竞争能力。制造业企业生产制造能力体现的成果是所创造出的制造业产品的产值和增加值,制造业增加值指标在第四章已经做出过解释,此处不再赘述。那么制造业企业生产制造能力的提升,是否一定能提高国际产能合作的运行效率,这一问题有待考察。所以,本书选取高科技产品出口额和制造业增加值两个指标,作为衡量动力机制对中国制造业国际产能合作运行效率提升的制造能力的代表变量。

5. 交通运输能力。该指标是推进制造业国际产能合作动力机制的作用效果的主要行动者——其他类型企业的考查指标。交通运输是国际贸易开展的基础性条件,同时国际贸易促进交通运输快速发展。一国良好的交通运输网络是货物流通、人员流动和国际贸易顺利运转的重要保障,反过来,要想通过对外贸易创造更大经济效应,各国政府就必须加大对交通运输建设的投入力度。从国际贸易运输方式上来看,铁路运输、公路运输和海运承担了主要的国际货物运输量,而航空运输和管道运输等方式,在特定产品的运输领域拥有一定优势。从承担国际货运数量角度考查,海运无疑是国际贸易运输方式的主力军,世界75%以上的商品贸易是由海运完成的。国际产能合作的基本模式之一就是对外贸易,交通运输类企业作为制造业国际产能合作网络中的企业行动者之一,通过制造业企业核心行动者发起的"转译"行为,镶嵌进国际产能合作网络中。以交通运输类企业为代表的主要行动者企业是否对动力机制发挥效能起到影响作用,通过检验交通运输能力的提高,对于制造业国际产能合作运行效率提升的作用机制,可以回答该问题。因此,对于受动力机制对制造业国际产能合作运行效率提升作用效果影响的交通运输代理变量,本书选取班轮运输指数。

三、建立模型

1. 建立回归模型。第五章对中国制造业国际产能合作运行综合效率的评价分为两部分,第一部分侧重评测制造业对外贸易效率,第二部分重点评估了中国对世界主要国家制造业国际合作的效率。根据国际产能合作运行特点,本节将对第二部分效率值进行影响因素回归分析。BCC模型测算的综合技术效率值存在有效性为1的现象,因此选取超效率值为被解释变量,对各变量面板数据做受限回归分析。回归方程设立如下:

$$Y = \beta_0 + \beta_1 X_1 + \beta_2 X_2 + \beta_3 X_3 + \beta_4 X_4 + \beta_5 X_5 + \beta_6 X_6 + \beta_7 X_6 + \varepsilon$$

(式6-5)

其中,Y为超效率值,β_0为常数项,ε为残差项。

2. 各影响因素的变量名称、变量意义及数据来源见表6-1。

表6-1 Tobit模型影响因素变量说明

变量类型	变量名称	变量意义	数据来源
被解释变量	Y:超效率DEA值	综合效率	世界银行
解释变量	X_1:商品贸易额占GDP比重	经济对外开放度	世界银行
	X_2:外国直接投资净流入占GDP比重	经济对外开放度	世界银行
	X_3:政府消费支出占GDP比重	政府政策影响力	世界银行
	X_4:非居民专利申请量	技术创新能力	世界银行
	X_5:高科技产品出口额	制造业生产制造能力	世界银行
	X_6:制造业增加值	制造业生产制造能力	世界银行
	X_7:班轮运输指数	交通运输能力	世界银行

第五章对超效率值的测算选取了53个世界主要国家,由于世界银行数据库中,个别国家在非居民专利申请量、高科技产品出口额和班轮运输指数的统计方面存在数据缺失。经过筛选,本书最终确定36个国家参与实证研究分析。数据选取周期与第五章相同,为2008年至2017年共计十年数据。

3. 数据相关性分析。首先对数据进行皮尔逊(Pearson)相关系数分析,从分析结果(表6-2)可以看出,所有相关系数的绝对值都在0.8以下,说明不存在强相关性,不存在严重的多重共线性,可以进行回归分析。

表 6-2 影响因素变量的相关性

变量	X_1	X_2	X_3	X_4	X_5	X_6	X_7
X_1	1	-0.412**	-0.048	0.414**	-0.328**	0.089	-0.132*
X_2	-0.412**	1	0.112*	-0.337**	0.746**	0.693**	0.719**
X_3	-0.048	0.112*	1	0.019	-0.055	0.153**	0.060
X_4	0.414**	-0.337**	0.019	1	-0.252**	-0.023	-0.060
X_5	-0.328**	0.746**	-0.055	-0.252**	1	0.620**	0.684**
X_6	0.089	0.693**	0.153**	-0.023	0.620**	1	0.654**
X_7	-0.132*	0.719**	0.060	-0.060	0.684**	0.654**	1

注：** 表示在 0.01 级别（双尾），相关性显著。
* 表示在 0.05 级别（双尾），相关性显著。

四、实证结果及动力机制的作用效果分析

本书使用 Eviews9.0 软件对公式 6-5 进行 Tobit 回归分析。为了消除异方差性，对原始数据取对数。结果如表 6-3 所示：

表 6-3 影响因素 Tobit 模型实证结果

变量	回归系数	标准误差	Z 值	P 值
商品贸易额占 GDP 比重	-0.279 3***	0.043 8	-6.382 5	0.000 0
外国直接投资净流入占 GDP 比重	-0.033 3*	0.019 3	-1.723 8	0.084 7
政府消费支出占 GDP 比重	0.123 3**	0.054 0	2.283 1	0.022 4
非居民专利申请量	0.055 7***	0.012 6	4.427 3	0.000 0
高科技产品出口额	0.077 7***	0.011 6	6.679 7	0.000 0
制造业增加值	0.025 9	0.027 1	2.954 7	0.000 7
班轮运输指数	0.127 6***	0.032 2	3.964 7	0.000 1
常数项	1.432 1***	0.578 7	2.474 6	0.013 3

注：*、**、*** 分别表示 10%、5%、1% 水平上的显著性。

1. 经济对外开放度对推进制造业国际产能合作的运行效率提升有副作用。从实证结果看，代表对外开放度的两个变量：商品贸易额占 GDP 比重和

外商直接投资净流入占GDP比重,与制造业国际产能合作运行效率的超效率值均显著负相关。说明对外开放水平的提高,并没有带来制造业国际产能合作运行效率水平的提升,反倒制约了效率值的增长。"一带一路"沿线中的许多国家经济欠发达,第五章对这些国家制造业国际经济合作的综合技术效率值测算已经反映出,有相当一部分国家制造业对外贸易效率水平并不高,这就说明这些国家制造业对外贸易活动不够活跃。出口量不多,反映出本国制造业产品的国际竞争力不高;进口量也较少,反映出本国市场制造业产品需求疲软。在本已饱和的制造业国内市场,如果本国政府不采取产业保护措施,那么大量优质国外进口制造业产品会涌进国内市场,抢占本国厂商所拥有的市场份额,长此以往,本国制造业将会遭受沉重打击。同理,如果不断提升对外开放度,外国资本大量涌入国内市场,在国际资本逐利性的诱导下,本国产业发展会出现失衡状态,利润增长幅度较快的制造业会优先得到扶持,本国制造业有可能被大量外国资本长期把控,对一国产业安全带来巨大威胁。因此,经济对外开放度,对制造业国际产能合作的运行效率提升并没有起到促进作用。

2. 政府政策对推进制造业国际产能合作运行效率提升有积极作用。从实证结果看,代表政府政策影响力的政府消费支出占GDP比重变量,与制造业国际产能合作运行效率的超效率值显著正相关。政府对一国对外贸易和对外投资行为起到了管理和规范作用,良好运转的政府系统是一国开展国际产能合作的基本保障。国际产能合作对世界主要合作国家而言都是新鲜事物,如何合作,合作哪些项目,如何保障合作项目顺利开展,这些都需要本国和东道国政府进行说明和管控,所以政府对制造业国际产能合作开展起到了保驾护航的作用。政府发布的相关鼓励政策,有利于本国企业积极投身国际产能合作项目建设中去;发布的相关保障政策,有利于合作各方企业在国际产能合作项目建设中免除后顾之忧,大力开拓海外市场;发布的相关监督管理政策,有利于本国企业规范自己的投资行为,主动融入东道国市场,与东道国企业营造共赢局面。因此,政府政策对制造业国际产能合作运行效率的提升有积极促进作用。

3. 技术创新能力的提高对推进制造业国际产能合作运行效率提升作用明显。从实证结果看,代表技术创新能力的非居民专利申请量变量,与制造业国际产能合作运行效率的超效率值显著正相关。实践经验证明,提高技术创新能力,对制造业生产效率的提升作用是显著的①。制造业生产效率的提高,有助于产品国际竞争力的提升,从而带动产品大量出口,也促进制造业企业积极开拓海外市场,在具备一定条件下,进行对外直接投资。因此,技术创新水平的提高,对制造业国际产能合作运行效率提升有显著促进作用,所以,只有加强合作各方创新能力的开放合作,才能增强国际产能合作的新动力。

4. 制造业企业生产制造能力对推进制造业国际产能合作运行效率提升有显著正向影响作用。从实证结果看,代表制造业生产制造能力的高科技产品出口额和制造业增加值变量,与制造业国际产能合作运行效率的超效率值显著正相关。从实验室中的创新技术到国际市场中售卖的商品,中介效应的执行者是技术成果转化,转化过程的核心环节是如何把技术落地,变成实物产品。在此过程中,厂商的生产制造能力就起到了决定性作用。拥有强大生产制造能力的厂商,凭借高效率的生产方式,为国内外市场提供大量且优质的制造业产品。在本国市场份额饱和情况下,这些产品会快速流向国际市场,抢占东道国市场份额。事实上,创新技术与厂商生产制造能力起到了相互促进的作用。大量创新技术投入到生产中,提高了厂商生产效率,生产出的核心技术产品被快速推向国际市场,创造出的利润又反哺厂商不断进行技术研发,以此形成良性循环。因此,在国际产能合作中,提升制造业企业的生产制造能力,对制造业国际产能合作运行效率的提升有积极促进作用。

5. 以交通运输能力为代表的基础设施互联互通对推进制造业国际产能合作运行效率提升有显著正向影响作用。从实证结果看,代表交通运输能力的班轮运输指数变量,与制造业国际产能合作运行效率的超效率值显著正相关。多项研究成果表明,以交通和通信设施为代表的基础设施建设水平,对"一带一路"国家开展国际贸易有一定正向促进作用②③。基础设施互联互通是"一带一路"建设的重要环节之一,是保证各国互通有无的基础性条件。交通运输作为现代经济社会发展的基础性条件,通过打通各国陆路、海运和航空路线,实现两国甚至多国间物流、人流、信息流和资金流的跨国转移。良好的交通运输条件提高了贸易便利性,降低了对外投资成本,促进了国际产能合作运行效率的提升。

---

① 张启龙.以高质量为目标的制造业企业创新对生产率提升的影响[J].调研世界,2019(7):1-6.
② 张鹏飞.基础设施建设对"一带一路"亚洲国家双边贸易影响研究:基于引力模型扩展的分析[J].世界经济研究,2018(6):70-82,136.
③ 胡再勇,付韶军,张璐超."一带一路"沿线国家基础设施的国际贸易效应研究[J].数量经济技术经济研究,2019,36(2):24-44.

6. 动力机制的作用效果分析总结。从实证研究结果看,选取的五个自变量指标中,有四个自变量指标与因变量指标都存在明显正相关,说明政府政策、制造业企业生产制造能力、技术创新能力和交通运输能力均对制造业国际产能合作运行效率的提升有显著促进作用。

正如前文所述,推进制造业国际产能合作的动力机制的核心行动者是企业,主要行动者是政府政策、创新系统和其他类型企业。通过 Tobit-超效率 DEA 模型的实证研究,验证了国际产能合作网络中的核心行动者和主要行动者构成的动力机制,对制造业国际产能合作运行效率的提升有明显促进作用,论证了本文设计的动力机制对中国开展制造业国际产能合作会有积极的推进作用。

第四节 本章小结

本章引入了行动者网络理论对制造业国际产能合作的动力机制展开分析及设置,并利用 Tobit 模型对动力机制的作用效果进行实证检验。

首先,本章第一节从理论源起和理论应用方面对行动者网络理论(ANT)展开介绍。ANT 最大优势是对所有参与网络行动的人类行动者和非人类行动者平等对待,并纳入统一研究框架。ANT 分析框架克服以往动力机制的"静态化"研究范式,从网络化和动态化角度进行探究。

其次,本章第二节利用行动者网络理论,对推进制造业国际产能合作的动力机制展开分析及设置。从确认国际产能合作网络行动者着手,重点对网络转译环节进行研判。根据制造业国际产能合作现状,本书确定制造业国际产能合作网络核心行动者是企业,主要行动者是政府政策和创新系统,强制通行点是核心行动者提出的共同问题,企业通过利益赋予的方式明确政府政策和创新系统的角色定位与相互关系,借由征召方式,指派或引导主要行动者承担各自任务,再通过动员方式,号召政府政策和创新系统充分发挥主观能动性从而提高效能,为制造业国际产能合作网络提供服务,当核心行动者与主要行动者产生异议,异议处理不好就会导致原有网络破裂,从而组成新的制造业国际产能合作网络。国际产能合作网络的转译过程,即是动力机制的形成及设置过程。

再次,本章第三节对推进中国制造业国际产能合作的动力机制的作用效果进行验证。利用 Tobit-超效率 DEA 模型,选取动力机制的主要指标,借助

Eviews9.0软件对设立的模型进行实证检验。研究结论认为,政府政策、制造业企业生产制造能力、技术创新和基础设施水平(以交通运输能力为代表)对制造业国际产能合作运行效率有明显的提升作用。实证结果证明了本章设计的动力机制对推进制造业国际产能合作有明显的促进作用。

第七章 推进中国制造业国际产能合作的协调机制

制造业国际产能合作的实质是与合作国家开展制造业跨国合作,构建区域产业链,以此加强合作国家间的区域经济融合。因此,协调机制的构建首先要在区域经济一体化框架下展开,特别是促进"一带一路"沿线国家区域经济融合及制造业产业发展。本章构建的协调机制将以国际机制理论思想为指导,从推进制造业国际产能合作协调机制必须遵循的原则、目标方向、规范、规则和决策程序五个层面展开,并对协调机制的作用效果进行实证检验。

第一节 区域经济一体化下的协调机制

协调机制的构建是为了加强合作双方的紧密联系与互动融合,为合作双方的经济发展和产业发展带来积极推进作用。加强区域经济一体化符合当前世界经济发展趋势,由其产生的经济效应是协调机制作用的目标,因此,以"一带一路"建设为合作方向的制造业国际产能合作的协调机制,要在区域经济一体化框架下展开设计。

一、区域经济一体化的经济效应分析

区域经济一体化之后,将采取区域内实行优惠关税措施,而区域外不适用的惯例。从区域经济一体化角度看,除了区域内各成员国产生贸易创造与贸易转移这两种静态效果外,还可对区域内企业的研发、投资与技术进步产生动态

效果。

1. 静态效果(static effects)。指区域经济一体化的成员国之间因为贸易壁垒完全消除,并经由价格机制影响资源配置及移动的效果。其中资源配置是否适当,取决于贸易创造效果与贸易转移效果的大小。若成员国之间因为贸易壁垒消除造成贸易创造效果大于贸易转移效果,则所有该区域的成员国的福利将会因整合而增加,反之亦然。

(1) 贸易创造效果(trade creation effect)。指区域经济一体化的成员国之间贸易壁垒消除,促使区域内贸易额增加。签署区域贸易协定的成员国税率要低于WTO规定的范围,区域内的消费者通过进口获得更为便宜的产品和服务。因市场规模的扩大和产量增加,而产生了规模经济效应,使得生产者生产的产品价格更为低廉。物美价廉的商品有助于成员国间贸易量的扩大,进而刺激消费者市场的扩张,从而不断创造彼此间的贸易量,最后提高了各成员国社会福利效应。

贸易创造的效果是否明显,取决于签订区域贸易协定的成员国彼此间的贸易量的大小。倘若签署区域贸易协定之前,两国贸易往来不频繁,或者彼此进出口额不大,那么在签署贸易协定之后,贸易壁垒削减,彼此间商品贸易额迅速增长,则贸易创造效果明显。假如在签订区域贸易协定之前,两国已经保持较为频繁的贸易往来,则在签署协定之后,贸易创造效果往往不会很明显。

(2) 贸易转移效果(trade diversion effect)。指区域内的成员国因为对第三国采取差别待遇,使得成员国中成本较高的产品取代了非成员国成本较低的产品,导致额外成本负担与消费者剩余损失的效果。区域自由贸易协定所规定的自由贸易往来仅限于洽签协定的区域内成员。虽然WTO规定区域贸易协定不能对非成员国设立各种贸易壁垒,但区域成员间采取更为优惠的关税与非关税贸易措施,无形中对区域外成员形成一道贸易屏障,非成员国商品进口到区域内,相对于区域内成员国的商品,将会被征收较高关税,因此会丧失区域内市场的竞争力。而区域内市场的消费者对相同商品的采购将会转向区域内其他经济体,进而形成贸易转移效果。

(3) 经济规模(economy scale)。经济规模在区域经济一体化中扮演关键因素。签署自由贸易协定所带来的巨额经济利益,大都是由区域经济一体化衍生经济规模扩大所致。在国际贸易中,单一国家或群体国家通过扩大贸易规模所创造的经济效应,大多数情况是因为其采取了特殊的政策,例如在某一特定时段鼓励某种商品出口,政府会给予出口补贴或者减免出口关税等措施。不过自由贸易区的经济规模有时会产生负面效果。经济规模扩大增加区内成员国的共同利益,却产生了贸易保护主义,减少对区外其他国家商品的采购,限制区外商品进口,造成全球市场缩减。

(4) 贸易条件效果(trade condition effect)。是指一国出口商品和进口商品的比例关系,计算公式为出口商品价格指数与进口商品价格指数之比。如果计算结果大于100,则说明该国在同量商品条件下,出口价格高于进口价格,表明出口创造的利润要高于进口,意味着该国贸易条件得到改善。如果计算结果小于100,则说明出口同量商品创造的利润要低于进口同量商品,该国贸易条件发生恶化。由于签署区域自由贸易协定,区域内关税水平较低甚至为零,受到贸易扩大效应的影响,成员国间会增加彼此贸易往来,成员国的贸易条件得到改善,消费者购买到价格低廉的商品,社会福利效应增加。对于区域外的其他国家而言,由于受到贸易壁垒的影响,出口到区域内的商品减少,贸易条件发生恶化,区域外的国家社会福利效应减少。

2. 动态效果(dynamic effect)。指区域经济一体化的成员国经由区域分工,生产达到规模经济,使生产力提升,产业结构改善,并且实现经济增长。动态效果包括:(1) 成员国因为竞争力提高,变得更为专业化,从而提高资源使用效率;(2) 市场扩大而使风险降低,进而提高投资效果;(3) 因为资源使用效率的提升而降低了失业率。

签署自由贸易协定的成员国所产生的动态效果,会直接传导到企业,企业由于生产效率的提高,会生产出更多质优价廉的商品,从而扩大出口,赚取利润,为社会创造更多就业,从而显著增加社会经济总量,实现区域内各国经济增长。相反,对于区域外的国家而言,由于商品出口受限,出口利润的下降会使企业缩减生产规模,从而减少对劳动力和各类资源的使用,造成社会总需求减少,导致该国经济总量下滑。

综上所述,由于区域经济一体化产生的经济效应,无论是该区域内国家或是非区域内国家都会遭受诸多影响,亦即造成不同的贸易创造与贸易转移效果,尤其对区域内成员国影响尤甚。各种效果大小不同,所造成的影响程度也不尽相同,而区域经济一体化是否会提升世界福利水平,也会随着区域内外国家福利水平的变化而发生改变。

二、区域经济一体化与"一带一路"倡议

全球经济体系的建立基于各类区域经济一体化,区域经济一体化是全球经济整合的重要分支,两者相互促进,相辅相成。"一带一路"倡议是中国在区域经济一体化和经济全球化新形势下,提出的跨区域经济合作新模式,是一种非传统形式的跨境区域整合模式,合政治经济与内政外交为一体,兼顾国际、国内两方面战略要求,也兼顾政治、经济、安全乃至文化利益的均衡发展。传统的区域整合理论是一种分阶段的整合模式,由最低层次的两国间相互降低关税,分阶段进行整合,直到成为类似于欧盟模式发行共同货币的最高层次整合。中国除了与"一带一路"沿线国家在推进贸易、产业、投资、能源资源、金融及生态环保等各方面达成多层次的合作外,在政治、文化、安全、反恐等领域的合作上也有许多实施项目,以此深化与沿线国家之间的区域合作。此外"一带一路"倡议也是跨区域整合的构想,规划亚欧共同发展的新路径。

1."一带一路"国际合作区域范围。"一带"的范围自古丝绸之路起始点西安向西拓展,通过中亚,直达中东和欧洲。从地理区域角度规划了三条陆上通道。第一条贯通中亚及俄罗斯,连接欧洲;第二条由中亚经波斯湾联通地中海;第三条经由中巴经济走廊连接印度洋路上通道。"一路"的范围是沿着海上丝绸之路,重点路线是两条。第一条从中国沿海港口出发经过南海通向印度洋,延伸至非洲和欧洲;第二条同样从中国沿海港口出发经过南海,但通往南太平洋。随着南线的加入,海上丝绸之路将贯通印度洋与南太平洋经济动脉,有助于中国加入"海洋强国"之列。

2."一带一路"倡议强调秉持"共商、共建和共享的原则",与周边国家共同打造"开放、包容、均衡、普惠"的区域经济合作框架,建立"政治互信、经济融合、文化包容"的利益共同体。沿线涵盖中亚、东南亚、中东、非洲及欧洲多国,沿线国家资源禀赋各异,经济互补性强。"一带一路"倡议以经贸合作为主,但不局限于经济领域。在"一带一路"倡议中,经贸投资部分是合作共建的主要内容,例如中国将大量投资沿线基础设施建设、能源资源开发、工业园区建设和贸易便利化等,这些均属于经济贸易领域的建设。但"一带一路"倡议并不单纯是经济领域的共建和合作,"一带一路"所达到的预期目标是实现"政策沟通、设施联通、贸易畅通、资金融通、民心相通"多层次的整合。其中"政策沟通和民心相通"是"一带一路"的重要内容,以求在不同种族、语言、人文、国情和宗教信仰多样化的"一带

一路"沿线,达成人文、科技和政策等高层次的整合。

3. "一带一路"倡议通过修建公路、铁路、港口等基础设施,形成联结亚、欧、非区域的基础设施网络。互联互通网络包括能源、通信和运输网络,将使沿线各国贸易往来更加便利,并进一步建立双边或区域性自由贸易区,以及广泛的金融整合。在与沿线国家的大通道建设过程中,架设路上和海上基础设施的互联互通,能源和矿产资源合作,铺设油气管道等。通过与沿线国家发展战略的对接,让开放、合作成为各国共识,减少贸易保护,消除贸易壁垒,促使货物与服务贸易自由流动。借由中国主导建设的亚投行、丝路基金、金砖国家开发银行等作为融资平台和区域金融平台。积极拓展人力资源开发、旅游、农业、公共卫生、环保等领域,进行跨领域、多层次的整合。

总而言之,"一带一路"倡议作为一种"非典型"的区域经济一体化方式,整个倡议和规划目标都围绕"五通"(政策沟通、设施联通、贸易畅通、资金融通、民心相通),通过与区域国家共同商议地区发展愿景,建设便利的交通渠道,以亚投行、丝路基金等作为建设资金来源,达成货物流、资金流和人流的区域整合模式。中国提出的国际产能合作在"一带一路"倡议背景下展开,将会有力促进"一带一路"沿线国家区域经济融合和产业发展,而"一带一路"也为中国推进制造业国际产能合作提供广阔市场空间。并且借助"一带一路"搭建的国际合作平台与国际合作机制,国际产能合作能在"一带一路"国际合作框架下展开工作,将会事半功倍。

三、区域经济一体化下的协调机制设计要求

1. 以促进区域经济一体化为设计目标。世界各国参与区域经济一体化组织的目的是借助这一平台促进本国融入区域经济一体化发展过程中。承担不同国际分工任务的国家通过加入全球产业链,将本国企业镶嵌在产业生产链条中,形成"我中有你,你中有我"的局面。不同的产业链条集结在一起,构成跨国产业集群。通过产业集群的推动作用,世界各国又再次融合在一起。从产业链推动全球经济一体化的过程中,可以看出区域经济一体化也是众多产业链交织的结果。因此,国际协调机制的设计,要以促进成员国加强经济融合和产业关联为目标,以此推动区域经济一体化。

2. 以现有国际合作与协调机制为设计模板。WTO作为全球最大的经贸合作组织,在过去相当长一段时间内,为规范世界贸易行为,促进双边多边贸易活

动,拉动世界各国经济发展做出了特殊贡献。WTO的国际合作与协调机制为各成员国搭建合作平台,创造合作条件,已经成为各类国际合作机制设计的模板。然而,当前的WTO却呈现"老态龙钟"的形象,自2006年"多哈回合"谈判中止以来,由于各方利益难以调和,特别是自2008年世界金融危机的冲击,导致"逆全球化"现象潮流涌动,各国贸易摩擦频现,号召WTO改革其贸易规则的建议和呼声不断。但不可否认,WTO作为当今全球经济贸易最大的合作组织,其国际合作与协调机制依旧具有高度规范性和可操作性。因此,在制造业国际产能合作推进的协调机制的设计之初,要充分参考WTO的国际合作与协调机制。除了WTO以外,还可以借鉴的国际合作与协调机制有欧洲联盟、亚太经济合作组织、北美自由贸易协定等。

3. 必须符合区域经济发展现实。WTO被人诟病的最大问题之一就是没有"与时俱进",其规则设定与当今世界经济发展要求不符[1]。世界各国经济发展是动态变化的过程,新的贸易产品和新的贸易模式不断出现,而规范"新行为"的规则却没有相应修改或制定,导致贸易双方"无法可依",极容易造成贸易争端。特别是当今世界区域经济发展不平衡、不充分的地区依旧很多,不同区域之间进行经济整合会出现诸多新矛盾,这些矛盾也许短时间内可以解决,但是随着经济形势的变化,将会有更新更严重的问题涌现,这就要求国际合作与协调机制中,要设计动态调整机制。例如,区域经济合作组织成员当前在农业发展上存在劣势,2~3年内允许成员国对农产品进行出口补贴或设置进口贸易壁垒,但是某国随着农业工业化进程加快,农业生产效率迅速提升,其农产品具备一定国际竞争力,那么此时就不应该继续享受"农业补贴豁免权"。所以,国际协调机制的"退出机制"开始启动,要求该国停止继续为农产品出口进行补贴,这将为整个区域经济合作组织创造公平竞争的合作环境。

第二节 协调机制构建

在经济领域的国际合作中,产业合作是国家间合作的落脚点和联结点,制造业合作是产业合作领域中比较受"一带一路"沿线国家欢迎的选择项,通过制造

---

[1] 陆燕.G20峰会给打开WTO改革局面带来重要契机[N].中国经济时报,2018-12-03(005).

业国际产能合作可以有效帮助"一带一路"沿线国家快速推进工业化进程。基于文献综述中关于国际机制理论的内容介绍，本节将以"一带一路"建设为背景，对推进制造业国际产能合作的协调机制展开构建。

一、协调机制遵循的原则

推进"一带一路"建设的"五个原则"分别是：恪守联合国宪章的宗旨和原则、坚持开放合作原则、坚持和谐包容原则、坚持市场运作原则和坚持互利共赢原则。国际产能合作在"一带一路"倡议下展开，所秉持的核心思想与"一带一路"合作理念一致。

1. 坚持企业为主导的市场化运作方式。企业是推动制造业国际产能合作的主体，通过市场化运作方式，参与国际市场竞争。企业根据国际市场需求，结合自身产品特点，借助国际化运营模式，向"一带一路"沿线有市场需求的国家提供制造业产品和服务。在此过程中，无论国有企业还是民营企业、无论大型跨国公司还是中小企业，政府均秉持一视同仁的原则对待，政府起到沟通、协助、调节和保障作用。

2. 坚持可持续性发展原则。中国政府规划的国际产能合作项目，基本是以基础设施建设、能源化工、装备制造等产业为主，投资周期长，风险较大，存在投资收益不明确的问题。企业是制造业国际产能合作的主体，所有的制造业国际产能合作项目，都必须考虑企业是否可以实现预期收益。因此，在参与制造业国际产能合作项目上，企业要建立科学化的效益评估机制。中国政府首先应该在"一带一路"沿线国家选择具有投资潜力的地区和制造业产业进行引导，各类企业通盘考虑各类风险后，对具体项目进行效益评估，特别是长期收益性是否能得到保障，是否可以确保企业的可持续性发展。

3. 坚持先易后难，稳步推进原则。国际产能合作作为新型对外投资方式，国内外政府部门、企业经营者和学界对其认识不足，甚至存在偏差。倘若在没有理解清楚其真实含义、没有掌握其有效开拓方式之时，企业在政府鼓励下一拥而上，纷纷走出国门，开拓海外市场，会出现海外产能过剩的局面，也会因为对海外市场风险了解不足而遭受损失。国际市场的运营管理远比国内市场要复杂得多，切不可操之过急盲目出海。国内企业一定要在充分调研和评估东道国市场风险及效益之后，争取先与东道国企业寻求合作，秉持互利共赢的原则展开初步市场探索，先易后难，稳定行进。

二、协调机制的目标方向

国际产能合作的协调机制要以促进"一带一路"沿线国家贸易便利化和投资自由化、促进沿线国家经济发展为重点,在信息共享、人文交流、执法互助和边境安全等方面展开合作。在制造业国际产能具体合作过程中,协调重点会因合作对象、合作框架与合作时机不同而各有差异。

1. 双边合作目标方向。"一带一路"沿线有 60 多个国家,与众多国家同步开展深入合作是不现实的,中国需要有目标、有标准地进行筛选,优先选择与中国拥有良好经贸合作基础,产业互补性强,且有强烈合作意愿的国家。

(1) 以重要节点国家为核心。选择制造业国际产能合作的目标国,首要考虑"一带一路"沿线重要节点国家,并与之开展贸易便利化合作,建立国际产能合作示范区,利用辐射效应发展"一带一路"扩展区及辐射区国家。充分利用中俄、中哈及中蒙双边合作机制,进一步全方位拓展与俄罗斯、哈萨克斯坦和蒙古国的国际产能合作,并借此加强对中亚、西亚等国家开展制造业国际产能领域的务实合作。以互惠互利的项目合作方式,利用中欧班列等陆路交通基础设施,理顺中欧、中亚的合作通道,进而作为"一带一路"制造业国际产能合作的基础。

(2) 以次区域国家为先导。在制造业国际产能合作制度化设计方面,要区分区域和次区域合作国家,以推进不同层次的合作规划,形成网格化的制度安排。国务委员兼外交部部长王毅曾经指出,次区域国家是"一带一路"建设的天然伙伴,也是首要受益对象[①]。中国与周边国家开展制造业国际产能合作,次区域国家作为先导合作区可以"先行先试"。利用次区域国家与中国已达成合作框架协议,优先推进制造业国际产能合作项目在此地区落地。秉持先易后难的原则,在先前已开发项目和国际产业园区基础之上,拓展制造业合作门类,扩大制造业出口及对外投资份额。中国与次区域国家开展的制造业国际产能合作项目对区域经济合作起到示范带动作用。

(3) 以发展中国家为基础。"一带一路"沿线覆盖的国家以发展中国家为主,经济欠发达,基础设施水平落后,工业化程度较低。但正因为如此,"一带一路"沿线国家拥有强烈的工业化需求,人口众多,市场潜力巨大,是一片尚待开发的"新大陆"。制造业国际产能合作把中国优势产能与东道国市场需求相

---

① 外交部网站:https://www.fmprc.gov.cn/web/wjbzhd/t1547080.shtml。

结合,在满足东道国产业发展需求的同时,促进中国优势产能向海外转移,以制造业产业发展带动"一带一路"沿线发展中国家经济增长。"一带一路"沿线发展中国家是中国制造业国际产能合作的最大海外市场,双方合作将会实现互利共赢。

(4)以搭建区域合作框架为支撑。区域合作框架是一种"由点到面"的合作模式,中国在亚洲地区参与的区域合作组织中,合作成员国多数为"一带一路"沿线国家。中国参与的区域合作组织已在贸易便利化、海关合作、促进互联互通项目、共同维护边境安全等方面建立了合作机制,这些已有的国际合作机制可以作为建立制造业国际产能合作协调机制的基础。"一带一路"沿线国家与中国已加入的区域国际组织有:上海合作组织、中国—东盟、大湄公河次区域、中亚区域经济合作、孟中印缅经济走廊。

2. 多边合作的目标方向。借助国际多边合作架构的机制,形成一种"点到线"的合作模式。世界贸易组织、亚太经合组织(APEC)、亚欧会议(ASEM)等多边经贸合作机制,是中国宣传"一带一路"构想及核心理念、开拓制造业国际产能合作伙伴的绝佳舞台。首先,必须积极宣传"互利共赢"理念,推动中国在各多边区域合作组织中展开多边合作。其次,优先将基础设施"互联互通"建设作为与多边区域合作组织项目合作的落脚点。再次,推进各组织成员国在技术标准、行业标准、投资规范化和海关监管等标准建设方面展开合作。在"一带一路"框架下,对接区域内现有的合作机制与平台,将制造业国际产能合作由"倡议性"推向制度化与机制化。最后,在"一带一路"沿线与有关国家展开自由贸易协定谈判时,积极推进贸易便利化和投资自由化制度建设与程序透明等,以此作为制造业国际产能合作的基石。

三、协调机制的规范

"一带一路"倡议的建设蓝图已经设计完毕,并且在政府各部门努力下,与"一带一路"沿线国家开启机制化的制度设计。制造业国际产能合作的各类推进行为同样需要相应的约束和规范机制发挥作用。

1. 制造业国际产能合作各方遵循的规范及约束机制。当前国际产能合作较多依靠政府间现有的合作机制来推动企业承揽项目和签订订单,尤其是以国家间良好的政治及经贸关系为前提,借助各种国际外交平台,签署双边或多边经贸合作协议加以推进。事实上,目前很多协议是合作意向书,真正落实到具体投资项目,以合作框架协议呈现的并不多。由于在法律层面的制度建设欠缺,很多先前达成的国际产能合作协议,最后因为东道国政权更迭、舆论导向转变或者他国干预等而搁置下来,无法形成有效的约束,存在较大的投资风险,这也是中国大部分中小型企业对国际产能合作积极性不高的重要原因之一。

签署合作文件可以为国际合作参与国提供法律保障,强化合作共识,更是国际合作成果最直接的体现。在"一带一路"国际产能合作过程中,可以通过许多方式去建立或巩固中国与沿线国家制造业国际产能的合作关系,例如签署海关行政互助协议、制造业行业标准化认定协议、通关便利化合作等专项合作项目等。截至2019年7月,与中国签署《产能与投资合作的框架协议》的国家有10个。如下表7-1所示。

表7-1 与中国签署《产能与投资合作的框架协议》的国家

序号	国家	时间	合作领域
1	哈萨克斯坦	2015.9	建材(水泥、平板玻璃等)、冶金(钢铁等)、有色金属、油气加工、化工、机械制造、电力、基础设施建设(铁路、公路、水运及航空等)、轻工(羊毛加工)、农产品加工、运输物流、旅游、食品加工、居民消费品生产及双方同意的其他领域加强产能与投资合作
2	埃及	2015.9	电力、交通和工业领域的15个优先项目
3	巴布亚新几内亚	2016.7	公路、铁路、机场、港口等基础设施建设与运营,钢铁、金属、玻璃制造、水泥等冶金和建材,自然资源深加工,装备制造,轻工业、电子和纺织,产业聚集区等领域开展产能与投资合作
4	乌拉圭	2016.10	可再生能源的开发和利用,信息、通信和技术设备制造,公路、铁路、机场、港口等基础设施的建设与运营,装备制造,农林渔业,产业园区等领域开展产能与投资合作
5	厄瓜多尔	2016.11	在能源、矿产、基础设施、信息通信、装备制造、农牧业、产业聚集区等领域开展产能与投资合作
6	阿联酋	2017.6	油气加工、有色金属、建材、通信、可再生能源和新能源、轻工纺织、双方同意的其他领域开展产能与投资合作
7	巴拿马	2017.11	基础设施建设和运营、产业园区和经济合作园区、服务业、制造业、农业及食品加工等领域开展产能与投资合作
8	蒙古国	2018.4	矿产开发及加工、制造业、交通运输、能源、农产品加工等领域的产能与投资合作

(续 表)

序号	国家	时间	合 作 领 域
9	喀麦隆	2018.4	基础设施、冶金建材、资源加工、装备制造、轻工电子、产业集聚区等领域的合作
10	乌干达	2019.7	基础设施、冶金建材、资源加工、装备制造、轻工电子、产业集聚区等领域的合作

资料来源：作者根据国家发展和改革委员会官网发布的信息整理。

推进制造业国际产能合作的协调机制建设首要工作就是健全及规范各项法律及规章制度，形成长效且有针对性的规范约束机制，将国际产能合作机制纳入国际投资机制化体系建设中。通过对表7-1梳理发现，与中国签署《产能与投资合作的框架协议》的国家较少，与"一带一路"沿线国家总体数量相比，占比不到六分之一，其中位于拉丁美洲的巴拿马、乌拉圭和厄瓜多尔就不属于"一带一路"覆盖区域。从合作领域来看，基本围绕交通基础设置建设、冶金建材和制造业等中国具有优势产能的合作项目。可以看出，与"一带一路"沿线国家签署《产能与投资合作的框架协议》的工作进程需要加快加强。

合作框架协议具有法律效力，是中国与合作国家开展国际产能合作的法律保障。可以效仿欧盟在区域经济合作组织方面的建设经验，以签署制度性的框架合作协议来取代非制度性的协商合作制度。针对重点合作国家（或区域组织）的产能合作项目，在涉及投资项目申报与审批、人民币汇兑、通关便利化和检验检疫方面与东道国一道建立具有一定约束力的规范制度，实行"特事特办"。中国应加速与"一带一路"沿线贸易量占比大、地缘政治地位重要性突出、政局相对稳定的国家签署合作协议，尽量达到对重点区域全覆盖的程度。对于已签署合作协议的国家，要加快推进项目落地，让合作国家优先收获合作利益，以此形成示范作用。而未签署合作协议的国家，有关部门应该借助国际双边和多边场合，积极推荐与沟通，尽快商议协议签署事宜。特别需要重视的是，中国应该加强利用中蒙俄、新亚欧大陆桥、中国—中亚—西亚、中国—中南半岛、中巴、孟中印缅六大经济走廊的带动作用，通过建设六大经济走廊带动中国制造业走出去，推进国际产能合作。同时，中资企业也要建立自己的规范与约束机制，成为国际市场规则的维护者和守约人，要特别加强企业海外投资合规性管理，充分尊重东道国法律法规，并且高度重视非商业性要素对国际投资活动的影响。

2. 制造业国际产能合作应在多层级运用协调机制。制造业国际产能合作推进的协调机制主要围绕三个层级展开。一是中国与东道国在重大战略规划、经济发展政策、跨国投资与贸易方面的规定之间的对接与协调。国际产能合作是在"一带一路"背景下展开的,"一带一路"倡议如果能有效地与东道国有关重大发展战略及规划进行衔接的话,将大大提高国际产能合作推进速度,降低合作成本。在此方面,中国"丝绸之路"和哈萨克斯坦"光明大道"间的对接堪称合作典范。然而并不是所有"一带一路"沿线国家现有的战略规划都能与中国对接,这就需要我们开动脑筋,创造对接机会,积极寻求"对接点"。为此,商务部应该成立专门工作组,具体负责与东道国在制造业产业发展、引进外资和贸易有关规定方面的政策进行协调,特别要注意不同标准之间的对接处理,为企业扫除投资障碍。

二是中国政府有关部门、制造业有关企业、行业协会之间的协调与配合。现有的制造业国际产能合作项目,基本都是由各级政府积极推动,在政策制定与执行层面,管理和执行部门间常常存在"打架"的情况。国家发改委与商务部是国际产能合作的主推与管理部门,应当由两部门牵头,围绕具体制造业产能合作项目,理顺一切与之相关的冲突性规定。同时,制造业国有企业与民营企业之间、大企业与中小企业之间、企业与行业协会之间需要建立新型协调关系。制造业各类型不同企业要铺设固定、长效的沟通管道,可以借助制造业相关行业协会提供的协调平台,成立以不同行业类型为主的国际产能合作企业联盟。通过以上沟通及协调机制,使制造业国际产能合作企业紧紧凝聚在一起,在信息获取、标准制定、商务咨询、风险防范和政策对接等方面资源共享,形成合力。

三是中国政府需要与国际金融机构、区域性合作组织及其他现有国际机制建立新型协调关系。与亚洲基础设施投资银行、金砖国家开发银行、国际货币基金组织等国际金融机构以市场化行为展开金融合作,争取这些机构对制造业国际产能合作的融资支持;借助与WTO、APEC、上海合作组织等国际经济和政治组织已经建立的合作机制,以及与各个国家和区域联盟组织签署的自由贸易协定或建立的自贸区等创新型国际经贸合作平台,打包建立制造业国际产能合作协调机制。

四、协调机制的规则

国际经济合作下的协调"规则",相较于"规范"更具有强制性和透明性,是针对特定行为的许可或禁止,并且有明确的解释说明,是成员国必须遵守的特殊法定"条例"。WTO 是以"规则"为基础建立的国际机制组织,其中就有明确的各种"规则"。WTO 的"禁令"指出"当非成员与成员进行贸易往来时,不允许额外增加贸易壁垒"。另外,WTO 中对于"一般例外"也有要求,指出除了保护公共安全、保护人类和动植物生命健康等十种情形以外,不可对相同境遇下的成员采取歧视性贸易政策。当有成员违反 WTO"规则"时,WTO 也有一套"惩罚"或者"整改"机制,甚至"强令退出"WTO 的机制。但是 WTO 成员方究竟是否遵守"规则",并不是由发生贸易纠纷的双方认定的,这就造成在 WTO 国际经贸合作框架下,发生的贸易纠纷不会得到立即确认和解决,要经历一长串的"争端解决机制"[①]。

国际机制设计的优点在于可以减少违背"规则"的潜在动因,增加不遵守"规则"的风险,对于国与国之间的交流行为有很好的约束作用。相较于 WTO 这样成熟且历史悠久的国际机制或组织而言,"一带一路"倡议下的国际产能合作并没有一个超越国家范畴的国际组织,只是众多合作国在产能项目上有合作意愿,就此达成合作协议,展开国际产能合作。国际产能合作的国际合作方式最大特点就是具有灵活性、自主性和互利共赢性。但也正由于较强的灵活性和自主性,使得制造业国际产能合作项目的推进效率比较滞后。约束性不强,没有组织进行监督和管理,增加了合作成员国的随意性,发生国际纠纷的可能性就会增大。

受制于国际产能合作的特点,在制造业国际产能合作的协调机制的"规则"设计上,不能过渡"硬机制化",可以借鉴 WTO 的"规则"设计思想,提出最基本的"规则"原则,那就是普惠公平、非歧视政策和消除贸易壁垒。具体"规则"要有利于贸易便利化、有利于扩大合作国制造业产品进出口和对外投资、有利于促进合作国经济增长和民生福祉的提高。具体来看,只有与中国签署《产能与投资合作框架协议》的国家,才能在制造业产品的进口和出口领域享有优惠关税税率,海关在对相关产品进行检验检疫的环节统一标准,提高通关便利化水平。同时要明确在一定年限内,逐步取消非关税贸易壁垒,扩大双方制造业产品的进出口贸易,明确市场准入原则,设置海外投资负面清单制度,提高双方相互投资流量,切实形成互利共赢的合作局面。

五、协调机制的决策程序

Finlayson 和 Zacher 认为在 WTO 框架下,决策程序是决策如何实施的纲

---

① 注:本节关于 WTO"规则"的描述均摘自世界贸易组织官网:https://www.wto.org/.

领,是解决问题的一种制度性安排①。推进制造业国际产能合作协调机制的决策程序,也将参考WTO的决策程序进行设计。

1. 决策组织机构的建立。随着"一带一路"倡议深入推进和各项合作项目纷纷落地,国际产能合作对象国数量必将随之增长。或许2至3年以内,与中国签署产能与投资合作框架协议的国家将由目前的10个扩大为20个、30个甚至覆盖"一带一路"沿线国家全体,届时中国再分别与对象国签署合作框架协议就显得十分复杂且重复。倘若建立一个类似于WTO形式的国际产能合作组织,作为协调国际产能合作双方与多方利益、处理各类国际产能合作项目的总平台,将成为下一步深入推进国际产能合作建设的首要工作任务。

2. 决策工作机制的设定。WTO中的成员国要想修订某个条款,必须取得超过三分之二的成员的同意方能实施;若是部长会议或是理事会的"决定",则只要简单的多数同意(赞成大于反对)即可获得通过。就国际产能合作的国际合作机制而言,目前签署的产能与投资合作框架协议为双边合作协定,任何条款想要修改,任何"决定"想要实施通过,双方协商解决即可,决策程序较为简便。然而随着合作国数量的增加,"同意或不同意"某项条例,是否落实和实施某项决策将不是个别国家的事情,势必牵扯更广泛国家的利益。因此,可以在成立的国际产能合作组织里,也设定类似于WTO决策程序的"三分之二"或"多数同意"即可通过的决策工作机制,以此维护成员国共同利益。

3. 合作国定期会晤制度。合作国建立国际产能合作"协调理事会",理事会代表各自国家每年参加至少1次理事会年会,理事会下设各个工作推进小组或者产业委员会。每年的理事会年会进行有关合作协定条例的修改、政策协调和规则制定等指导性和规范性工作。具体产业的国际产能合作项目的推进可由各个专业小组负责跟进,同时针对不同行业的产能合作项目,又各自有产业委员会负责协调管理。例如制造业国际产能合作项目将由负责制造业的产业委员会牵头管理。

---

① FINLAYSON J A, ZACHER M W. International Competition and Commodity Market Management: The Politics of the International Sugar Agreements[M]// Transformations in the Global Political Economy. London: Palgrave Macmillan,1990:64-93.

第三节 协调机制的作用效果分析

正如前文所述,建立自由贸易区(free trade area,简称 FTA)是区域经济一体化的模式之一,建立 FTA 就要求成员之间拥有完备而系统的协调机制。换言之,如果某地区建成了 FTA,那么该地区的协调机制一定运行良好。因此,本节以中国与欧亚经济联盟建立 FTA 为例,论证制造业国际产能合作的协调机制对区域经济增长及产业发展的促进作用。实证研究模型将借助可计算的一般均衡模型,采用 GTAP 9.0 版数据库,模拟中国和欧亚经济联盟建成 FTA 过程中产生的宏观经济效应、贸易条件效应、产业产出效应和制造业国际产能合作的贸易及投资效应,以此证明协调机制的作用效力。

一、研究背景

1. 自由贸易区与协调机制。在经济全球化浪潮下,以建立自由贸易区为代表的区域经济一体化整合模式,成为深度融入经济全球化的重要载体,是国际贸易体系下的区域公共产品,各参与方均能获益[①]。"一带一路"倡议的最高目标是建立覆盖亚欧地区,建成世界最大范围的 FTA。"一带一路"倡议提出的头几年,很多建设项目虽已落地,但国际合作与协调机制的磨合仍在继续。可以看出,自由贸易区成为协调机制良好运行的典范代表,因此,国际产能合作倘若在自由贸易区范围内开展和实施,将会有利助推各类产能合作项目尽快落地,让合作双方尽早获益。

2. 中国与欧亚经济联盟对接的协调机制。成立于 2015 年的欧亚经济联盟(Eurasian Economic Union,简称 EAEU)主要成员国有俄罗斯、白俄罗斯、哈萨克斯坦、亚美尼亚和吉尔吉斯斯坦,总人口约 1.83 亿,与中国的贸易额从 2017 年的 1 030 亿美元增长至 2018 年的 1 270 亿美元,增长率为 23%。中国当前是欧亚经济联盟第一大贸易伙伴,占其进出口贸易总额的 16.4%,同时,欧亚经济联盟成员国中的俄罗斯,也是中国对外贸易额排名前十的国家。显而易见,中国与欧亚经济联盟有广泛的经贸、产业和投资合作基础,并且,欧亚经济联盟成员国

---

① 李巍,张玉环.美国自贸区战略的逻辑:一种现实制度主义的解释[J].世界经济与政治,2015(8):127-154.

地处"丝绸之路经济带"的核心区域,是中国货物通往欧洲、西亚和北非的必经之路,地缘政治经济意义极为重要。将"丝绸之路经济带"与"欧亚经济联盟"进行对接,为沿线国家开辟一条新的贸易走廊,为所有相关国家提供新的发展机会。

目前的"一带一盟"对接工作已从起步阶段过渡到制度性安排阶段,建立了一系列的协调机制。协调机制的原则和目标类的文件有:中俄签署的《中华人民共和国与俄罗斯联邦关于丝绸之路经济带建设和欧亚经济联盟建设对接合作的联合声明》,中国与欧亚经济联盟签署的《中华人民共和国与欧亚经济联盟经贸合作协定》,特别是后者标志着协调机制进入规则和规范的制度性安排阶段。除了两份文件以外,当前的工作更多依靠双方主管经贸合作的政府有关部门借助现有国际组织合作平台,加强政策沟通与协调。中国和欧亚经济联盟部分成员即是 WTO 成员,同时也是亚太经济合作组织和上海合作组织成员,借助各类区域经济合作组织创造的合作平台,中国和欧亚经济联盟可以就"一带一盟"对接及 FTA 建立展开谈判。除此以外,双方还分别成立 FTA 谈判工作组,专门负责具体谈判工作。

中国和欧亚经济联盟建立 FTA 的过程中,协调机制的运行起到至关重要的作用。尽管目前中国和欧亚经济联盟之间没有就建立 FTA 形成高度完整和系统性的协调机制,但是根据本章第二节所述,协调机制是保障合作双方及其他运行主体顺利开展合作项目、完成合作目标、实现合作愿望的规则、规范及决策程序。可以预见,建立 FTA 的过程,本身就是协调机制不断形成和完善的过程,甚至在 FTA 建成之后,协调机制也需要继续进行动态化调整。因此,对于建立 FTA 的效果评价就是对协调机制运行效率的评估。鉴于此,本节将针对技术性贸易壁垒和互联互通程度影响下,模拟中国和欧亚经济联盟建立 FTA 过程中,对制造业国际产能合作的经济效应展开实证分析,以此检验协调机制的运行效果。

二、GTAP 模型原理

可计算的一般均衡(computable general equilibrium,简称 CGE)模型所描述的是经济成员在追求各自利益最大化的过程中经济体达到一般均衡状态的情形。在这种状况下,生产资料、劳动力、资本及外汇市场同时达到供需均衡。CGE 模型最大的特点是模型框架包括了总体与个体经济的各类要素。例如:总体经济中有国民生产总值、总产出、平均物价水平、总就业人口、总投资及总进出口等;在个体经济中包括了个别产业产值、各种商品价格、个别产业就业、个别产业投资及各种商品的进出口等。此外,政府的各种政策工具(policy instruments)也可很容易地在模型中进行模拟。例如,进口关税、进口配额及出口补贴等贸易政策。CGE模型目前被广泛应用于研究外生政策变化对经济体的冲击。在国际贸易领域,主要是针对关税或非关税贸易壁垒的设置及消除产生的有关影响。

全球贸易分析模型(Global Trade Analysis Project,简称GTAP)系1992年由美国普渡大学汤姆斯·赫特(Thomas Hertal)教授所领导的团队构建和发展起来的,是一个多地区、多部门的CGE分析工具,澳大利亚的SALTER全球贸易模型是其前身。GTAP模型的主要架构是由各国(地区)独立的次级模型组成,其中各国(地区)内部依据会计恒等式和新古典经济理论,建立各部门经济体活动的联结及相关行为的方程,进而对各国(地区)的生产、消费及政府支出进行不同程度的描述。最后这些次级模型再通过双边与多边国际贸易的联结达到均衡,进而形成全球一般均衡模型。

GTAP模型有五种不同的生产要素、三个行为主体以及三个全球性部门。生产要素分别是土地、资本、技术劳动力、非技术劳动力和自然资源。行为主体分别是私人部门、生产部门和政府部门。全球性部门分别是世界银行、全球贸易及运输活动。本书将就模型的生产面、消费面、贸易和运输面等分别做出简单说明。

1. 生产面。模型将生产技术作为固定规模报酬的假设,且原始生产资料的投入与中间品可以分割。产出是原始生产资料投入与中间品投入的里昂惕夫(Leontief)效用函数,两者不可相互替代。GTAP模型借助固定弹性替代(Constant Elasticity of Substitution,简称CES)函数将这些要素进行综合。另外,中间品的需求包括了两个层级,一层为本国产品和进口产品的组合,通过CES函数组成一个综合中间品。另一层是进口的综合中间品,由诸多不同国家生产的产品组成,也是通过CES函数将其组合而成。

2. 消费面。GTAP模型全球效用函数由私人支出、政府支出和储蓄构成。假设要实现一个地区各部门效用最大化,由于柯布-道克拉斯效用函数(Cobb-Douglas production function,简称C-D函数)的缘故,其收入将按固定比例用于私人支出、政府支出和储蓄支出,这三者变动均会导致社会福利的变化。私人消费支出方面,模型假定来自不同地区的产品(进口与国内生产)为不完全替代品,政府支出符合C-D函数,用以决定其不同产品需求,因此政府支出占总支出的比例较为固定。

3. 贸易和运输面。GTAP 模型假设不同来源地的进口产品之间,以及进口产品与本国生产产品之间为不可替代关系。GTAP 模型以 CES 函数为基础对不同来源的进口产品进行加总,再对进口产品与本国产品加总,最终得出总需求的复合产品。模型中的运输需求包含了各国家(区域)提供的运输服务。整合同样是源于 C-D 函数的。在实现一般均衡时,全球综合服务供给等于全球各地区、各航线和各产品运输需求的总和。

4. 总体封闭法则。GTAP 模型中使用的封闭法则(closure rule)基于新古典的封闭法则(neoclassical closure)。即 GTAP 模型以全球银行和国际运输处理区域间资本和货物流动。全球银行体系可以吸收每一个国家(区域)的储蓄,并能为每一个国家(区域)提供投资资金支持,当达成一般均衡时,全球总储蓄等于全球总投资。由于 GTAP 模型允许区域内储蓄与投资出现差距,可以将两者差值进行内生化,因此能够解释各种政策对区域经济产生的影响。

三、数据选取及情景设置

本书所使用的数据库为 GTAP 9.0,该版共有 57 个部门类别,5 种要素禀赋,涵盖全球 140 个国家。为便于研究,要对国家和产业进行分类。

1. 国家分组。中国和欧亚经济联盟建立 FTA 后,挑选出可能会受到冲击的国家(地区)。首先考虑与中国和欧亚经济联盟领土接壤的国家(地区),其次将与中国和欧亚经济联盟贸易往来较为频繁的国家(地区)纳入模拟范围。本书将数据库中的 140 个国家分为 8 组。第一组:中国;第二组:欧亚经济联盟(俄罗斯、哈萨克斯坦、白俄罗斯、吉尔吉斯斯坦和亚美尼亚);第三组:苏联其他成员国(塔吉克斯坦、乌兹别克斯坦、土库曼斯坦);第四组:欧盟 28 国[①];第五组:东盟 10 国;第六组:美国;第七组:日本和韩国;第八组:世界其他国家。

2. 产业分组。按照会受到技术贸易壁垒和互联互通程度影响的大小,将 57 个部门划分为 9 个大类,分别是农林牧渔及食品加工业、能源业、原材料加工业、轻工业、装备制造业、高新技术产业、其他制造业、交通运输业、服务业。

3. 生产要素划分。按照 GTAP 模型给定的 5 类划分标准不变,即土地、熟练劳动力、非熟练劳动力、资本和自然资源。

---

① 2020 年 1 月英国正式脱欧,但为保存数据库原貌,文中未作改动,一仍其旧。——编者注

4. 模拟政策冲击。目前国内学者利用GTAP模型进行情景设置的时候,大多从关税削减程度方面考虑。然而当前中国和欧亚经济联盟加强区域经济一体化的重点工作,是如何更大程度地消除非关税贸易壁垒和提高互联互通能力。当然,欧亚经济联盟拥有一批敏感产业需要长期保护,双方完全取消关税和非关税贸易壁垒不现实,所以在情景设置上也会充分考虑这点。因此,模型的政策冲击设置以削减技术性贸易壁垒和提高互联互通程度为主、关税减让为辅。具体模拟情景如表7-2所示:

表7-2 十种模拟情景设置

情　景	关　税	技术性贸易壁垒	互联互通程度
S1：情景一	降低100%	不变	不变
S2：情景二	降低50%	降低5%	提升10%
S3：情景三			提升15%
S4：情景四			提升25%
S5：情景五		降低10%	提升10%
S6：情景六			提升15%
S7：情景七			提升25%
S8：情景八		降低20%	提升10%
S9：情景九			提升15%
S10：情景十			提升25%

需要对各指标降低幅度及软件设置程序做出说明。在考虑现实情况和参考有关资料基础上[1][2][3],关税基期按100%减让,其余考查期按50%减让进行设置。技术性贸易壁垒的减让幅度设置为低度、中度和高度三档,对应削减比例为5%、10%和20%。互联互通程度提升同样设置为低度、中度和高度三档,对应提高比例为10%、15%和25%。在GTAP数据库中,本文选取ams变量作为技术性贸易壁垒变动的代表,atd变量(运输效率)作为互联互通程度的代表,借助

---

[1] 刘冰,陈淑梅.RCEP框架下降低技术性贸易壁垒的经济效应研究:基于GTAP模型的实证分析[J].国际贸易问题,2014(6):91-98.
[2] 许娇,陈坤铭,杨书菲,等."一带一路"交通基础设施建设的国际经贸效应[J].亚太经济,2016(3):3-11.
[3] 丛晓男.北极西北航道潜在经济影响及中国对策:基于全球多区域可计算一般均衡[J].世界经济与政治,2017(2):106-129,159.

Run GTAP 软件进行模拟运算。

四、实证结果及协调机制的作用效果分析

(一) 宏观经济效益

通过 GTAP 模型模拟十种情景下中国与欧亚经济联盟建立 FTA 后的中国、欧亚经济联盟及世界其他国家(地区)的地区生产总值和福利效应,结论如下:

1. 中国和欧亚经济联盟建立 FTA,对双方经济发展和福利效应均起到正向促进作用,且欧亚经济联盟受益较多。如表 7-3 所示,十种情景模拟下的欧亚经济联盟 GDP 平均增长率为 87%,而中国为 0.51,欧亚经济联盟的 GDP 增长幅度显著高于中国。从福利效应角度考查,中国的福利效应平均增加 29 601.67 百万美元,平均增长率为 33.36%,而欧亚经济联盟平均增加 16 047.52 百万美元,平均增长率为 35.4%。从绝对值上看中国远超欧亚经济联盟,但这是由于中国福利效应基数较大造成的;从增长率上看欧亚经济联盟比中国高 2.04%,欧亚经济联盟拥有一定增长优势。总之,中国和欧亚经济联盟建立 FTA 后,双方均能获益,且对欧亚经济联盟 GDP 拉升作用更为显著。

表 7-3 不同情景模拟下各国家(地区)
GDP 增长率及福利效应变化

情景 地区	S1		S2		S3		S4		S5	
	GDP增长率(%)	福利效应(百万美元)	GDP增长率(%)	福利效应(百万美元)	GDP增长率(%)	福利效应(百万美元)	GDP增长率(%)	福利效应(百万美元)	GDP增长率(%)	福利效应(百万美元)
中国	0.21	4 000.98	0.28	13 331.41	0.36	25 122.3	0.43	36 913.18	0.42	18 824.33
EAEU	−0.31	1 913.5	0.36	7 582.27	0.44	11 185.68	0.53	14 789.09	0.78	12 406.48
原苏联其他成员国	−0.15	−11.34	−0.29	−74.37	−0.34	−99.34	−0.4	−124.31	−0.48	−132.63
欧盟	−0.01	−197.19	−0.03	−66.35	−0.01	473.91	0.02	1 014.18	−0.08	−297.51
东盟	−0.05	−1 508.2	−0.09	−3 422.4	−0.14	−3 919.07	−0.18	−4 415.75	−0.14	−5 719.33
日本韩国	0.01	−49.05	−0.06	−538.67	−0.08	−373.59	−0.11	−208.51	−0.1	−1 026.37
美国	−0.02	−652.1	−0.05	−699.19	−0.07	−364.12	−0.08	−29.06	−0.1	−1 187.41
其他国家	−0.03	−1 310.66	−0.05	−764.3	−0.03	1 400.31	−0.01	3 564.93	−0.09	−2 120.52

(续 表)

情景 地区	S1 GDP增长率(%)	S1 福利效应(百万美元)	S2 GDP增长率(%)	S2 福利效应(百万美元)	S3 GDP增长率(%)	S3 福利效应(百万美元)	S4 GDP增长率(%)	S4 福利效应(百万美元)	S5 GDP增长率(%)	S5 福利效应(百万美元)
中国	0.5	30 615.21	0.58	42 406.1	0.71	29 810.15	0.78	41 601.04	0.86	53 391.92
EAEU	0.86	16 009.89	0.95	19 613.3	1.62	22 054.9	1.71	25 658.32	1.79	29 261.73
原苏联其他成员国	−0.54	−157.6	−0.6	−182.58	−0.87	−249.16	−0.92	−274.13	−0.98	−299.1
欧盟	−0.05	242.76	−0.02	783.03	−0.16	−759.81	−0.13	−219.54	−0.1	320.73
东盟	−0.18	−6 216	−0.23	−6 712.67	−0.23	−10 313.17	−0.28	−10 809.85	−0.32	−11 306.51
日本韩国	−0.12	−861.29	−0.15	−696.2	−0.18	−2 001.76	−0.2	−1 836.68	−0.23	−1 671.59
美国	−0.09	−852.34	−0.11	−517.27	−0.13	−2 163.84	−0.15	−1 828.78	−0.16	−1 493.71
其他国家	−0.07	44.1	−0.05	2 208.71	−0.17	−4 832.94	−0.15	−2 668.33	−0.13	−503.71

2. 中国和欧亚经济联盟建立FTA后的宏观经济效应受关税、技术性贸易壁垒和互联互通的影响略有差别。

(1) 零关税不利于欧亚经济联盟GDP增长。表7-3结果显示,S1(双方关税为零,其他条件不变)下欧亚经济联盟GDP增长率为−0.31,而中国为0.21。说明双方取消所有产品进口关税,将不利于欧亚经济联盟地区经济发展。欧亚经济联盟多数成员国属于经济欠发达国家,居民消费品、制造业产品和农副产品等大量需要进口,但本国同类型产业发展薄弱。一旦质优价廉的中国产品以零关税价格出口到该地区,将对本国相关产业产生挤出效应,进而影响本国经济发展。

(2) 技术性贸易壁垒削减更有利于欧亚经济联盟GDP增长和福利水平提高,而互联互通程度提升,则更有利于中国GDP扩张和福利水平增加,但技术性贸易壁垒相较于互联互通对宏观经济影响更为明显。首先对表7-3结果分别按每项政策冲击的三档标准(分档标准见表7-2)重新组合。例如,技术性贸易壁垒削减幅度为5%,分别组合互联互通提高幅度的10%、15%和25%,以此类推形成3组。按照同样原理对互联互通程度也进行重新组合,最终分得六个小组,分别是第一组S2、S5和S8;第二组S3、S6和S9;第三组S4、S7和S10;第四组S2、S3和S4;第五组S5、S6和S7;第六组S8、S9和S10。对小组数据按照增长率的变动率计算后得到：

第一，在技术性贸易壁垒削减程度为5%、10%、20%情景下，中国GDP变动率分别提高59.24%、47.2%、41.42%，福利效应变动率分别上升49.53%、28.68%、20.27%；而欧亚经济联盟GDP变动率分别提高112.13%、97.14%、83.78%，福利效应变动率分别上升70.55%、51.45%、40.66%。第二，当互联互通程度提升10%、15%、25%情景下，中国GDP变动率分别上升23.92%、17.51%、10.06%，福利效应变动率分别提高66.4%、50.09%、33.83%；而欧亚经济联盟GDP变动率分别上升21.33%、10.36%、5.1%，福利效应变动率分别提高39.66%、25.73%、15.18%。数据背后反映的原因可能是：当双方建成FTA后，欧亚经济联盟在技术性贸易壁垒不断削减条件下，将本国优质产品源源不断销往中国，对中国的出口额将会在短时间内从较低水平突然提升到较高段位。借由对外贸易强烈刺激作用，带动本地区经济增长。同时本国消费者可以获得更多来自中国的日常生活消费品，进而提高消费者福利水平，推动社会福利效应提升。而互联互通程度的优化，更有利于中国商品向欧亚经济联盟出口，并且中国可以借助FTA建成后形成的欧亚经济联盟大通道，向欧洲、中东、甚至非洲地区扩大出口规模，以此增加中国GDP和福利效应。

(3) 中国和欧亚经济联盟建立FTA，将对区域外其他国家(地区)的宏观经济效应带来不利影响。首先，通过对表7-3分析发现，原苏联其他成员国和东盟受到冲击最为严重。原苏联其他成员国GDP在十种情景下均呈现负增长态势，且随着中国和欧亚经济联盟区域整合力度的提高，GDP负增长速度越来越快。东盟则在福利效应方面受到冲击最大，从情景S1的-1 508.2百万美元，下降到S10的-11 306.51百万美元。长期以来，中国、欧亚经济联盟、原苏联其他成员国和东盟是彼此甚至多方重要的贸易伙伴，双边多边贸易往来较为频繁。可以想象，当中国和欧亚经济联盟建立FTA，导致区域经济一体化力度加强，势必影响其他贸易伙伴的利益，特别是具有贸易结构相似的国家(地区)。其次，与欧盟进行比较，中国和欧亚经济联盟建立FTA，日本和韩国损失更多。这与当前中国、日本和韩国在中亚地区形成的竞争态势相吻合。中日韩三国在中高端制造业等产品出口方面存在竞争关系，FTA建立后，欧亚经济联盟成员国必将减少从日韩两国进口商品的数量，导致日韩商品出口额降低，进而影响其宏观经济效应。再次，与欧盟进行对比，美国在GDP和福利效应损失方面受到冲击也不轻，这与中国和欧亚经济联盟减少对其商品进口有关。最后,欧盟作为欧亚经济联盟的近邻和重要贸易伙伴,其受到的冲击与上述国家原理相同,但下降幅度并不如日韩和美国严重,甚至在 S3、S4、S6、S7 和 S10 的福利效应为正。这是因为 FTA 的建立,将在中国和中亚地区形成一个巨大的自由贸易市场,加之互联互通程度的提高,欧盟商品借助中亚通道将会更为便捷地销往中国及东亚地区,以此抵消一部分因中国和欧亚经济联盟 FTA 建立后所带来的负面冲击。

(二) 贸易条件效应

贸易条件是衡量一国出口竞争力的重要指标,以出口价格指数与进口价格指数之比来表示。通过 GTAP 模型模拟十种情景下中国和欧亚经济联盟建立 FTA 的贸易条件效应,对不同的技术性贸易壁垒和互联互通情景进行交叉分组(按照上文分组程序),分组后对应的计算结果如表 7-4 所示。

表 7-4 不同情景模拟下各国(地区)贸易条件变化　　单位:%

组别	不同技术性贸易壁垒和相同互联互通									
地区	第一组				第二组			第三组		
	S1	S2	S5	S8	S3	S6	S9	S4	S7	S10
中国	0.15	0.36	0.41	0.53	0.81	0.87	0.99	1.27	1.33	1.44
EAEU	−0.17	0.63	1.06	1.92	1.13	1.55	2.41	1.62	2.05	2.9
原苏联其他成员国	−0.06	−0.26	−0.49	−0.93	−0.29	−0.51	−0.96	−0.32	−0.54	−0.99
欧盟	−0.01	−0.01	−0.03	−0.07	0.03	0.01	−0.03	0.07	0.05	0.01
东盟	−0.02	−0.04	−0.07	−0.12	−0.05	−0.08	−0.13	−0.06	−0.09	−0.14
日本韩国	0	−0.03	−0.06	−0.12	−0.03	−0.06	−0.12	−0.03	−0.06	−0.12
美国	−0.02	−0.02	−0.04	−0.07	−0.01	−0.03	−0.06	0	−0.02	−0.05
其他国家	−0.02	−0.01	−0.04	−0.09	0.02	0	−0.05	0.06	0.04	−0.01
组别	不同互联互通和相同技术性贸易壁垒									
地区	第四组				第五组			第六组		
	S1	S2	S3	S4	S5	S6	S7	S8	S9	S10
中国	0.15	0.36	0.81	1.27	0.41	0.87	1.33	0.53	0.99	1.44
EAEU	−0.17	0.63	1.13	1.62	1.06	1.55	2.05	1.92	2.41	2.9

(续　表)

组别	不同互联互通和相同技术性贸易壁垒									
地区	第四组				第五组			第六组		
	S1	S2	S3	S4	S5	S6	S7	S8	S9	S10
原苏联其他成员国	−0.06	−0.26	−0.29	−0.32	−0.49	−0.51	−0.54	−0.93	−0.96	−0.99
欧盟	−0.01	−0.01	0.03	0.07	−0.03	0.01	0.05	−0.07	−0.03	0.01
东盟	−0.02	−0.04	−0.05	−0.06	−0.07	−0.08	−0.09	−0.12	−0.13	−0.14
日本韩国	0	−0.03	−0.03	−0.03	−0.06	−0.06	−0.06	−0.12	−0.12	−0.12
美国	−0.02	−0.02	−0.01	0	−0.04	−0.03	−0.04	−0.07	−0.06	−0.05
其他国家	−0.02	−0.01	0.02	0.06	−0.04	0	0.04	−0.09	−0.05	−0.01

1. 中国和欧亚经济联盟建立FTA,对双方贸易条件改善均有正向促进作用,对欧亚经济联盟改善程度较大。另外,技术性贸易壁垒削减有利于欧亚经济联盟,而互联互通程度提升则更有利于中国。通过对表7-4观察,除了S1以外(中国为正,其余地区均为负,这与对宏观经济效应影响原理相同),从第一组到第六组,中国和欧亚经济联盟贸易条件都为正,且6个小组组内数据呈逐步递增态势。说明随着技术性贸易壁垒的削减和互联互通程度的提高,中国和欧亚经济联盟贸易条件改善越来越明显。其中,中国贸易条件改善平均值为0.82,而欧亚经济联盟为1.51,说明建立FTA对欧亚经济联盟贸易条件改善力度较大。

此外,技术性贸易壁垒和互联互通是否仍旧像对宏观经济影响那般,在贸易条件指标里,分别对欧亚经济联盟和中国更有利?经过计算表7-4小组数据增长率的变动率,可以对此给出肯定回答。技术性贸易壁垒削减的三个档位对中国贸易条件改善作用的变动率分别为21.34%、10.55%、6.48%,欧亚经济联盟为74.57%、46.04%、33.8%。互联互通程度提高的三个档位对中国贸易条件改善作用的变动率分别为87.82%、80.11%、64.83%,欧亚经济联盟为60.35%、39.07%、22.9%。可以看出,技术性贸易壁垒的削减令欧亚经济联盟大幅度改善了贸易条件,而互联互通程度的提升则显著优化了中国的贸易条件。

另外与对宏观经济影响相比,互联互通对贸易条件改善作用更为显著。在厂商对外贸易行为中,商品出口价格受到关税、非关税贸易壁垒和运输成本的影响。在关税保持一定水平情况下,两国要想推动对外贸易发展,只有不断降低双方非关税贸易壁垒和运输成本来扩大出口。欧亚经济联盟出口到中国的商品以能源业为主,削减技术性贸易壁垒,将极大促进这类产品的出口,以此改善欧亚经济联盟贸易条件。中国是欧亚经济联盟多个成员国中最大的对外贸易伙伴,削减技术性贸易壁垒和提高互联互通水平都能促进中国对外出口,而提高运输效率则明显会提升中国商品"出海"能力。此外,借助 FTA 建立后形成的中亚运输大通道,中国商品可以源源不断销往欧洲和中东等地区,更进一步刺激出口。因此,互联互通对中国贸易条件改善作用较为积极。以上实证结果表明,除关税削减以外,中国和欧亚经济联盟优化贸易条件的工作重点应是持续性降低技术性贸易壁垒和加强基础设施互联互通水平。

2. 中国和欧亚经济联盟建成 FTA 后,对世界其他国家(地区)贸易条件改善会产生不利影响,但冲击程度各有不同。与对宏观经济效应影响相似,按照受冲击程度由大到小排序为:原苏联其他成员国>东盟>日韩>美国>其他国家>欧盟。欧盟同样在情景 S3、S4、S6、S7 和 S10 下的贸易条件为正(与对宏观经济影响符号一致),但提升幅度并不明显。日韩两国在情景 S1、美国在情景 S4、世界其他国家在情景 S6 下,贸易条件变化为 0,说明中国和欧亚经济联盟建成 FTA,在技术性贸易壁垒和互联互通变动的三档情景下,对上述国家(地区)的贸易条件改善没有影响。总之,在贸易条件指标下,中国和欧亚经济联盟建立 FTA 对彼此作用更为显著,区域外其他国家除了原苏联其他成员国(作为邻国和重要贸易伙伴)受到一些冲击以外,剩余国家(地区)受损并不严重。

(三) 产业产出效应

通过 GTAP 模型模拟十种情景下中国和欧亚经济联盟建立 FTA 对各类别产业产出变化的影响(受限于篇幅,其他国家和地区的产业产出效应无法列出),结果如表 7-5 所示。

表 7-5　不同情景模拟下中国和欧亚经济联盟(EAEU)产业产出变化　单位:%

情景	S1		S2		S3		S4		S5	
产业	中国	EAEU	中国	EAEU	中国	EAEU	中国	EAEU	中国	EAEU
农林牧渔及食品	0.03	0.01	−0.12	−0.1	−0.32	−0.33	−0.53	−0.56	−0.14	−0.15
能源业	−0.21	0.18	−0.94	0.15	−1.32	0.09	−1.7	0.04	−1.59	0.29

(续 表)

情景	S1		S2		S3		S4		S5	
产业	中国	EAEU	中国	EAEU	中国	EAEU	中国	EAEU	中国	EAEU
原材料加工业	−0.01	−0.07	−0.02	−0.37	−0.02	−0.61	−0.01	−0.86	−0.02	−0.78
轻工业	0.42	−4.73	−0.02	−3.63	−0.53	−3.76	−1.04	−3.88	0	−4.84
装备制造业	−0.23	−0.03	−0.01	−1.87	0.18	−2.29	0.36	−2.72	0	−3.41
高新技术产业	0.06	−2.23	0.11	−2.77	0.24	−3.02	0.36	−3.28	0.12	−4.23
其他制造业	−0.13	−0.35	0.06	−1.98	0.16	−2.45	0.25	−2.91	0.14	−3.52
交通运输业	0.04	0.04	0.02	0.03	0.02	0.06	0.01	0.08	0.02	0.03
服务业	0.02	0.21	0.13	0.41	0.27	0.56	0.4	0.71	0.19	0.65
情景	S6		S7		S8		S9		S10	
产业	中国	EAEU	中国	EAEU	中国	EAEU	中国	EAEU	中国	EAEU
农林牧渔及食品	−0.35	−0.38	−0.55	−0.61	−0.19	−0.25	−0.4	−0.48	−0.6	−0.71
能源业	−1.97	0.23	−2.35	0.18	−2.89	0.57	−3.27	0.52	−3.66	0.46
原材料加工业	−0.01	−1.02	−0.01	−1.26	−0.01	−1.59	−0.01	−1.83	−0.01	−2.08
轻工业	−0.52	−4.97	−1.03	−5.1	0.03	−7.28	−0.48	−7.41	−1	−7.54
装备制造业	0.18	−3.83	0.37	−4.26	0	−6.49	0.19	−6.91	0.37	−7.34
高新技术产业	0.25	−4.49	0.37	−4.75	0.14	−7.17	0.27	−7.43	0.39	−7.68
其他制造业	0.23	−3.98	0.32	−4.44	0.29	−6.59	0.38	−7.05	0.47	−7.51
交通运输业	0.02	0.06	0.02	0.08	0.03	0.03	0.02	0.06	0.02	0.08
服务业	0.32	0.8	0.46	0.95	0.3	1.13	0.43	1.28	0.57	1.43

首先，从产业整体产出角度分析。十种情景模拟下中国产业产出扩大类别较多，而欧亚经济联盟产出缩减类别较多。在9大类产业中，中国有4类产出基

本为正,分别是高新技术产业、其他制造业、交通运输业和服务业;而欧亚经济联盟有 3 个为正,分别是能源业、交通运输业和服务业。在产业产出全部缩减的类别中,中国的能源业和原材料加工业表现欠佳,欧亚经济联盟的原材料加工业、轻工业、装备制造业、高新技术产业和其他制造业共计 5 类呈现缩减状态。

其次,从产业细分角度考查,技术性贸易壁垒和互联互通对双方产业产出影响程度不尽相同。仍然按照上文分组程序和计算增长率的变动率后得到以下结论:

1. 农林牧渔及食品加工业从 S2 到 S10 场景,双方全为递减态势。在 S1 情景中,得益于关税降为 0,产业产出为正。而自 S2 开始,关税从 0 变为在原有基础上削减 50%,尽管技术性贸易壁垒和互联互通程度都有所改进,但产出却由正转变为负,说明对农林牧渔食品加工业而言,关税才是最为敏感的影响因素。但是除关税以外,互联互通对双方该项产业产出影响也比较大,与技术性贸易壁垒对比形成的比例关系为,中国 36∶1,欧亚经济联盟 30∶1。反映出运输效率是制约双方该项产业发展的关键因素之一。

2. 能源业的产出扩大方为欧亚经济联盟。技术性贸易壁垒对欧亚经济联盟产业产出影响较大,与互联互通对比形成的比例关系为 6∶1。中国大量的石油、天然气和矿产资源都是进口于欧亚经济联盟各成员国。双方 FTA 建立后,中国将以更低的价格和便利化的渠道进口该类产品,同时伴随技术性贸易壁垒的不断削减,将更进一步刺激欧亚经济联盟增加产量以扩大出口。

3. 双方原材料加工业产出都有所收缩,技术性贸易壁垒和互联互通对中国影响无差别,互联互通对欧亚经济联盟有一定影响。受制于中国在该项产业产能过剩,本国通过国际产能合作或者淘汰落后产能方式不断缩减产出。而欧亚经济联盟在该项产业产出持续萎缩的原因,或许与中国对其需求量下降,以及其他国家(地区)借助 FTA 建立后更为便捷的交通运输渠道,为双方大量提供该项产品有关(原苏联其他成员国增长幅度较为迅猛)。

4. 中国装备制造业产出状态良好,而欧亚经济联盟产出全部为负。互联互通对中国该项产业产出影响较大,与技术性贸易壁垒对比形成的比例关系为 17∶1。装备制造业是中国传统优势产业,受益于 FTA 建立后的贸易扩大效应,海外市场需求量增加,因此在 6 种情景下的产出均为扩张状态。而欧亚经济联盟本身在该项产业发展方面没有国际竞争优势,随着进口门槛的降低,必然出现国外商品进口量增加而本国产出下滑的现象。而运输效率的提升更有利于中国出口该项产品。

5. 中国高新技术产业产出优势明显。互联互通对中国该项产业产出影响较大,与技术性贸易壁垒对比形成的比例关系为10∶1。以电子信息技术为代表的高新技术产业,是中国近年来发展最为迅猛的优势产业。FTA建立后,随着互联互通程度的提高,欧亚经济联盟消费者将更为便捷地采购该项产品,由此产生的贸易扩大效应就会促使中国提高该项产业的产出。

6. 中国在其他制造业领域继续保持产出扩张态势。技术性贸易壁垒和互联互通对中国该项产业产出影响差距不大,比例关系为1∶0.86。

7. 交通运输业和服务业是双方产出都扩大的产业。中国的服务业和交通运输业受互联互通影响较大,而欧亚经济联盟的服务业受技术性贸易壁垒影响较大。FTA建立后,彼此人员、货物和信息交流更为通畅,由此带来交通运输和服务产业需求的增加。对于欧亚经济联盟而言,服务业不是优势产业,当国外优质服务产品大量进口到本国,必然缩减本国同产业产出量。

总之,在产业产出指标衡量中,双方通过建立FTA会使中国受益产业类别较多。从政策冲击方面看,互联互通程度的提高,对中国的装备制造业、高新技术产业、服务业和交通运输业的产出增加较为有利,而技术性贸易壁垒的削减,则对欧亚经济联盟的能源业和服务业较为有利。

(四) 制造业国际产能合作的贸易和投资效应

1. 制造业进出口效应。通过GTAP模型模拟十种情景下中国和欧亚经济联盟建立FTA对中国制造业进出口变化的影响,如图7-1所示。纵观十种情景模拟结果可知,中国制造业进出口除在S1下有个别产业(装备制造业)进口呈负增长以外,其余产业在所有情景下进出口均为正数,显示出中国保持良好的制造业对外贸易关系。从产业细分角度考查,图7-1显示,原材料加工业自S1至S10进口大于出口,说明该项产业自FTA建立后,中国以进口为主。这与中国推进供给侧结构性改革,淘汰落后产能有关,也可认为海外生产者为中国提供了该项产品。除原材料加工业以外,剩余的所有各类型制造业中国在S2至S10情景下,全部为出口大于进口。显示出中国拥有强大的制造业出口能力,也代表中国制造业具备国际竞争力。中国和欧亚经济联盟建立FTA后,对中国制造业出口较为有利,中国具备国际竞争优势的制造业产品在FTA建立后会更受东道国市场欢迎。这些具备强大出口竞争力的制造业产品均是中国推进国际产能合作的优势产业,反映出借助 FTA 的区域经济一体化力量,为中国制造业海外出口又增添一把助推力。

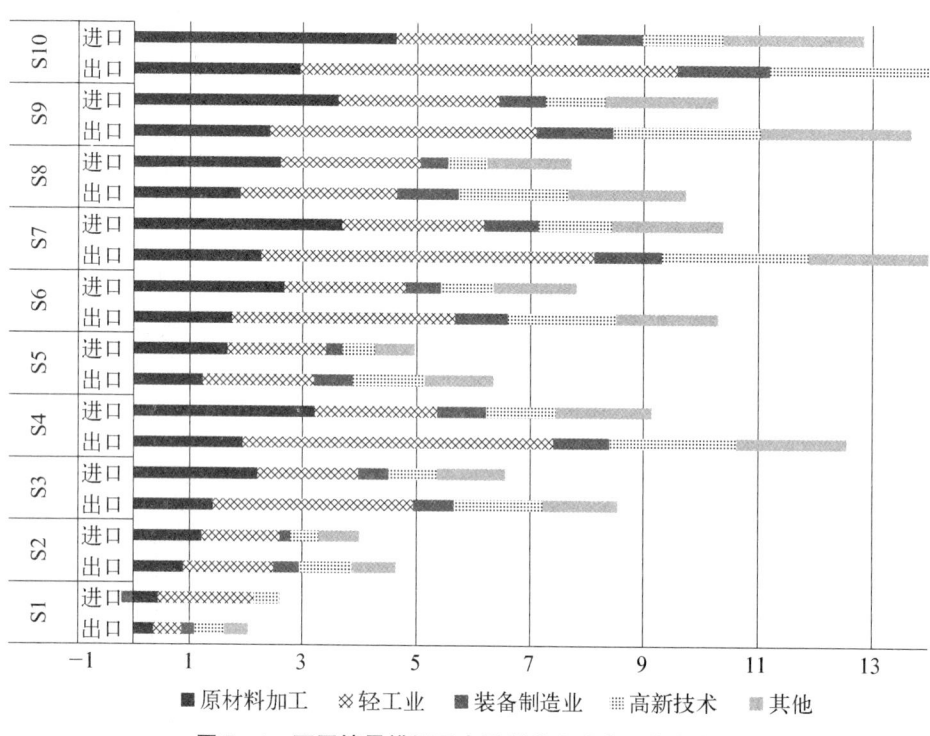

图 7-1 不同情景模拟下中国制造业进出口效应变化

2. 制造业对外投资效应。GTAP 模型没有办法直接模拟对外投资效应,但是通过先前的经济贸易和产业效应综合分析,可以推断中国制造业对外投资效应变化情况。中国和欧亚经济联盟建立 FTA,无论是技术性贸易壁垒的削减还是互联互通程度的提高,都能显著影响中国经济贸易效应的变化。中国的地区生产总值、福利效应水平、贸易条件改善和产业产出都受到正向促进作用,特别是中国制造业的进出口呈现良好运行状态,并且出口明显大于进口,反映出中国制造业具有强大的国际竞争力。宏观经济效应的提高,不仅通过对外贸易进行传导,而且通过国际直接投资进行传导。一国积极开展国际直接投资,带动产业国际转移,技术、设备、人员和服务均可实现跨国流动。通过跨国公司的经营,海外取得的利润又会源源不断流回母国,促使母国 GDP 增长和社会福利效应水平增加。从模拟结果显示出的各类型数据来看,通过向欧亚经济联盟投资,中国获取了急需的能源产品和原材料类加工产品,同时借助国际产能合作的方式,在东道国建立境外产业园区,投资基础设施建设等项目,带动中国一批装备制造业和其他制造业产品出口。显而易见,通过建立FTA,中国制造业对外投资得到显著提升。

实证结果表明,中国和欧亚经济联盟建立FTA所产生的区域经济一体化效应,将通过贸易创造和转移效应、经济规模效应和贸易条件效应的传导机制作用,带动中国和欧亚经济联盟区域经济发展,推进中国与欧亚经济联盟开展制造业国际产能合作,中国与欧亚经济联盟开展的制造业国际产能合作,对双方制造业产业发展均会产生积极作用。

(五) 协调机制的作用效果分析

本章所建立的制造业国际产能合作的协调机制是由机制遵循的原则、机制的目标方向、机制的规范、机制的规则和决策程序共同组成。制造业国际产能合作的协调机制在区域经济一体化框架下,以推进"一带一路"区域经济发展为宗旨,带动沿线国家快速实现工业化。区域经济一体化的实现模式之一是区域国家间签署自由贸易协定,并且建成自由贸易区。FTA的建立过程,即是区域间协调机制不断形成及完善的过程。协调机制的作用效果,就是考查FTA能否建立成功,或者是建立的FTA能否为促进双方宏观经济的发展、福利水平的提高和产业产出的增加带来积极作用。

因此,本节通过GTAP模型实证研究了中国和欧亚经济联盟建立FTA对双方和世界各国产生的宏观经济效应(地区生产总值和福利水平)、贸易条件效应和产业效应,并对中国制造业国际产能合作的贸易和投资效应做出综合分析。研究结论认为:中国和欧亚经济联盟建立FTA,双方宏观经济将得到发展,贸易条件将获改善,中国制造业产业产出扩大较多,有利于中国开展制造业国际产能合作。

尽管中国和欧亚经济联盟目前并没有建成FTA,但中国和欧亚经济联盟一直在朝向促进区域经济一体化方向而努力,彼此间已经搭建起FTA的协调机制框架,双方经济及产业发展政策的对接、商品贸易协定的谈判、众多规章制度的协调、产业发展的共同标准制定等都是协调机制建立的重要内容。通过GTAP模型的模拟分析,可以看出建成FTA后双方经济发展均能获益。正如前文所述,建立各个参与方获益的FTA是较为理想的区域经济一体化模式,其建立过程就要求成员国之间拥有完备而系统的协调机制。换言之,良好运行的协调机制为 FTA 顺利建成提供了机制保障。研究结果证明本章建立的协调机制,对推进中国制造业国际产能合作以及促进区域经济一体化发展均有明显的积极促进作用。

第四节 本 章 小 结

本章对推进中国制造业国际产能合作的协调机制展开研究。首先,对区域经济一体化的效应机理展开分析,论证了通过区域经济一体化可以产生明显的贸易转移效应、贸易创造效应、贸易条件效应、贸易投资效应和产业扩大效应等。其次,对"一带一路"倡议的"非典型"区域经济一体化模式进行说明,提出以促进区域经济一体化和推进"一带一路"建设的中国制造业国际产能合作协调机制的设置要求。再次,对推进中国制造业国际产能合作的协调机制进行构建。协调机制的设计以国际机制理论为指导,围绕协调机制遵循的原则、目标方向、规范、规则和决策程序展开。最后,对协调机制的作用效果进行实证分析。以中国和欧亚经济联盟建立 FTA 为例,借助 GTAP 模型论证了 FTA 建成后,对双方宏观经济发展、贸易水平的提高和产业产出的扩大均能产生积极作用,同时对中国开展制造业国际产能合作也有较好的促进作用。协调机制的形成与完善本身就伴随着 FTA 的建立过程,FTA 的建立需要有良好的协调机制予以配合。因此,实证研究结果证明中国制造业国际产能合作的协调机制建立,有利促进区域经济一体化和制造业产业的发展。

第八章 推进中国制造业国际产能合作的风险防控机制

"一带一路"倡议提出,要求中国越来越多的优质企业进军国际市场,然而企业开展国际产能合作所要面对的问题相当复杂,投资风险就是企业国际经营所面临的"拦路虎"之一。在企业开展国际产能合作之初,首要任务是对东道国进行风险评估,倘若东道国投资风险过大,就需要建立相应的风险防控机制加以应对。本章关于风险防控机制的构建将借助风险防控理论的分析框架,从风险识别、风险评价、风险控制及风险管理层面展开设置。

第一节 风险防控机制的构建目标、原则及程序

一、构建目标和原则

1. 构建目标

构建中国制造业国际产能合作的风险防控机制的目标,是通过机制作用,降低制造业企业开展国际产能合作过程所面临的各种风险冲击,消除或者降低由风险冲击所带来的经济损失。风险防控机制的作用是为制造业企业开展国际产能合作提供保障服务,确保国际产能合作得以顺利进行并可持续运转。通过第一章文献综述得知,中国企业在国际化经营过程中面临诸多风险,这些风险既有企业内部不完善性造成的,也有企业外部环境中不稳定性因素过多造成的,风险

因素客观存在,假如企业不予以重视,或是风险已经发生还没有得到妥善处理,那么风险因素将会制约企业的日常经营活动,严重的甚至会断送企业国际化发展之路。所以,风险防控机制的建立对于确保中国制造业企业开展国际产能合作具有重要实践意义。

2. 构建原则

(1)客观且真实。风险防控机制的构建目的,简单说就是为了防范和控制风险,但是机制发挥作用的前提是要确定防范的风险客观存在,并且对企业经营活动会产生真实的影响。企业日常经营活动中所面临的风险多种多样,经营国内市场的企业和跨国经营的企业所面临的风险也有区别,一般说来,跨国公司面临的风险更加复杂多变,这对跨国公司的国际化经营能力提出更高要求。因此,在制定风险防控机制之前,企业必须对自身发展有准确评估,认定的风险必须符合企业发展实际和将来发展态势,同时要确保甄选出来的风险客观而真实,只有准确识别风险,才能建立有效的防控机制。

(2)针对且有效。风险防控机制的存在价值是在风险发生之前或者风险发生之时能立即启动,保障企业免受风险干扰或是降低风险冲击所带来的损失。因此,风险防控机制要想充分发挥其效能,机制作用力必须针对客观存在的风险,且机制作用必须有效。实践经验证明,部分企业在开拓国际市场之前已经建立起一套风险防控机制,但是在东道国经营活动中,还是因政治冲突或是社会文化冲突受到影响,给企业带来巨额的经济损失。在此过程中,风险防控机制已经识别出可能存在或是将要发生的风险,但是由于企业在面对风险发生之时,缺乏管理和控制风险的能力,特别是企业自身的应急机制没有发挥作用,导致即使"看见"风险,却也无能为力。因此,风险防控机制的设立一定要有针对性并尽可能确保有效性。

(3)系统且完整。风险防控机制本身是一套复杂的风险防范及控制系统,同时,风险防控机制的建立又要与其保障对象维持紧密联系的关系,换言之,风险防控机制不是单独存在的一套系统,而要成为风险防控的保障对象整体运行系统中的子系统。中国制造业国际产能合作的风险防控机制,要为制造业国际产能合作的运行提供保障服务,这就决定了风险防控机制还要为国际产能合作的其他机制保驾护航。本书第六章和第七章论述了推进中国制造业国际产能合作的动力机制和协调机制,那么本章建立的风险防控机制不仅为以上两个机制的运行提供服务和风险管理工作,同时也为动力机制和协调机制一并构成制造业国际产能合作的机制内容提供服务。因此,风险防控机制的建立要从国际产能合作运行系统的整体性出发,准确识别系统性风险,建立完整有效的机制运行体系。

二、构建程序

在明确风险防控机制的建立目标和原则基础之上,本节将讨论风险防控机制的构建程序。风险防控机制的建立程序将以风险防控理论思想为指导,参考第一章文献综述关于风险防控机制的前期研究成果,提出以下建立程序。

1. 准确识别推进制造业国际产能合作过程中的风险种类。准确识别风险种类是建立制造业国际产能合作的风险防控机制环节中最重要的工作,只有准确识别风险,才能根据风险内容制定相应的防控办法。国际产能合作作为新型国际投资方式,对其风险的研究,可以参考跨国公司国际化经营和中国企业开拓国际市场所面临的各种风险,根据第一章相关文献综述内容,中国制造业国际产能合作的风险主要以企业经营活动所带来的风险和市场环境风险为主,具体风险类型和内容需要建立相关评价指标体系,根据评价指标体系的框架内容,分层次、分类别地划分制造业国际产能合作的风险。

2. 客观评价推进制造业国际产能合作过程中的风险影响程度。在准确识别出风险种类,确定风险内容之后,就要对搭建的风险框架进行风险评估。不同类别或内容的风险对中国推进制造业国际产能合作过程中的影响程度是不同的,每种风险又有其特殊性,根据风险防控机制设立的针对性且有效性的原则要求,需要为每种风险制定相应的防控措施,决不能眉毛胡子一把抓,不分主次不分轻重地提出风险防控机制。在评估风险影响程度的过程中,要秉持科学性和客观性原则,排除人为主观因素的干扰。因此,在选择风险分析的评价方法上,以定量分析法为主,建立相关数学模型,借助统计软件等工具进行评估。风险度量的方法已经有相对成熟且使用较广的一系列风险评价方法,具体评价方法或是评价模型的使用要根据研究主题而定,本章将采用层次分析法进行制造业国际产能合作的风险评估。

3. 对推进制造业国际产能合作过程中的风险进行控制和管理。在对风险按照影响程度不同进行分类并评估之后,就要对各类风险进行控制和管理。风险控制的目的是防止风险继续扩大,或是通过相关措施,防止未来可能产生的风险。风险管理的目的是化解或消除已经产生的风险,并对这类风险已经造成的损失进行弥补,同时提出相应措施或办法防止该类风险未来再次发生。风险的控制和管理要贯穿推进制造业国际产能合作工作的全过程中,不是在风险发生时才启动风险防控机制,重点在"防",关键在"管控"。风险的控制和管理是一项复杂的系统性工程,企业、政府和社会要相互配合,企业是这项工作的主导力量,政府提供支撑作用,而社会力量则起到辅助配合作用,三个方面要协调统一,共同编织风险防控网络,为中国制造业企业开展国际产能合作保驾护航。

第二节 层次分析法引入

本章将采用层次分析法对制造业国际产能合作风险评价进行研究,本节会对层次分析法原理及分析步骤展开介绍。

一、层次分析法原理

层次分析法(analytic hierarchy process,简称 AHP)是利用层级关系,将复杂问题由高层级逐步向低层级分解,并通过量化标准的判断,给予不同层级相应数值,按照一定标准对层级排序,以便进行优先选择,为决策者提供适合的解决方案,减少判断失误。因此,AHP 最大特点是可将复杂问题层级化、结构化和数量化,以此达到简化分析目的。

系统层级的每一层级只影响下一层级,并且只受上一层级影响。层级是系统构建的骨架,通过研究层级中各变量因子的交互影响关系,可以分析层级对整个系统的冲击(见图 8-1)。层级结构可以是整体目标、子目标、影响子目标的因素、影响因素的人类及其实施政策,最后是所有策略实施下的结果。

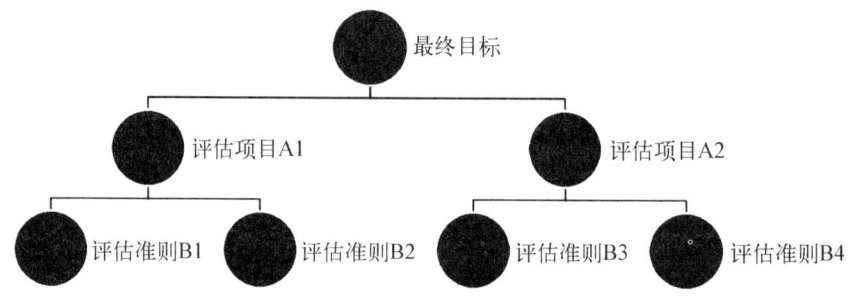

图 8-1 AHP 层级架构图

利用层级来分析问题,是站在最高层次来看不同层级的相互影响关系,而不是针对具体层级的因子。所以,建立系统的层级结构时,需要解决的问题如下:第一,如何建立层级关系;第二,如何评价各层级因子的影响程度。建立层级关系可以从定性角度展开分析,评估各层级因子影响程度可以采用 AHP 的特征向量法求得影响因子权重。

AHP 的评估是每一层级的上一层要素,作为对下一层要素评估的依据。换言之,就是某一层级中的任意两个要素,是以上一层级的要素为评价标准,分别评估这两个要素对评价标准的相对贡献度或重要性。AHP 评价尺度包括五项,分别是同等重要、稍微重要、重要、比较重要、绝对重要,赋予 1、3、5、7、9 的衡量值,另外介于五个尺度之间的项目,赋予 2、4、6、8 的衡量值,见表 8-1。

表 8-1 AHP 评价尺度

评价尺度	含义	说明
1	同等重要	经验判断两个方案贡献程度一样
3	稍微重要	经验判断倾向于某一方案
5	重要	经验判断强烈倾向于某一方案
7	比较重要	实际结果显示十分强烈倾向于某一方案
9	绝对重要	有足够证据显示必须选择某一方案
2、4、6、8	介于相邻尺度中间	相邻尺度的折中方案

二、层次分析法分析步骤

1. 建立层次分析框架。先建立最高层级的最终目标,再建立次要目标及影响次要目标的因子,同时建立相互独立的层级关系网络,将重要性相近的因子放在同一层级。

2. 各级变量因子的权重计算。

(1) 建立成对比较矩阵。该步骤遵循"每一层级的上一层要素,作为对下一层要素评估的依据,进行成对比较",层级架构图如图 8-1 所示。本节将通过问卷调查法进行项目评估,对评估项目权重(比较值由 1 至 9,如表 8-1 所示)进行成对比较。当有 n 个要素时,则进行 $n(n-1)/2$ 个成对比较,评价尺度见表 8-1,所代表的意义见表 8-2。

表 8-2 成对比较矩阵表 A

评估项目	B1	B2	B3	B4	B5
B1	1	2	3	4	5
B2	1/2	1	2	3	4
B3	1/3	1/2	1	2	3
B4	1/4	1/3	1/2	1	2
B5	1/5	1/4	1/3	1/2	1
列和	2.28	4.08	6.83	10.50	15.00

(2) 计算优先向量。在成对比较矩阵中,先将各栏的值进行向的加总,然后将各比较值除以相对栏位,进行列向加总,即每一个比较值在其所对应的行中所占的比例之和,最终得到 $n(n-1)/2$ 的矩阵,见表 8-3。再将矩阵除以评估的项目数,即可得优先向量,如表 8-4 所示。

表 8-3 成对比较矩阵表 B

评估项目	B1	B2	B3	B4	B5	行和
B1	1	2	3	4	5	2.08
B2	1/2	1	2	3	4	1.31
B3	1/3	1/2	1	2	3	0.81
B4	1/4	1/3	1/2	1	2	0.49
B5	1/5	1/4	1/3	1/2	1	0.31
列和	2.28	4.08	6.83	10.50	15.00	5.00

表 8-4 评估项目的优先向量

评估项目	优先向量
C1	2.08/5=0.42
C2	1.31/5=0.26
C3	0.81/5=0.16
C4	0.49/5=0.10
C5	0.31/5=0.06
列和	5/5=1

(3) 计算最大特征值 λ_{max}。首先将整个比较矩阵与所求的优先向量进行乘

积,得到一个 $n \times 1$ 的矩阵,再将此矩阵除以优先向量,即可得单位向量,将此单位向量取平均值,其结果即为最大特征值 λ_{max}。

(4) 一致性鉴定。在进行两两成对比较时,可能发生比较结果与决策结果不一致现象,此时需要进行一致性鉴定。通常计算一致性指标(Consistency Index,简称 C.I.),若 $C.I. \leqslant 0.1$,则认为该矩阵具有一致性,计算公式如下:

$$C.I. = (\lambda_{max} - n)/(n-1) \quad \text{(式 8-1)}$$

(5) 计算整体层级权重。对各层级要素之间的权重进行计算之后,再进行整体层级的权重计算。最后依照各替代方案的权重,来决定最终目标的优选方案。

第三节 风险识别及评价

本节将在已有研究基础之上,提出推进中国制造业国际产能合作的风险评价指标,识别风险种类,然后利用 AHP 对推进中国制造业国际产能合作的风险层级进行建构和评价。

一、风险识别

随着"一带一路"建设向沿线各国全面铺开,开展国际产能合作成为中资企业"走出去"的优选国际投资方式。然而企业开展国际产能合作所要面对的问题相当复杂,投资风险就是企业国际经营所面临的"拦路虎"之一。事实上,"一带一路"沿线国情复杂,政治冲突、宗教矛盾、环评标准、劳工议题、自然灾害、汇率波动,甚至恐怖袭击等问题都会对我方企业开展国际产能合作造成巨大阻碍。因此,在中国制造业企业开展国际产能合作之初,首要任务是对东道国进行风险评估,倘若东道国投资风险过大,就需要建立相应的风险防范机制。本节将对各类风险因素的选取进行说明,在已有研究基础之上[1][2][3][4],结合制造业国际产能合作实

---

[1] 姚凯,张萍.中国企业对外投资的政治风险及量化评估模型[J].经济理论与经济管理,2012(5):103-111.
[2] 韩师光.中国企业境外直接投资风险问题研究[D].长春:吉林大学,2014.
[3] 聂娜.中国参与共建"一带一路"的对外投资风险来源及防范机制[J].当代经济管理,2016,38(9):84-90.
[4] 赵明亮.国际投资风险因素是否影响中国在"一带一路"国家的OFDI:基于扩展投资引力模型的实证检验[J].国际经贸探索,2017,33(2):29-43.

施特点,从环境风险、产业结构风险、公司运营风险及财务风险四个角度进行归类。

1. 环境风险。① 政治风险。政权更迭、战争冲突、动乱等因素造成的企业损失。② 经济风险。由于汇率和利率变动、通货膨胀、经济危机等造成的企业损失。③ 法律风险。东道国法律更改或是法制不健全造成的企业经营风险。④ 文化风险。对东道国文化背景不熟悉、不了解当地消费者价值观和风俗习惯所造成的企业损失。⑤ 自然灾害风险。东道国因各种自然灾害等不可抗力因素造成的企业损失。

2. 产业结构风险。① 市场风险。由于东道国消费者对产品需求发生改变,或者偏好的转移,以及消费者消费行为的更改所带来的市场风险。② 竞争者风险。国际市场上同质产品的竞争者进入、替代产品出现、上下游产业链企业竞争,或者是国际市场进入壁垒的提高、政府干预竞争等。

3. 公司运营风险。① 国际营销风险。对东道国市场缺乏了解,没有进行准确的市场细分,目标市场选择失误,造成产品定价、促销方式、渠道控制和产品投放等环节失去国际竞争力。② 生产制造风险。企业对在东道国投资办厂的生产制造环节缺乏控制。例如,在土地审批、原材料使用、基础设施供给、资本和生产技术的获取等程序掌控力不足。③ 人力风险。劳动力供给短缺、劳工技术水平低下、劳工工资波动、罢工等行为造成的风险。

4. 财务风险。① 汇率风险。因外汇汇率波动造成的兑换损失,以及一国汇率政策更改所造成的汇率波动风险。② 融资风险。利率水平及变动、资金的自由流通程度、资本市场管理制度、融资担保组织不当行为等造成的资金成本损失。③ 关税风险。因关税变动所带来的可能损失。

二、风险评价指标架构

运用 AHP 来建立评价指标,第一层级最终目标是要探讨制造业国际产能合作风险因素。第二层级目标由四个构面组成:环境风险、产业结构风险、公司营运风险及财务风险,而在四个目标下又包含 13 个准则。第三层级准则共计 13 个,分别为政治风险、经济风险、法律风险、文化风险、自然灾害风险、市场风险、竞争者风险、国际营销风险、生产制造风险、人力风险、汇率风险、融资风险、关税风险。AHP 制造业国际产能合作风险架构见图 8-2。

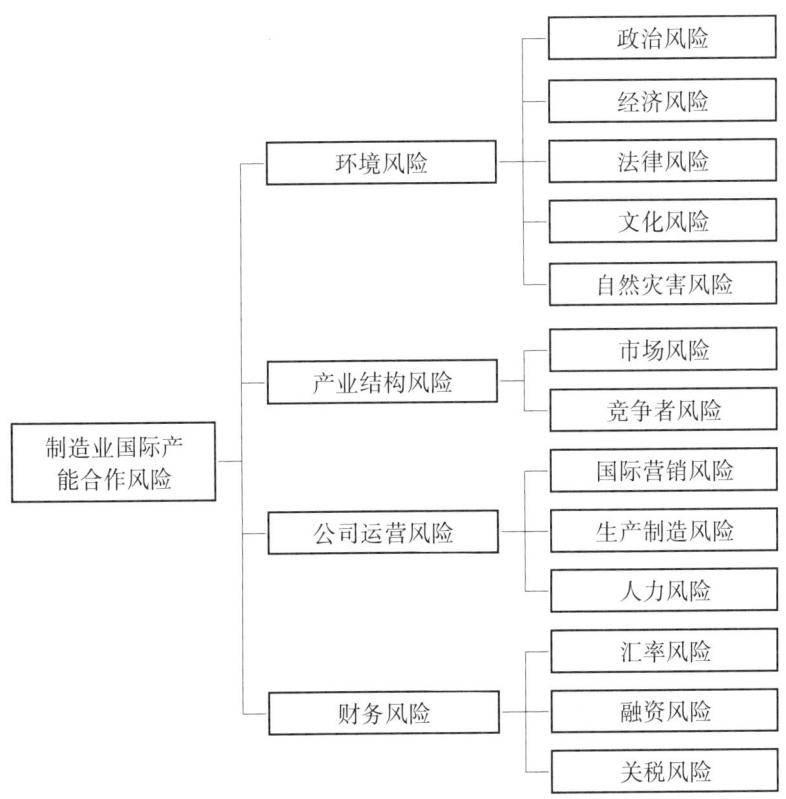

图 8-2 推进制造业国际产能合作的风险评价指标架构

三、风险评价

(一) 研究方案设计

本研究采用问卷调查法与专家访谈法相结合的研究方法,调查问卷的问题围绕图 8-2 展开设计(调查问卷见附录 B),对中国参与制造业国际产能合作的企业、有关专家学者和政府部门进行访谈和问卷调查。调研过程历时两个月,通过网络调查、电话调查和面谈方式,总共发放调查问卷 200 份,经回收及整理后的有效问卷 187 份,其中企业问卷 147 份、学者专家 25 份、政府部门 15 份。参与调研的企业均为当时正在积极参与国际产能合作的制造业企业,填写调查问卷的企业人员有项目经理、财务人员和国际商务人员等。参与调研的专家学者主要是从事国际经济合作和产业国际竞争力研究的高校科研人员。参与调研的政府部门主要来自陕西省和黑龙江省的海关、商务厅(局)、统计局的相关工作人员。

(二) 研究结果分析

1. 第一层级指标权重分析。AHP 制造业国际产能合作风险架构中的第一层级主要由环境风险、产业结构风险、公司运营风险和财务风险组成。通过两两比对之后,运用 AHP 软件计算结果,其主要构面最大特征值为 $\lambda_{max}=4.2621$,其一致性指标 $C.I.=0.063(\leqslant 0.1)$,表示决策者在所有衡量因素权重判断的误差程度处于可接受范围,显示回收的调查问卷结果具有一致性。

计算结果显示,四个构面对制造业国际产能合作风险影响最为重要的是环境风险,其权重为 0.479 8;其次为产业结构风险,其权重为 0.264 5;再次为公司运行风险,其权重为 0.198 7;最后是影响比较轻的财务风险,其权重为 0.119 7。

2. 第二层级指标权重分析。

(1) 环境风险。环境风险由 5 个次要构面组成,分别是政治风险、经济风险、法律风险、文化风险和自然灾害风险。根据 AHP 分析环境风险,整体风险最大特征值为 4.987 8,接近主要构面的衡量数 5,而一致性指标为 0.017 8,表示结果可接受。而在 5 个次要构面中,对评价指标按影响程度由大到小的排序是:第一,经济风险,权重为 0.349 2;第二,政治风险,权重为 0.261 7;第三,文化风险,权重为 0.253 1;第四,法律风险,权重为 0.246 4;第五,自然灾害风险,权重为 0.196 7。如图 8-3 所示。

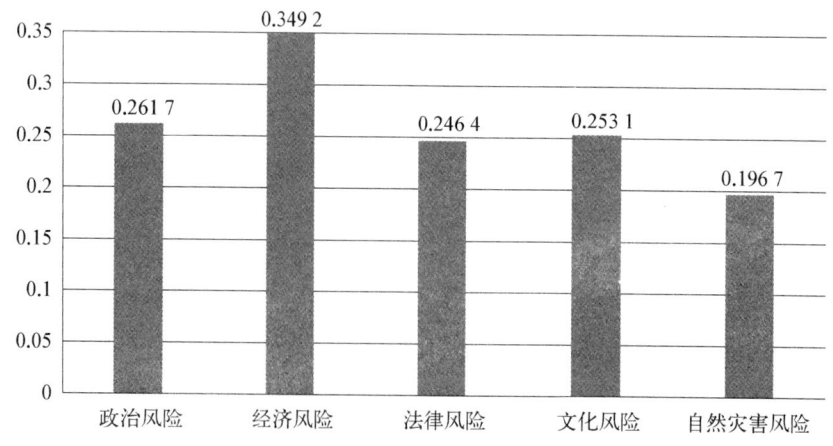

图 8-3 环境风险构面的权重结果

（2）产业结构风险。产业结构风险由两个次要构面组成，分别是市场风险和竞争者风险。根据AHP分析产业结构风险，整体风险最大特征值为2.1387，接近主要构面的衡量数2，而一致性指标为0.0038，表示结果可接受。而在两个次要构面中，对评价指标影响程度最大的是竞争者风险，权重为0.4472，其次是市场风险，权重为0.4007。

（3）公司运营风险。公司运营风险由3个次要构面组成，分别是国际营销风险、生产制造风险和人力风险。根据AHP分析环境风险，整体风险最大特征值为3.1018，接近主要构面的衡量数3，而一致性指标为0.0278，表示结果可接受。而在3个次要构面中，对评价指标按影响程度由大到小的排序是：第一，生产制造风险，权重为0.3312；第二，国际营销风险，权重为0.3114；第三，人力风险，权重为0.2931。如图8-4所示。

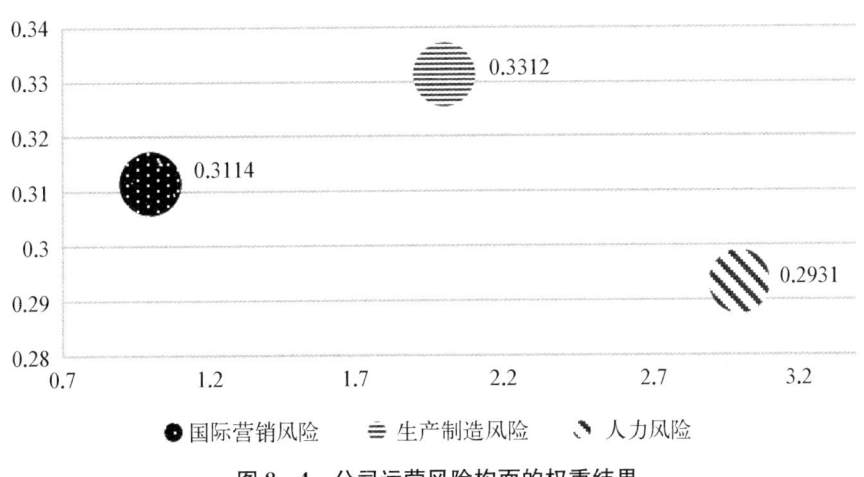

图8-4 公司运营风险构面的权重结果

（4）财务风险构面。财务风险由3个次要构面组成，分别是汇率风险、融资风险和关税风险。根据AHP分析环境风险，整体风险最大特征值为3.0099，接近主要构面的衡量数3，而一致性指标为0.0168，表示结果可接受。而在3个次要构面中，对评价指标按影响程度最大的是融资风险，权重为0.3862，其次是汇率风险，权重为0.3774，再次是关税风险，权重为0.3001。如图8-5所示。

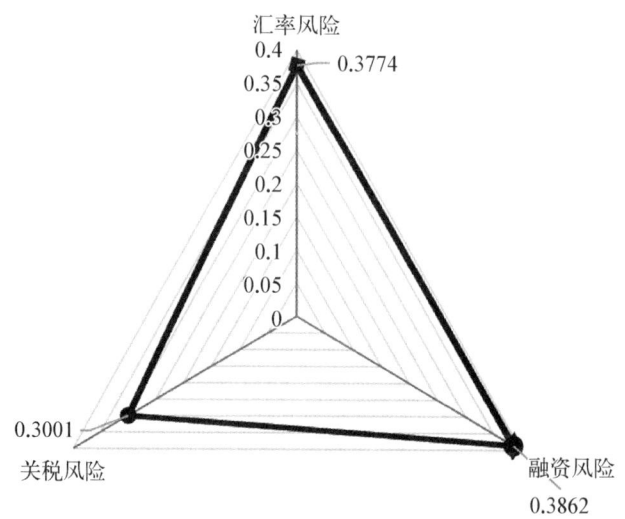

图 8-5 财务风险构面的权重结果

第四节 风险控制与管理

上文利用层次分析法对制造业国际产能合作的风险进行识别和评价,对建立的风险架构中的主要层级和次要层级的影响性按照重要程度进行排序,在第一层级中,环境风险影响最大,其次为产业结构风险,再次为公司运营风险,最后是财务风险。在第二层级中,环境风险里面的经济风险影响程度较深,产业结构风险里面的竞争者风险影响较大,公司运营风险里面的生产制造风险影响强烈,财务风险里面的融资风险影响明显。风险既有企业自身运营管理机制不够协调造成的,也有外在客观国际复杂环境冲击造成的。对于风险防范要区别对待,重点关注的是通过制度和机制设计与改革,能够降低因为信息不对称以及产生的机会主义的这类风险[①]。本节将根据风险识别及评价结果对中国制造业国际产能合作的风险进行控制和管理。

一、环境风险的控制与管理

当前与中国开展国际产能合作的重点区域较多为经济欠发达国家,政治环

---

① 汤吉军,陈俊龙.国有企业海外投资风险防范机制研究[J].国有经济评论,2015,7(1):44-53.

境复杂、经济系统运行混乱、法律法规不健全、社会人文环境与中国差异性较大，由此带来的环境风险是开展国际产能合作的阻碍之一。根据上文对环境风险种类的划分，主要有：① 由于政权更迭、战争冲突、动乱等因素形成的政治风险；② 由于汇率和利率变动、通货膨胀、经济危机等造成的企业损失的经济风险；③ 东道国法律更改或是法制不健全造成的企业经营困难的法律风险；④ 对东道国文化背景不熟悉、不了解当地消费者价值观和风俗习惯所造成的企业损失的文化风险；⑤ 东道国因各种自然灾害等不可抗力因素造成的企业损失的自然灾害风险。对于企业开展国际产能合作而言，环境风险是必须面对的，这些风险产生的诱因极其复杂，有些环境风险企业可以预测或是克服，但大部分环境风险企业没有能力独自应对，此时政府必须承担环境风险的预测和控制工作。

首先，政府应建立环境风险数据库，定期进行环境风险预警报告。开展国际产能合作的主要区域位于"一带一路"沿线，沿线各国的国情十分复杂。鉴于此，政府要组织商务部、国家发改委和外交部等有关部门机构建立关于东道国政治、经济、法律、文化和自然灾害影响的风险数据库，利用大数据预测技术，定期向企业发布国际投资风险报告。国际投资风险报告重点对东道国未来可能产生的汇率波动、通货膨胀及经济政策变动所带来的经济风险进行预测。政府建立的风险预警机制要具有较强针对性，详尽描述风险类型及对企业可能造成的损失。特别需要注意的是，该风险预警机制一定要实时更新，并且传播渠道实现多样化，立足对开展制造业国际产能合作的企业全覆盖。

其次，政府要继续加强和完善对外直接投资和对外贸易的法律法规建设。随着"一带一路"建设深入推进，中国将有一大批从事各种行业的企业走出国门进行海外投资，投资方式的多样化意味着政府管理难度的复杂性。新问题和新矛盾的出现要求中国政府法律法规制定部门必须紧跟现实情况，不合时宜的法规尽快进行修改，制约企业"走出去"的法规尽早破除。同时，要在提高贸易便利化方面进行制度设计，坚持和完善投资及贸易的"负面清单"制度。更为重要的是，政府要通过制度建设，加强对企业开展国际产能合作行为的监督和管理，依法依规打击企业不正当行为。在对标国际各类区域经济合作组织和发达国家针对跨国公司和海外投资行为的管理规范标准过程中，不断提高中国企业国际经营能力。

再次，政府通过国际合作机制积极与东道国进行政策沟通与协调。本书第七章对制造业国际产能合作的协调机制进行了论述，实证研究也再次证明国际合作机制对两国乃至区域经济发展的重要作用。在环境风险预警与控制环节中,本国政府尤其需要通过与东道国建立新的国际合作机制或者利用已有国际合作机制平台展开信息搜集和信息预判,并向企业做出环境风险预警报告。另外,倘若风险已经发生,并对中国企业产生了不利影响,那么政府驻外机构应立即启动"风险处置"机制,利用国际合作机制要求东道国政府积极维护中国企业合法利益,降低风险带来的损失。

二、产业结构风险的控制与管理

根据上文对产业结构风险的介绍,一类属于市场风险,主要指东道国消费者对产品需求发生改变,或者偏好的转移,以及消费者消费行为的更改所带来的改变。另一类属于竞争者风险,主要指竞争者出现、替代品出现、上下游产业链企业的垄断,或者是政府提高国际市场进入壁垒等。经过 AHP 法计算,竞争者风险对制造业国际产能合作风险影响程度较深,对此类风险防范的责任主体在企业。

首先,企业要加快构建跨境产业链,建立所属国际分工体系。国际产能合作的特征之一,就是构建由我方企业主导的跨境产业链,实现产业国际转移,促进境内和境外产业互联互促互动,最终建立我方企业主导的产业国际分工体系。制造业跨境产业链借助国际产能合作方式要优先布局在"一带一路"沿线国家(区域)。政府要积极引导我方具有优势产能的制造业企业积极投资海外市场,例如:装备制造业、轨道交通业、建筑建材业等。中国制造业龙头企业在跨国投资区域选择方面,要优先考虑与中国拥有良好经贸合作基础和政治关系稳定的国家开展国际产能合作。龙头企业以境外产业园区为依托,带动国内上下游产业链"借船出海"进行海外直接投资,以此形成产业聚集效应,构建优势产能制造业的区域跨境产业链,提高产业链整体竞争力,借此摆脱国外竞争者对我方在产业链供给环节的威胁。

其次,企业要提高产品适应性,主动关注东道国市场出现的新变化。中国部分制造业企业始终存在一个认识误区,认为国际产能合作就是将本国过剩或劣质产能向海外经济欠发达国家转移,以此延续产品利润。从产品生命周期理论解释,向海外转移产业链是延长产品生命周期的一个路径。但是,东道国市场有其特殊性,单纯转移过剩甚至劣质产能的做法长期来看是不可持续的,既受到中国政府管制,也无法得到东道国政府和消费者认可。"一带一路"沿线国家国情复杂,消费者需求多样,中国制造业企业在开展国际产能合作的过程中,尤其要注重投放产品的适应性,适应东道国市场的需求变化和消费行为变化。因此企业要设计满足东道国市场需求、符合东道国市场标准、足以嵌入东道国制造业产业链中的产品。即使要将中国产品直接出口,也要进行适当改良。

再次,政府在降低国际投资壁垒,制定技术标准领域与企业积极配合。在国际产能合作领域,政府始终承担引导和保障作用。借助国际合作机制,中国政府与东道国政府要在引入外资标准和对外投资及贸易壁垒方面加强政策沟通。双方政府要继续大幅度降低非关税贸易壁垒,降低市场准入标准,全面实行负面清单制度。另外,中国政府要加快与"一带一路"沿线国家开展自由贸易协定谈判,尽早建立自由贸易区,为企业开展国际产能合作扫除障碍。同时,我们必须清醒地认识到,未来企业的竞争将是技术标准和创新知识的竞争[①]。企业是技术创新的开创者,而技术标准的制定和推广需要政府的协助,并且政府承担创新技术保护,维护原创者核心利益的责任。中国制造业企业在双方政府协助和保护下,将中国技术标准和服务向境外产业链转移,努力构造拥有中国自主知识产权和行业标准的跨境产业链。

三、公司运营风险的控制与管理

公司运营风险主要包括有三类:第一类是由企业国际营销策略实施不当造成的损失;第二类是企业在生产制造环节出现的失误所造成的损失;第三类是与劳动力有关的各种风险。经过 AHP 计算,生产制造风险对制造业国际产能合作风险影响程度较深。针对公司运营风险防范,要做到以下几点:

第一,企业要提高在东道国的本土化经营能力。早期中国制造业企业进行对外直接投资成功的案例不多,大部分企业面临持续性收益不足的问题。造成此类问题出现的重要原因之一就是中国制造业企业在开拓国际市场过程中,不太重视本土化经营。表现就是制造业企业经营者认为,我方提供的制造品只要符合东道国市场需求,受到当地消费者欢迎即可,没有对当地生产资源进行充分利用和整合。这种国际经营方式十分脆弱,极容易受到政治环境突变和社会文化特殊性所带来的不利冲击。"一带一路"倡议下企业开展制造业国际产能合作,要求企业不仅将产品售卖给东道国,而且还要充分利用东道国市场资源、资

---

① 姜红,孙舒榆,吴玉浩.知识创新驱动的标准竞争行为研究:生命周期视角[J].情报杂志,2018,37(11):62-68.

金资源、原材料资源、人力资源、信息和技术资源等各种生产要素,充分实现生产制造本土化、劳动力本土化和市场经营本土化,借助企业本土化经营,降低各类风险的影响程度。随着2001年"走出去"战略的实施,中国制造业企业纷纷踏足国际市场,逐渐形成了自己的独特优势,这种独特优势是基于国家提供的各种支持政策和企业内部具有的高度整合资源的能力[1]。中国企业已经拥有了国家和自身内部优势的加持,继续提高对全球资源的利用和掌控能力,定能降低公司运营风险所带来的不利影响。

第二,企业提高国际化营销能力。早期"走出去"的中国制造业企业海外市场营销能力较差,投放产品差异化较小,没有对东道国进行市场细分,营销渠道单一,海外宣传更是缺乏,导致东道国消费者对我方制造品的品牌认可度较低,产品可替代性较强。随着中国制造业企业海外经营经验的累积,国际化营销能力的提升成为企业经营策略优先考虑的重要改革聚焦点。为此,本书提出中国制造业企业可以实施标准化国际营销策略。标准化营销策略指企业在国际市场上采用统一的产品和营销组合策略,以此降低企业营销成本,通过标准化产品引导消费者需求,提高产品国际竞争力[2]。但是,每一个东道国市场又有其特殊性,标准性绝不意味着统一性[3]。中国制造业企业只需专注在核心产品及其技术标准两个方面实施标准化策略。核心产品的核心技术一定要掌握在我方企业手中,对核心技术的使用要有统一标准化要求,对于核心产品设计和生产制造也同时实现标准化,并且积极将核心技术涉及的各类标准在东道国及时注册,以此提高该类产品市场进入门槛,保持企业国际竞争力。

第三,企业在提高国际化创新人才引进同时,注意维护劳工权益。企业国际化经营的表现之一就是人才的国际化。而国际化的创新人才则是企业最核心的竞争力。中国制造业企业开展国际产能合作,要有目的地对人力资源进行创新行为训练,实现知识与人才更好地融合与转化。不论是企业内部在职训练,或是引进国际科研机构、国际高等教育机构内充沛的研发力量,都可以将各类创新人才资源为我所用。另外,在推进国际产能合作建设的同时,不能忽略对东道国劳工权益的维护。中国提出的"一带一路"倡议受到东道国政府普遍欢迎的一个重

---

[1] 陈涛涛,段志蓉,陈晓.中国制造业企业国际竞争的本土优势与跨国经营[J].国际经济合作,2010(12):4-14.
[2] 甘碧群,曾伏娥.国际市场营销学[M].北京:高等教育出版社,2014.
[3] 李庆满,林海松.国际营销标准化内涵及策略研究[J].标准科学,2012(7):64-67.

要原因是,"一带一路"建设项目可以带动大量当地百姓就业。在此过程中,中国需要借助国际合作机制,从制度设计层面重点保障当地劳工合法权益,特别是在项目合作协议签订时,就要将劳工权益进行明确。并且,中国制造业企业日常要加强对东道国劳工法律的学习,积极投身当地社会服务,承担一定社会责任,以此降低投资风险。

四、财务风险的控制与管理

财务风险包括,因外汇汇率波动造成的兑换损失,以及利率变动、关税变动、资金的自由流通程度、资本市场管理制度、融资担保组织不当行为等造成的资金成本损失。经过 AHP 计算,融资风险对制造业国际产能合作风险影响程度较深。针对财务风险防范,要做到以下几点:

第一,完善融资支撑机制,摆脱企业融资瓶颈。尽管目前中国已经建立了由政策性银行、开发性金融机构和商业银行为组成体系的融资支撑机制,但是企业开展国际产能合作对融资服务的需求与日俱增,亟须中国各类型金融机构从融资产品设计和融资服务供给方面,进一步整合融资资源,建立长效融资支撑机制。为此,需要从以下几个方面做出改进。首先,对国内外金融机构的融资资源进行整合。积极协调国家开发银行、丝路基金、亚洲基础设施投资银行等金融机构的融资资源向国际产能合作项目倾斜。加强国内国际商业银行对国际产能合作项目融资产品的投放力度,可以随制造业企业一同"出海",在海外设立服务网点。其次,积极发挥以"中国出口信用保险公司"为主的出口信用保险体系作用机制。中国信保作为唯一承办中国企业出口信用保险服务的政策性机构,对企业开展国际产能合作的信用保险起到了良好的支持作用。以中信保为主,积极协调国内国际各类保险公司为企业提供信用保障服务,合理分担企业经营风险。再次,丰富融资产品种类,建立多样化融资支撑体系。除了保险产品以外,可以推进股权投资、债务融资、设立专项投资基金、发行专项投资股票等方式,扩充企业融资渠道。

第二,有效管控汇率和关税风险。当前全球金融市场受国际经济形势的异常变化而波动风险加剧,对企业日常结售汇和进出口贸易带来了严重威胁,为此,中国制造业企业开展国际产能合作应对该类风险需在以下三个方面加强管控。首先,进行事前预防。制造业企业与东道国企业开展国际产能合作签署的合作协议(合同)里面,就明确支付货币的币种。同时对由于汇率波动造成的损失明确各自承担比例。其次,积极运用外汇交易工具。中国制造业企业要积极借助外汇交易工具来降低汇率风险。例如:远期及即期外汇交易、套汇及套利交易、外汇期货及期权交易等。再次,要求政府间对关税征收及减免做好沟通工作,充分发挥国际合作机制的作用。

第五节 本章小结

本章建立推进中国制造业国际产能合作的风险防控机制。风险防控机制的构建以风险防控理论为指导,首先对推进中国制造业国际产能合作的风险防控机制的设立目标、原则和程序展开说明;其次进行风险识别与评价。利用层次分析法(AHP),建立中国制造业国际产能合作影响风险评价体系,按照风险影响程度不同,对各类风险指标展开分析和排序。计算得出第一层级中环境风险影响程度最深,其次是产业结构风险,再次是公司运营风险,最后是财务风险。在第二层级中,环境风险里面的经济风险影响程度较深,产业结构风险里面的竞争者风险影响较大,公司运营风险里面的生产制造风险影响强烈,财务风险里面的融资风险影响明显。最后进行风险控制与管理。根据建立的风险评价体系,按照不同风险的影响程度,建立相应的风险控制与管理机制。

第九章 中国制造业国际产能合作运行保障措施

本章将围绕推进中国制造业国际产能合作,提出中国制造业国际产能合作运行的保障措施建议。保障措施的实施将助推中国制造业国际产能合作顺利展开。

第一节 动力保障措施

根据第六章构建的动力机制相关内容,动力机制要想充分发挥作用,需要国际产能合作网络行动者之间进行协同配合,各位核心行动者和关键行动者围绕推进国际产能合作这一通行点展开活动,因此,动力保障措施将围绕企业、政府和相关服务机构展开设计。

一、企业构建制造业全球创新体系

创新体系决定创新机制的构成,也是创新政策设计的出发点。企业创新能力的提高依赖良性运转的创新体系。一个国家的创新能力体现在该国的创新体系,即影响创新的政治、经济、文化和社会环境是否有利于创新思想的诞生,是否有助于创新能力的提高[1]。

制造业创新体系的构成要素包括:(1)以生产企业、技术研究与开发机构、

---

[1] 郭振,等.东北地区实施"四化"同步推进战略及联动效应研究[M].北京:经济管理出版社,2018.

高等教育机构、地方政府机构和服务机构为主的创新单元;(2)不同创新单元之间通过相互关联,构成创新系统的组织结构和空间结构;(3)创新单元通过组织结构自身系统与创新环境的相互作用而实现创新功能,并对区域经济、社会和生产行为产生影响;(4)创新单元通过与创新环境的相互作用,维持创新系统的运行,并实现创新系统持续性发展。

中国制造业企业需要凭借数字化和网络化发展,积极打破地理上的限制,在全球范围内,不同国家之间,不同制造业企业间,建立以实现技术创新和知识商业化为目标,全球范围内的创新系统。建议中国制造业企业将技术发明与创造的参与者(包括各类科研机构、高等院校和厂商等),以及技术运用与扩散的参与者(包括厂商、消费者、政府和各类中介机构),紧密联系在制造业整体创新系统之中,通过技术发明与创造,技术运用与扩散共同构成的创新系统实现,建立全球范围内的创新系统,以此实现创新资源全球覆盖,布局制造业国际产能合作全球创新网络。

二、政府完善财税支持政策

1. 改善财政资金扶持政策。目前,国家及各省、自治区及直辖市针对企业海外投资活动都推出了一系列财政资金支持措施,总体来看,资金支持力度足,但使用的限制性条件较多,投放效果的事后监督不足。结合对制造业企业调研情况来看,企业对国家鼓励海外投资而采取的一系列财政专项资金的投入力度较为满意,但普遍反映的是企业要想申报使用该类资金存在一定障碍,特别是民营企业成功申报的概率较低。大部分政府提供的专项资金会对企业海外投资的制造业产业提出具体规定,但是企业海外投资行为是一项综合业务,其主要涉及一类主营产业,但也会附加其他额外产业。企业在向政府申报产业专项扶持资金时,就会因为同时附带其他产业遭到淘汰。并且,民营制造业企业相比于国有大型企业而言,其得到的财政资金支持力度明显过弱。为此,应该颁布专门针对民营企业的海外投资财政资金支持措施,或是改善当前财政资金支持环境,营造公平政策氛围。另外,财政部门对资金使用的事后监管存在漏洞。专项资金一旦拨付企业,财政部门似乎就完成了"任务",至于是否充分发挥资金使用效能,财政部门的监管并没有及时跟进,这就可能造成国家财政资金的流失,或是其他有强烈需求的企业没有得到相应的支持。所以,国家财政部门应同时加大对资金的事后监督,加强审计环节的监管力度,促使企业用好资金,充分发挥财政支持作用。

2. 改善国际产能合作税务环境。随着"一带一路"建设的深入推进,国家税务总局根据企业"走出去"的现实需要,颁布了一系列税收优惠政策。目前,中国主要实行三种税收优惠方式,其一是直接优惠,包括直接减免、出口退税和税收减让等税后优惠措施;其二是间接优惠,包括税收扣除、抵减税收和特殊折旧免税额等税前优惠措施;其三是特定优惠,特定优惠主要针对具体国家和具体行业等提出的税收优惠措施,鼓励及引导企业向特定国家和产业投资,特别是国家税务总局发布了针对"一带一路"沿线投资的《国别投资税收指南》,为企业开展投资活动提供税务指导。可以看出,近些年来国家提出对开展国际投资行为的企业进行税收减免、免征或抵扣等一系关税优惠措施,极大地激发了企业勇于开拓海外市场的信心,有力地促进了企业加快进军国际市场的步伐。针对制造业国际产能合作领域,国家税务部门在税收优惠政策的引导方面要更具有针对性,一是针对具体产能项目,二是针对具体合作区域(国家)。在税收征收方面,要与重点合作国家扩大和完善双重征收协定网络的建设工作,做到税收政策的统筹协调。同时,要将各类税收优惠政策尽快落地,保证应该享受税收优惠的企业尽早分享政策红利。另外,加大力度打击国际逃税等违法行为,营造良好国际税务环境。针对日益复杂的国际投资行为,国家税务部门要提高税务风险防范意识,及早发现企业可能存在的逃税行为,完善制度建设以弥补制度漏洞。对已发生的企业国际逃税行为,要进行有力打击,及时追缴税务损失,提高跨国纳税人的缴税意识。

三、金融机构提高金融服务支撑能力

事实上,中国企业参与的制造业国际产能合作项目大多位于政治环境动荡、经济发展十分落后且社会环境风险较为突出的地区,这就决定了企业获得资金支持的难度较大。目前,中国制造业企业开展国际产能合作项目的主要资金供给方是中国金融机构,很少有国际资本或是东道国金融机构提供融资支持。而随着制造业国际产能合作项目的深入推进,企业对资金的需求量越来越多,仅依靠中国金融机构提供的融资服务将无法跟上企业发展的现实需求,因此,有必要创新投融资方式以支持制造业企业开展国际产能合作。

1. 以产能项目为核心,提供直接融资。正如前文所述,国际产能合作要围绕重点产能项目建设展开,因此,融资方式的创新要从项目融资层面着手。

项目融资是针对具体国际产能合作项目,以项目建设成果的效益和建设资金为信用担保,越过了企业信用担保和政府担保的环节,由金融机构提供担保资金。在此过程中,金融机构需要具备全面审核及评估项目预期收益和现金流的能力,既不可过度审慎,又不能放任自流,所以,对金融机构提出较高的审评能力要求。

除了由中国金融机构提供的直接融资以外,参与国际产能合作项目建设的中国制造业企业要积极寻求海外资本金融市场的直接融资渠道。例如,政府引导及协助中国符合条件要求的优质制造业企业到海外金融市场发行股票和债券等金融产品。特别需要针对国际产能合作项目建设周期长的特点,发行相关长期债券,提出符合市场化需求的利率,既保证项目融资的资金需求,也为海外投资人提供可观的投资收益,以此积累国际产能合作项目及中资企业的国际信誉。

2. 发挥金融产品的撬动作用。国际产能合作项目无论通过直接融资还是间接融资,都需要提供足够且信誉良好的担保产品为抵押。而受制于海外市场的复杂性以及东道国法律环境的异质性,中国金融机构为制造业企业提供的融资服务要想寻求稳定且安全的担保品存在较大困难。因此,需要金融机构及企业拥有灵活创新思维,以小型担保资金或担保品来撬动大规模信贷资金。为此,需要丰富担保品种类,例如海外市场的矿产资源、土地资源甚至专利技术等都可作为担保品。

3. 加快推进人民币国际化。中国企业"走出去"历程,实际上就是人民币不断国际化的过程。"一带一路"倡议的实施,也为人民币国际化提供快速实现的新路径。在制造业国际产能合作项目建设过程中,使用人民币进行支付结算货币,可以有效避免因美元汇率波动所带来的外汇损失,减少汇兑成本和风险。而人民币国际化过程并不是一帆风顺的,海外市场对人民币的认可度仍然不高,人民币境外流通渠道有待疏导,人民币离岸金融市场的产品种类过少等现实问题都是制约人民币国际化的阻碍。

鉴于此,国家应进一步发展人民币离岸金融市场,充分发挥国内上海、香港和国外新加坡等国际金融中心的积极作用,开发多种人民币金融产品,保持海外市场人民币供给数量稳定增长,为制造业国际产能合作项目的海外融资渠道提供良好的国际人民币金融环境。同时,中资银行要跟随国际产能合作项目的落地实施到东道国市场开设分支机构,为中国企业提供融资贷款服务。

第二节 协调保障措施

根据第七章构建的协调机制相关内容,协调机制发挥作用,规则和规范的落实是关键,因此,推进制度建设将是确保协调机制发挥效能的重要保障。

一、搭建政府间的政治沟通与合作平台

1. 加强政治沟通,营造良好政治环境氛围。中国政府与东道国政府间良好的政治互信是制造业国际产能合作的基础,政治互信为经贸与投资活动的开展提供稳定的政治环境。纵观中国企业海外投资的历程,凡是与中国拥有高度政治互信的国家,一定是中资企业海外投资存量较高的国家,例如东南亚与原苏联区域。中国政府除了要继续深化与已有合作伙伴加强政治沟通,并保持稳定合作关系以外,还要积极拓展各层级战略合作伙伴范围,争取全面覆盖欧洲地区,努力拓展南美洲及非洲地区。为此,需要中国政府借助国际政治沟通平台与国际合作机制的作用,与上述地区或国家加强政治沟通与协调。同时中国政府要积极参与全球公共事务的治理活动,以习近平主席提出的"人类命运共同体"思想理念为指导,加强对经济欠发达国家在经济发展、脱贫、环保和教育等领域的扶持扶建工作,塑造良好的"中国人"形象,为中国制造业企业开展国际产能合作奠定稳定的国际政治和社会环境氛围。

2. 搭建政府间关于推进国际产能合作的工作平台。工作平台的搭建将有助于整合推进制造业国际产能合作的各项行政资源,理顺推进制造业国际产能合作的各项职能部门的工作关系,化解职能部门的行政冲突,为确保政府间签署和制定的各项推进制造业国际产能合作的政策措施落地提供保障。为此,中国首先需要建立推进国际产能合作的专门工作小组,工作小组的成员由涉及国际产能合作和制造业发展的国务院各部门牵头组成,各省、市、区再分别成立各自工作小组。工作小组专门负责制定及监督落实涉及国际产能合作的相关制度和法规实施情况。同时,由国务院牵头的专门工作小组要负责建立国家间的推进国际产能合作工作建设的平台,统筹协调合作国之间的政治及经济资源要素,化解政治及经济矛盾冲突,建立合作国之间的沟通机制,确保中国企业参与的国际产能合作投资活动可以顺利展开。

二、完善制造业国际产能合作的制度及标准建设

1. 完善制造业国际产能合作的制度建设。制度及标准化建设是国际产能合作开展的基石,也是协调措施的重要内容。制度建设在国际产能合作之初,或许不适宜采用"硬制度",但是"软制度"仍然必不可少。签署国际产能合作意向书,或者国际产能合作协议等都是确保国际产能合作顺利开展的重要协调措施。随着制造业国际产能合作项目的深入推进,"硬制度"将成为维护我方企业利益的核心措施,加强对东道国法律制度的学习是企业开展国际产能合作的先决条件。以东道国法律为基础,签署国际产能合作项目的各种协议文本及合同,对违反合同条款的行为,要加大追责力度,切实维护中国企业利益,同时这也是保障项目顺利实施的重要条件。

2. 完善制造业国际产能合作的标准建设。随着国际产能合作项目的建设实施,中国技术和中国标准也将随之"借船出海",国际市场上的技术之争,已成为未来国家间科技竞争的重要内容。技术就代表了标准,也代表国际市场对一国创新能力的认可。中国企业要在装备制造业、能源化工、建筑建材等一系列基础设施建设领域提高中国技术标准走出去的能力,加快制定相关行业的国际技术标准,为中国持续开展制造业国际产能合作铺平技术道路。

三、推进投资贸易便利化的制度建设

1. 推进海外投资便利化措施的制度建设。海外投资的主体是企业,推进海外投资便利化措施的聚焦点在于如何更大限度减少对企业海外投资活动的干扰,如何尽最大可能为企业创造海外投资的有利政策条件。为此,需要政府有关部门加快职能改革力度,简化及优化海外投资项目审核程序,由审核制改为备案制,建立投资负面清单制度,拓展企业海外投资范围。政府部门间建立协调机制,改变以往投资审批多头管理复杂局面,减少不必要的部门管理干扰。同时,建立网上报批流程,实行电子化办公,提高申报及审批效率,切实减轻企业负担。

2. 推进贸易便利化措施的制度建设。加强通关便利化建设,减少海关查验程序,提高通关效率。以建立国家间海关协作机制为目标,加强与重点经贸合作国家的海关在检验检疫标准、通关流程互认环节的协调工作。通过签署两国海关合作协议,或者商品检验检疫互认协议,争取建成一次检查、一次通关、直达销售市场的贸易便利化程序。提高货物通关效率,降低运输成本,缩短货物流通时

间,最终降低产品进出口价格,为消费者和企业带来实际好处。

第三节 风险防控保障措施

根据第八章构建的风险防控机制相关内容,风险防控机制要想充分发挥作用,需要政府和企业之间进行协同配合,因此,风险防控保障措施将从政府和企业角度提出各自承担的工作任务。

一、政府建立风险预警制度

对于环境风险的机制设计,政府是主导者。政府首先要针对国际产能合作具体项目,建立环境风险数据库,定期发布环境风险预警报告,与企业和行业协会建立沟通管道,及时提醒企业可能面对的海外投资环境风险。为了防范环境风险的发生,政府要持续加强和完善对外直接投资和对外贸易的法律法规建设,通过国际合作机制,积极与东道国进行政策沟通与协调。

对于产业结构风险的防控措施,政府和企业需要相互配合,政府要对国际市场可能出现的投资风险做到提醒责任,时刻关注东道国市场出现的新变化。事前对开展国际产能合作的企业进行有针对性的风险防范培训,特别是面对东道国复杂的社会人文环境一定要尽到提醒责任。我方驻外领事馆也要建立风险突发应急机制,为可能随时出现的海外投资风险所造成的中国企业损失,提供领事保护及维权服务。

二、企业提高风险应对及处置能力

对于公司运营风险的防控措施设计,中国企业需要提高风险应对及处置能力,关键工作是企业提高自身国际化运营及管理能力。国际化经营风险将伴随企业国际化发展道路始终,针对以上提出的各种风险,企业需要制定相应的风险应对预案。预案的关键在预防,这就要求企业在日常经营活动中提前对可能出现的风险有所警觉,并且在风险没有发生之时,就通过各项措施或办法将产生风险的各种因素消除或化解。例如,制造业企业要注重提升在东道国本土化经营的能力,充分利用和整合东道国生产要素资源,与东道国市场实现深度融合,同时制造业企业要加强国际化营销能力,实施标准化国际营销策略,在核心产品标准化和技术标准化领域取得国际竞争力。另外制造业企业在提高国际化创新人才引进的同时,注意维护劳工权益,并且在制度层面,在保障东道国劳工合法权益的同时,也要积极承担东道国相应的社会责任。企业通过以上改革措施,可以有效降低国际经营风险。

对于财务风险的防控措施设计,需要国内国际各类金融机构积极配合,企业也要主动应对。国内国际各类政策性银行、开发类银行和商业银行加大对国际产能合作项目的融资支撑力度,完善融资支撑机制,协助企业摆脱融资瓶颈,同时保险类金融机构也要承担保险和担保责任。另外企业要注意汇率波动和关税政策不确定性带来的风险,在签署国际产能合作合同时明确支付币种,日常经营过程中学会使用外汇交易工具,以此降低汇兑成本。

第四节 本 章 小 结

本章根据第六章、第七章和第八章建立的推进中国制造业国际产能合作的动力机制、协调机制和风险防控机制的内容,提出相应的运行保障措施。动力保障措施是企业构建制造业全球创新体系、政府完善财税支持政策和金融机构提供的金融服务能力;协调保障措施是政府间搭建政治沟通与合作平台、完善制造业国际产能合作的制度及标准建设、推进投资贸易便利化制度;风险防控保障措施是政府建立风险预警制度、企业提高应对风险及处置风险能力等。以上措施的提出,将有利保障中国制造业国际产能合作的机制运行以及制造业国际产能合作顺利推进。

第十章 结 论

本书对推进中国制造业国际产能合作的机制展开了深入研究。首先通过介绍研究背景、目的及意义,在国内外文献综述基础之上,提出本书研究的创新点,借助对"国际产能合作"和"机制"相关概念的辨析,确定本书研究的关键点。从国际分工理论、国际投资理论和国际产业转移理论出发,梳理本书研究的理论基础点。其次,构建国际产能合作的基本模型和企业选择模型,随后对机制构建的要素、原则和系统进行论述,提出推进制造业国际产能合作的机制是由动力机制、协调机制和风险防控机制三种机制构成,并论证三种机制的相互作用机理,至此建立本书研究理论框架。本书借助文献演绎法、多学科综合研究法、定性与定量研究相结合等方法展开研究,得到以下结论:

第一,中国开展制造业国际产能合作的基础条件主要基于两点:当前国际市场拥有产业转型和基础设施投资需求的外部机遇,以及中国制造业生产制造能力的提高和企业拥有一定对外直接投资经验的基本条件。中国制造业国际产能合作的商业模式主要有:产业集群转移模式、境外产业园区承载模式和多元化企业参与模式。国际产能合作作为新型对外投资方式,其推进模式一直处于不断动态变化过程,这要求产业、企业和政府三方协调配合,同时也要注意东道国市场及国际市场持续涌现的新变化和新矛盾。所以,推进制造业国际产能合作需要有良好的机制运行提供保障。

第二,中国制造业国际产能合作的运行效率在稳步提升并保持较高水准。从国际产能合作产业发展层面看,中国制造业的综合技术效率对国际产能合作的运行效率提升的贡献度最高,这也进一步印证了中国作为世界制造业大国和出口大国的强势地位。从国际产能合作基本模式层面看,对外直接投资和出口贸易对国际产能合作的运行效率水平的提高起到了关键作用。从国际产能合作区域层面看,"一带一路"沿线各国,尤其是东亚、东南亚、东欧及非洲成为制造业国际产能合作的运行效率水平表现最为优异的地区。然而,中国主导的制造业国际产能合作经过长期运行,也同样存在一些技术性和结构性发展难题。如何维持生产规模、对外直接投资规模和出口贸易规模的平衡关系,统筹协调企业运营、创新技术及其他各类要素的投入与产出的均衡关系,成为制约中国制造业国际产能合作的运行效率持续提升的关键性因素。

第三,由制造业国际产能合作网络核心行动者主导的"转译"过程是推进中国制造业国际产能合作的动力机制形成与设置的过程。当制造业国际产能合作网络建构完毕开始运转之时,网络中的所有行动者按照核心行动者设置的统一强制通行点承担各自任务,企业、政府政策和创新系统相互协调与配合,推动国际产能合作网络高速有效运行,国际产能合作网络中的所有行动者均能取得收益。但是,如果制造业国际产能合作的核心行动者企业提出的强制通行点,无法得到政府政策的认可和创新系统的服从,那么国际产能合作网络的联结就存在困难,或者是在国际产能合作网络运行过程中,企业、政府政策和创新系统之间产生的"异议"导致国际产能合作网络破裂。那么新的国际产能合作网络就会根据新的核心行动者设立的强制通行点重新进行转译。因此,确定制造业国际产能合作的行动者和转译过程是研究动力机制的核心环节。

第四,推进中国制造业国际产能合作的协调机制要从机制的原则、机制的目标方向、机制的规范、机制的规则和决策程序五个方面展开设计。通过对区域经济整合效应进行分析,以及"一带一路"倡议下国际合作与协调机制设置的要求,结合国际机制理论思想内涵,对推进中国制造业国际产能合作的协调机制进行设计。协调机制的构建要坚持企业为主导的市场化运作方式原则、可持续性发展原则和先易后难、稳步推进的原则。协调机制的目标方向要以"一带一路"重要节点国家为核心,以次区域国家为先导,以发展中国家为基础,建立区域合作框架,同时要积极借助国际多边合作架构机制,形成一种"点到线"的合作模式。协调机制要建立制造业国际产能合作规范及约束机制和制造业国际产能合作多层级协调机制。协调机制的规则设计要借鉴 WTO 规则设置思路,提炼出最基本的原则,那就是普惠公平、非歧视政策和消除贸易壁垒,具体规则要有利于贸易便利化、有利于扩大合作国制造业产品进出口和对外投资、有利于促进合作国经济增长和民生福祉的提高。协调机制的决策程序设定要从决策组织的建立、

第十章 结 论

决策机制的设计和建立合作国定期会晤制度三个方面展开。

第五，推进中国制造业国际产能合作的风险防控机制要按照风险识别、风险评估、风险控制和风险管理的顺序展开设计。研究认为环境风险、产业结构风险、公司运营风险和财务风险分别是所在风险架构层级中，对中国制造业国际产能合作影响最为严重的风险因素，为此需要针对以上风险，建立有针对性的风险控制和管理措施。对于环境风险的控制和管理，政府是主导者，政府要建立环境风险数据库，定期进行环境风险预警报告，同时，政府要持续加强和完善对外直接投资和对外贸易的法律法规建设，并通过国际合作机制积极与东道国进行政策沟通与协调。对于产业结构风险的控制和管理，企业和政府相互配合，企业承担主体责任。制造业企业要加快构建跨境产业链，建立所属国际分工体系，提高制造品适应性，主动关注东道国市场出现的新变化，而政府在降低国际投资壁垒、制定技术标准领域要与企业积极配合。对于公司运营风险的控制和管理，企业需要在国际化运营方面下功夫。制造业企业要提高在东道国的本土化经营能力，充分利用和整合东道国生产要素资源，与东道国市场实现深度融合，同时制造业企业要提高国际化营销能力，实施标准化国际营销策略。另外制造业企业在提高国际化创新人才引进的同时，要注意维护劳工权益，在制度层面保障东道国劳工合法权益，还要积极承担东道国社会责任，降低企业经营风险。对于财务风险的控制和管理，需要国内国际各类金融机构积极配合，企业也要主动应对。国内国际各类政策性银行、开发类银行和商业银行加大对国际产能合作项目的融资支撑力度，完善融资支撑机制，协助企业摆脱融资瓶颈，同时保险类金融机构也要承担保险和担保责任，另外企业和政府要有效管控汇率波动和关税政策不确定性带来的风险。

第六，针对动力机制、协调机制和风险防控机制的建设内容，提出推进中国制造业国际产能合作运行的保障措施。动力保障措施是企业构建制造业全球创新体系、政府完善财税支持政策和金融机构提供的金融服务能力；协调保障措施是政府间搭建政治沟通与合作平台、完善制造业国际产能合作的制度及标准建设、推进投资贸易便利化的制度；风险防控保障措施是政府建立风险预警制度、企业提高应对风险及处置风险能力等。

综上所述，本书基于制造业国际产能合作机制的作用机理以及制造业国际产能合作的商业模式和运行现状，从动力机制、协调机制和风险防控机制三个层面研究了中国制造业国际产能合作的推进机制。但是鉴于国际产能合作是一种新型对外投资方式,对其理论认识一直处于不断探索研究的过程,传统的国际分工理论、国际投资理论和国际产业转移理论能否完全指导国际产能合作,或者说涉及企业微观层面的理论,例如异质性企业贸易理论等,能否为企业开展国际产能合作提供理论指导,将是未来需要进一步探索的理论研究问题。此外,制造业作为推进国际产能合作的重点产业之一,不同合作国家对中国提出的制造业国际产能合作的需求也存在较大差异性。居于不同产业链位置的东道国企业,对制造业发展拥有异质化的要求,中国能否凭借强大的生产制造能力为海外市场提供针对性的服务,特别是涉及较为庞杂的制造业门类,不同类别的制造业国际产能合作的机制又该如何建立,这些现实问题将成为未来深入推进制造业国际产能合作研究的议题。由于本人研究能力有限,对于一些理论和现实问题的认识和理解不够周全和深刻,以上提出的几点研究方向将成为未来本人进一步探索和努力研究制造业国际产能合作的出发点。

参 考 文 献

[1] 张辉,易天,唐毓璇.一带一路:全球价值双环流研究[J].经济科学,2017(3):5-18.
[2] 于景洋.论习近平新时代以人民为中心的经济发展方略[J].商业研究,2018(3):6-10.
[3] 习近平.决胜全面建成小康社会,夺取新时代中国特色社会主义伟大胜利[N].人民日报. 2017-10-28(001).
[4] 王珏.全面开放新格局下的中国对外直接投资思路探讨[J].国际贸易问题,2018(1): 11-12.
[5] 王义桅.世界是通的:"一带一路"的逻辑[M].北京:商务印书馆,2016:24.
[6] 钟飞腾."一带一路"产能合作的国际政治经济学分析[J].山东社会科学,2015(8): 40-49.
[7] 邱斌,周勤,刘修岩,陈健."'一带一路'背景下的国际产能合作:理论创新与政策研究"学术研讨会综述[J].经济研究,2016,51(5):188-192.
[8] 吴福象,段巍.国际产能合作与重塑中国经济地理[J].中国社会科学,2017(2):44-64,206.
[9] 张梅.对外产能合作:进展与挑战[J].国际问题研究,2016(1):107-119.
[10] 卓丽洪,贺俊,黄阳华."一带一路"战略下中外产能合作新格局研究[J].东岳论丛,2015, 36(10):175-179.
[11] 刘瑞,高峰."一带一路"战略的区位路径选择与化解传统产业产能过剩[J].社会科学研究,2016(1):45-56.
[12] 刘勇,黄子恒,杜帅,吴斌,孙欣如.国际产能合作:规律、趋势与政策[J].上海经济研究, 2018(2):100-107.
[13] 宁吉喆.同绘合作新蓝图 共筑命运共同体[J].宏观经济管理,2016(10):4-5,10.
[14] 赵东麒,桑百川."一带一路"倡议下的国际产能合作:基于产业国际竞争力的实证分析[J].国际贸易问题,2016(10):3-14.
[15] 刘曙光.金砖国家产能合作的宏观经济基础和互补优势探析[J].理论学刊,2017(6): 62-70.
[16] 谢向伟,龚秀国."一带一路"背景下中国与印度产能合作探析[J].南亚研究,2018(4):

112-153,158.
- [17] 肖进杰,杨文武."一带一路"建设中的制造业产能合作研究[J].青海社会科学,2018(6): 31-36,84.
- [18] 陈继勇,蒋艳萍,王保双."一带一路"战略与中国参与国际产能合作[J].学习与实践, 2017(1):5-12.
- [19] 张茉楠.基于全球价值链的"一带一路"推进战略[J].宏观经济管理,2016(9):15-18.
- [20] 王晓芳,谢贤君,赵秋运."一带一路"倡议下基础设施建设推动国际产能合作的思考:基于新结构经济学视角[J].国际贸易,2018(8):22-27.
- [21] 张宁,胡鞍钢,郑京海.应用 DEA 方法评测中国各地区健康生产效率[J].经济研究,2006 (7):92-105.
- [22] 叶振宇,叶素云.要素价格与中国制造业技术效率[J].中国工业经济,2010(11):47-57.
- [23] 孙广生,杨先明,黄祎.中国工业行业的能源效率(1987—2005):变化趋势、节能潜力与影响因素研究[J].中国软科学,2011(11):29-39.
- [24] 董敏杰,梁泳梅,张其仔.中国工业产能利用率:行业比较、地区差距及影响因素[J].经济研究,2015,50(1):84-98.
- [25] 范德成,杜明月.高端装备制造业技术创新资源配置效率及影响因素研究:基于两阶段 StoNED 和 Tobit 模型的实证分析[J].中国管理科学,2018,26(01):13-24.
- [26] 于峰,王业强.中国与新兴市场国家制造业产业内贸易效率分析:基于数据包络的 BC^2 模型[J].经济经纬,2011(3):77-81.
- [27] 孙爱军,房静涛,王群伟.2000—2012年中国出口贸易的碳排放效率时空演变[J].资源科学,2015,37(6):1230-1238.
- [28] 何兴强,欧燕,史卫,刘阳.FDI技术溢出与中国吸收能力门槛研究[J].世界经济,2014,37 (10):52-76.
- [29] 田泽,许东梅.中国对"一带一路"重点国家 OFDI 效率综合评价:基于超效率 DEA 和 Malmquist 指数[J].经济问题探索,2016(6):7-14.
- [30] 周娜,吴巧生,王然,等."一带一路"国家天然气投资绩效评价及其改进路径[J].中国人口·资源与环境,2017,27(7):60-71.
- [31] 郭晓琼,蔡真.中国对上海合作组织国家投资效率研究:基于 DEA-面板 Tobit 的实证分析[J].俄罗斯东欧中亚研究,2019(3):45-60,156.
- [32] 刘晓玲,熊曦.对外产能合作、制造业出口贸易与区域经济增长:以湖南省为例[J].经济问题探索,2015(10):132-136.
- [33] 黄梅波,张晓倩.中非产能对接与非洲三网一化建设:合作基础及作用机制[J].国际论坛,2016,18(1):59-65,81.
- [34] 熊勇清,李鑫."国际产能合作":制造业海外市场战略转换方向?——"战略价值"与"微观绩效"的评估分析[J].科学学与科学技术管理,2016,37(11):95-103.
- [35] 熊勇清,苏燕妮.国际产能合作实施的战略价值及模拟分析:基于"两种资源、两个市场"统筹利用视角[J].软科学,2017,31(5):1-5.
- [36] 熊彬,范亚亚.国际产能合作背景下对外直接投资对中国制造业出口技术水平的影响:

[37] 肖进杰,杨文武."一带一路"建设中的制造业产能合作研究[J].青海社会科学,2018(6):31-36,84.

[38] 程广斌,刘伟青.中国对"一带一路"沿线国家制造业出口效率分析:基于随机前沿引力模型[J].华东经济管理,2018,32(5):40-48.

[39] 马光明.中国外向型劳动密集制造业对外直接投资区位选择研究[J].中央财经大学学报,2019(9):107-128.

[40] 夏先良.构筑"一带一路"国际产能合作体制机制与政策体系[J].国际贸易,2015(11):26-33.

[41] 张洪,梁松.共生理论视角下国际产能合作的模式探析与机制构建:以中哈产能合作为例[J].宏观经济研究,2015(12):121-128.

[42] 郑炜.我国与"一带一盟"国家传统产能比较与合作研究[J].经济体制改革,2017(3):53-58.

[43] 尚蔚.山东开展国际产能和装备制造合作的实践及对策[J].宏观经济管理,2017(5):68-72.

[44] 项义军,周宜昕.新时代推进中国国际产能合作建设:新模式、新机制和新路径[J].商业研究,2018(10):1-9.

[45] 董千里.境外园区在"一带一路"产能合作中的新使命及实现机制[J].中国流通经济,2018,32(10):26-38.

[46] 刘晓煜.供给侧改革中劳动力、资金和技术协同推进机制的构建[J].海南大学学报(人文社会科学版),2018,36(5):69-76.

[47] 戴翔.主动扩大进口:高质量发展的推进机制及实现路径[J].宏观质量研究,2019,7(1):60-71.

[48] 马晓河.构建优先发展机制推进农业农村全面现代化[J].经济纵横,2019(2):1-7,137.

[49] 徐召红,李秀荣.企业社会责任的耦合推进机制设计[J].宏观经济研究,2018(1):146-155.

[50] 王立军,范国强.完善区域知识产权金融服务推进机制的对策:以浙江省为例[J].科技管理研究,2018,38(1):47-51.

[51] 殷凤军,叶茂,过秀成.大城市新城交通规划推进机制设计[J].城市发展研究,2015,22(10):1-5,10.

[52] 李捷,余东华,张明志.信息技术、全要素生产率与制造业转型升级的动力机制:基于"两部门"论的研究[J].中央财经大学学报,2017(9):67-78.

[53] 林苍松,张向前.中国培育具有全球影响力的先进制造业基地动力机制研究[J].科技管理研究,2018,38(2):161-170.

[54] 梁经伟,江鸿泽,文淑惠.开放经济背景下欠发达地区制造业发展的动力机制研究[J].软科学,2018,32(1):47-51.

[55] 李巧华.新时代制造业企业高质量发展的动力机制与实现路径[J].财经科学,2019(6):57-69.

[56] 张志元,李兆友.新常态下中国制造业转型升级的动力机制及战略趋向[J].经济问题探索,2015(6):144-149.

[57] 刘雅君.供给侧结构性改革视角下东北经济振兴动力机制优化:基于制造业的实证分析[J].社会科学研究,2016(6):37-43.

[58] 朱天明."一带一路"建设促进区域协调发展的机制与路径[J].中共中央党校学报,2017,21(2):37-44.

[59] 孙久文,张可云,安虎森,等."建立更加有效的区域协调发展新机制"笔谈[J].中国工业经济,2017(11):26-61.

[60] 庞敏,张志伟."一带一路"沿线国家投资便利化问题研究[J].理论探讨,2019(4):109-114.

[61] 白文静."一带一路"经济走廊多元化协调机制的构建[J].甘肃社会科学,2019(1):140-146.

[62] 钟昌标,张梦婷,俞峰."引进外资"与"对外投资"的协调机制与政策研究[J].国际贸易,2018(1):16-19.

[63] 门洪华.对国际机制理论主要流派的批评[J].世界经济与政治,2000(3):23-29.

[64] 容志.风险防控型公共危机治理框架:模型及其应用[J].探索,2012(4):63-67.

[65] 姜萧潇.中国国企对外直接投资风险防控[J].国际经济合作,2014(6):31-34.

[66] 韩梦洁.美国大学风险防控体系:理论变迁与实践探索[J].现代教育管理,2018(10):59-63.

[67] 吕文栋,赵杨,韦远.论弹性风险管理:应对不确定情境的组织管理技术[J].管理世界,2019,35(9):116-132.

[68] 汪忠,黄瑞华.国外风险管理研究的理论、方法及其进展[J].外国经济与管理,2005(2):25-31.

[69] 刘海润,亢世勇.新词语10000条[M].上海:上海辞书出版社,2012.

[70] 沈孟璎.新中国60年新词新语词典[M].成都:四川出版集团·四川辞书出版社,2009.

[71] 杨明基.新编经济金融词典[M].北京:中国金融出版社.2015.

[72] 胡畔.推动企业"走出去"应减少政策干预[N].中国经济时报,2015-05-18(002).

[73] 张梅.对外产能合作:进展与挑战[J].国际问题研究,2016(1):107-119.

[74] 吴福象.中国推进国际产能合作的原则与实践方向[J].国家治理,2018(40):3-6.

[75] 董千里.网链绿色延伸:"一带一路"重卡产能合作的价值链提升[J].中国流通经济,2018(6):3-14.

[76] 陈伟,王妙妙."一带一路"背景下中国国际产能合作效率及其影响因素研究[J].经济论坛,2018(3):87-92.

[77] 陈云贤.中国特色社会主义市场经济:有为政府+有效市场[J].经济研究,2019,54(1):4-19.

[78] 马维野,池玲燕.机制论[J].科学学研究,1995(4):2-6,83.

[79] 魏炜,朱武祥,林桂平.商业模式经济解释[M].北京:机械工业出版社,2019:21.

[80] 刘爱孜.国际企业商业模式的发展现状及未来趋势分析[J].现代商业,2018(31):

24-25.
- [81] 刘金兰.国际商业模式：跨国企业走向全球的支点[J].中国税务,2011(10):38-39.
- [82] 罗伯特·基欧汉.霸权之后：世界政治经济中的合作与纷争[M].苏长和,等译.上海：世纪出版集团,2006:57-61.
- [83] 唐宜红.两岸一体化问题研究：区域一体化理论视野[M].厦门：鹭江出版社,2007.
- [84] 张英秀.政府过程视阈中的"两会"机制[J].中共福建省委党校学报,2010(7):4-9.
- [85] 张序,张霞.机制：一个亟待厘清的概念[J].理论与改革,2015(2):13-15.
- [86] 亚当·斯密.国富论[M].郭大力,王亚南,译.北京：商务印书馆,2015.
- [87] 赵忠秀,吕智.国际贸易理论与政策[M].北京：北京大学出版社,2009.
- [88] 路易斯·A.里维拉-巴提兹,玛丽亚·A.奥丽芙.国际贸易学：理论、战略与实证[M].刘庆林,司传宁,译.北京：人民邮电出版社,2014.
- [89] 殷宁宇,魏颖.国际分工对产业结构的影响[M].北京：经济科学出版社,2012.
- [90] 冷柏军,张玮.国际分工对产业结构的影响[M].北京：中国人民大学出版社,2012.
- [91] 金芳.全球化经营与当代国际分工[M].上海：上海人民出版社,2006.
- [92] 胡玫.经济全球化视野下的国际产业转移研究[M].北京：对外经济贸易大学出版社,2016.
- [93] 蒋昭侠.产业贸易理论教程[M].北京：中国经济出版社,2008.
- [94] 顾新建.产品生命周期设计[M].北京：机械工业出版社,2017.
- [95] 迈克尔·波特.竞争论[M].高登第,李明轩,译.北京：中信出版社,2012.
- [96] 韩会朝.地理、贸易与新国际分工：理论与实证研究[D].南京：东南大学,2016.
- [97] 张苏.论新国际分工[M].北京：经济科学出版社,2008.
- [98] 郭春东.企业技术创新模式选择与发展路径研究[D].北京：北京理工大学,2013.
- [99] 龚维敬.垄断经济学[M].上海：上海人民出版社,2007.
- [100] 吴先明.跨国公司理论范式之变：从垄断优势到寻求创造性资产[J].世界经济研究,2007(5):64-68,88.
- [101] 叶莉,庞亚新,赵海.跨国公司理论发展趋势研究综述[J].山西财经大学学报,2006(S2):77,79.
- [102] 綦建红.国际投资学教程[M].北京：清华大学出版社,2005.
- [103] 卢进勇,郜志雄,刘恩.跨国公司经营与管理[M].北京：机械工业出版社,2017.
- [104] 毛蕴诗.跨国公司经营管理[M].广州：中山大学出版社,2010.
- [105] 张纪康.跨国公司与直接投资[M].上海：复旦大学出版社,2004.
- [106] 阎建东.邓宁国际生产折衷理论述评[J].南开经济研究,1994(1):57-61,22.
- [107] 李新安.区际产业转移与产业链整合[M].北京：社会科学文献出版社,2014.
- [108] 谢代银.全球产业转移与区域战略抉择[M].重庆：西南师范大学出版社,2008.
- [109] 谷国锋.区域经济发展的动力系统研究[D].长春：东北师范大学,2005.
- [110] 蔡宜臻,邱俊荣.跨国厂商的进入模式：直接投资、出口与授权决策[J].经济论文,2009,37(1):1-26.
- [111] 周雪松.中国基建需求占全球三成[J].建筑设计管理,2017,34(10):49.

[112] 黄群慧.中国工业化进程与产业政策[J].中国经济报告,2019(1):49-54.
[113] 傅元海,叶祥松,王展祥.制造业结构变迁与经济增长效率提高[J].经济研究,2016,51(8):86-100.
[114] 刘伟,张辉.一带一路:产业与空间协同发展[M].北京:北京大学出版社,2017.
[115] 刘友金,袁祖凤,周静,等.共生理论视角下产业集群式转移演进过程机理研究[J].中国软科学,2012(8):119-129.
[116] 朱云平.企业异质性视角下的产业集群产业链优化分析[J].宏观经济研究,2017(12):129-136.
[117] 陈新华,王厚俊.基于生态效率评价视角的广东省农业生产效率研究[J].农业技术经济,2016(4):94-104.
[118] 苏昕,刘昊龙.农村劳动力转移背景下农业合作经营对农业生产效率的影响[J].中国农村经济,2017(5):58-72.
[119] 乔志霞,霍学喜,张宝文.农业劳动力老龄化对劳动密集型农产品生产效率的影响:基于陕、甘745个苹果户的实证研究[J].经济经纬,2018,35(5):73-79.
[120] 宋勇超."一带一路"战略下中国对外直接投资与国际产能合作[J].技术经济与管理研究,2018(1):86-90.
[121] 郭荣茂.转译社会学视角下的技术治理研究[J].科学学研究,2016,34(11):1608-1614.
[122] 熊彼特.发展经济理论[M].王永胜,译.北京:立信会计出版社,2017.
[123] 陈力田,赵晓庆,魏致善.企业创新能力的内涵及其演变:一个系统化的文献综述[J].科技进步与对策,2012,29(14):154-160.
[124] 肖海林,王方华.企业增长、企业发展与企业可持续发展[J].中南财经政法大学学报,2004(4):46-50,109.
[125] 郑琴琴,陆亚东."随波逐流"还是"战略选择":企业社会责任的响应机制研究[J].南开管理评论,2018,21(4):169-181.
[126] 张启龙.以高质量为目标的制造业企业创新对生产率提升的影响[J].调研世界,2019(7):1-6.
[127] 张鹏飞.基础设施建设对"一带一路"亚洲国家双边贸易影响研究:基于引力模型扩展的分析[J].世界经济研究,2018(6):70-82,136.
[128] 胡再勇,付韶军,张璐超."一带一路"沿线国家基础设施的国际贸易效应研究[J].数量经济技术经济研究,2019,36(2):24-44.
[129] 陆燕.G20峰会给打开WTO改革局面带来重要契机[N].中国经济时报,2018-12-03(005).
[130] 李巍,张玉环.美国自贸区战略的逻辑:一种现实制度主义的解释[J].世界经济与政治,2015(8):127-154.
[131] 刘冰,陈淑梅.RCEP框架下降低技术性贸易壁垒的经济效应研究:基于GTAP模型的实证分析[J].国际贸易问题,2014(6):91-98.
[132] 许娇,陈坤铭,杨书菲,等."一带一路"交通基础设施建设的国际经贸效应[J].亚太经济,2016(3):3-11.

[133] 丛晓男.北极西北航道潜在经济影响及中国对策:基于全球多区域可计算一般均衡[J].世界经济与政治,2017(2):106-129,159.

[134] 姚凯,张萍.中国企业对外投资的政治风险及量化评估模型[J].经济理论与经济管理,2012(5):103-111.

[135] 韩师光.中国企业境外直接投资风险问题研究[D].长春:吉林大学,2014.

[136] 聂娜.中国参与共建"一带一路"的对外投资风险来源及防范机制[J].当代经济管理,2016,38(9):84-90.

[137] 赵明亮.国际投资风险因素是否影响中国在"一带一路"国家的OFDI:基于扩展投资引力模型的实证检验[J].国际经贸探索,2017,33(2):29-43.

[138] 汤吉军,陈俊龙.国有企业海外投资风险防范机制研究[J].国有经济评论,2015,7(1):44-53.

[139] 姜红,孙舒榆,吴玉浩.知识创新驱动的标准竞争行为研究:生命周期视角[J].情报杂志,2018,37(11):62-68.

[140] 陈涛涛,段志蓉,陈晓.中国制造业企业国际竞争的本土优势与跨国经营[J].国际经济合作,2010(12):4-14.

[141] 甘碧群,曾伏娥.国际市场营销学[M].北京:高等教育出版社,2014.

[142] 李庆满,林海松.国际营销标准化内涵及策略研究[J].标准科学,2012(7):64-67.

[143] 郭振,等.东北地区实施"四化"同步推进战略及联动效应研究[M].北京:经济管理出版社,2018.

[144] DUNNING J H. The Eclectic Paradigm of International Production: A Restatement and Some Possible Extensions[J]. Journal of International Business Studies, 1988, 19(1):1-31.

[145] BRAINARD S L. An Empirical Assessment of the Proximity-Concentration Tradeoff between Multinational Sales and Trade[J]. NBER Working Papers, 1993, 87(4):520-544.

[146] MARKUSEN J R. The Boundaries of Multinational Enterprises and the Theory of International Trade[J]. Journal of Economic Perspectives, 1995, 9(2):169-189.

[147] MARKUSEN J R, VENABLES A J. Multinational Firms and The New Trade Theory[J]. NBER Working Papers, 1995, 46(2):183-203.

[148] KELLER W. International Technology Diffusion[J]. CEPR Discussion Papers, 2002, 53(1):17-38.

[149] ROB R, VETTAS N. Foreign Direct Investment and Exports with Growing Demand[J]. Review of Economic Studies, 2003, 70(3):629-648.

[150] CANTWELL J. Location and the Multinational Enterprise[J]. Journal of International Business Studies, 2009, 40(1):35-41.

[151] YEAPLE R S. The Multinational Firm[J]. Annual Review of Economics, 2013, 5(1):193-217.

[152] ANTRÀS P. Grossman-Hart (1986) Goes Global: Incomplete Contracts, Property

Rights, and the International Organization of Production[J]. Social Science Electronic Publishing, 2014, 30(suppl 1): 25-32.

[153] BALDWIN R, VENABLES A J. Spiders and Snakes: Offshoring and Agglomeration in the Global Economy[J]. Journal of International Economics. 2013 (2).

[154] GLASS A J, SAGGI K. Multinational firms and technology transfer[J]. Social Science Electronic Publishing, 2010, 104(4): 495-513.

[155] IVUS O, PARK W G, SAGGI K. Patent Protection and the Composition of Multinational Activity: Evidence from US Multinational Firms[J]. Journal of International Business Studies, 2017, 48(7): 808-836.

[156] LU J Y, LIU X H, WANG H L. Motives for Outward FDI of Chinese Private Firms: Firm Resources, Industry Dynamics, and Government Policies[J]. Management and Organization Review, 2010, 7(2): 223-248.

[157] ZHANG X X, DALY K. The Determinants of China's Outward Foreign Direct Investment[J]. Emerging Markets Review, 2011, 12(4): 389-398.

[158] KOLSTAD I, WIIG A. What Determines Chinese Outward FDI?[J] Journal of World Business, 2012, 47(1): 26-34.

[159] RAMASAMY B, YEUNG M, LAFORET S. China's Outward Foreign Direct Investment: Location Choice and Firm Ownership[J]. Journal of World Business, 2012, 47(1): 17-25.

[160] YAO S, WANG P. Has China Displaced the Outward Investments of OECD Countries?[J]. China Economic Review, 2014, 28(1): 55-71.

[161] KANG Y, JIANG F. FDI Location Choice of Chinese Multinationals in East and Southeast Asia: Traditional Economic Factors and Institutional Perspective[J]. Journal of World Business, 2012, 47(1): 45-53.

[162] YANG X, STOLTENBERG C D. A Review of Institutional Influences on the Rise of Made-in-China Multinationals[J]. International Journal of Emerging Markets, 2014, 9(2): 162-180.

[163] COOKE F L. Chinese Multinational Firms in Asia and Africa: Relationships With Institutional Actors and Patterns of HRM Practices[J]. Human Resource Management, 2014, 53(6): 877-896.

[164] XIONG W. Implementation of the Belt and Road Initiative: Its Effect on and Implications for the Development of China's Natural Gas Industry[J]. China Oil & Gas, 2017(2): 46-52.

[165] QUER D, CLAVER E, RIENDA L. Cultural Distance, Political Risk and Location Decisions of Emerging-market Multinationals: a Comparison Between Chinese and Indian Firms[J]. Journal of the Asia Pacific Economy, 2017: 1-17.

[166] CUI P, REGMI A D, ZOU Q, et al. Natural Hazards and Disaster Risk in One Belt One Road Corridors[C]// Workshop on World Landslide Forum. Cham: Springer,

2017.

[167] ZHOU Y, LU L, CHANG X X. Averting Risk or Embracing Opportunity? Exploring the Impact of Ambidextrous Capabilities on Innovation of Chinese Firms in Internationalization[J]. Cross Cultural & Strategic Management, 2016, 23(4).

[168] REN D, DU J. Marine Foreign Trade Economic Zone Industry Investment Risk Evaluation Model under the Background of the Belt and Road[J]. Journal of Coastal Research, 2018, 83: 212-216.

[169] GUO Y. The Global Big Business Revolution and the Challenge for Large Firms from Developing Countries[D]. University of Cambridge, 2005.

[170] HAN Q, JIANG D, FU J Y, et al. On the Risk Index of Energy Resources Investment in Sub-Saharan Africa Along "the Belt and Road Initiative"[J]. Science & Technology Review, 2018, 36(3): 108-116.

[171] SHENKAR O. Becoming Multinational: Challenges for Chinese Firms[J]. Journal of Chinese Economic and Foreign Trade Studies, 2009, 2(3): 149-162.

[172] SAUVANT K P. Future Challenges for Chinese Multinational Enterprises[M]. Social Science Electronic Publishing, 2010.

[173] CHAISSE J, MATSUSHITA M. China's 'Belt and Road' Initiative — Mapping the World's Normative and Strategic Implications[M]. Social Science Electronic Publishing, 2018.

[174] Zou J L, Liu C L, Yin G Q, et al. Spatial Patterns and Economic Effects of China's Trade With Countries Along the Belt and Road[J]. Progress in Geography, 2015, 34(5): 598-605.

[175] FAN Z B, ZHANG R H, LIU X T, et al. China's Outward FDI Efficiency Along the Belt and Road[J]. China Agricultural Economic Review, 2016, 8(3): 455-479.

[176] ZHANG J Z, LI F F, LIU Y, et al. An Assessment of Trade Facilitation's Impacts on China's Forest Product Exports to Countries Along the "Belt and Road" Based on the Perspective of Ternary Margins[J]. Sustainability, 2019, 11.

[177] ZHANG J, WU Z H. Effects of Trade Facilitation Measures on Trade Between China and Countries Along the Belt and Road Initiative[M]//ZHANG W X, ALON I, LATTEMANN C. China's Belt and Road Initiative. Cham: Palgrave Macmillam, 2018.

[178] GARCÍA-HERRERO A, XU J W. China's Belt and Road Initiative: Can Europe Expect Trade Gains?[J]. Working Papers, 2016, 25(6): 84-99.

[179] FU X M, CHEN H X, XUE Z K. Construction of the Belt and Road Trade Cooperation Network from the Multi-Distances Perspective[J]. Sustainability, 2018, 10(5): 1439.

[180] LI Z H, HUANG Z H, DONG H. The Influential Factors on Outward Foreign Direct Investment: Evidence from the "The Belt and Road"[J]. Emerging Markets Finance and Trade, 2019: 55(14): 3211-3226.

[181] CHARNES A, COOPER W W, RHODES E. Measuring the Efficiency of Decision Making Units[J].European Journal of Operational Research, 1978, 2(6): 429-444.

[182] BANKER R D, CHARNES A, COOPER W W. Some Models for Estimating Technical and Scale Inefficiencies in Data Envelopment Analysis[J]. Management Science, 1984, 30(9): 1078-1092.

[183] ANDERSEN P, PETERSEN N C. A Procedure for Ranking Efficient Units in Data Envelopment Analysis[J]. Management Science, 1993, 39(10): 1261-1264.

[184] COOPER W W, SEIFORD L M, TONE K. Data Envelopment Analysis: A Comprehensive Text with Models, Applications, References and DEA-Solver Software [J]. Journal of the Operational Research Society, 2001, 52(12): 1408-1409.

[185] BUDAK H, ERPOLAT S. Interval Data Envelopment Analysis and an Application in Turkish Banking Sector[J]. Headache, 2013, 22(2): 66.

[186] SHERMAN H D, GOLD F. Bank Branch Operating Efficiency: Evaluation with Data Envelopment Analysis[J]. Management Science Letters, 2014, 9(2): 297-315.

[187] KONG L Y, LOU X M, SU J Q, et al. On Transformation and Upgrading of Communication Manufacturing Industry Under the Perspective of Value Chain[J]. Journal of Xi'an University of Posts and Telecommunications, 2014, 19(1): 94-102.

[188] QIN Y, QIN K D, XU C L. The Viscous Mechanism of Transformation and Upgrading of China's Manufacturing and ITS Path — from the Perspective of the Causes of "Smiling Curve"[C]// Sixth International Conference on Business Intelligence and Financial Engineering. IEEE Computer Society, 2013: 525-529.

[189] JIN B. The Mission and Value of Industry — Theoretical Logic of Industrial Transformation and Upgrading in China[J].China Economist,2015,10(1): 4-13.

[190] YE Q. The Validation and Mechanism of the Manufacturing Transformation Driving by the World's Innovation Competition[J]. Journal of Industrial Technological Economics, 2015, 34(1): 29-36.

[191] DUBOIS F L, TOYNE B, OLIFF M D. International Manufacturing Strategies of U.S. Multinationals: A Conceptual Framework Based on a Four-Industry Study[J]. Journal of International Business Studies, 1993, 24(2): 307-333.

[192] BORGATTI S P, HALGIN D S. On Network Theory[J]. Organization Science, 2011, 22(5): 1168-1181.

[193] BIZZI L, LANGLEY A. Studying Processes in and Around Networks[J]. Industrial Marketing Management, 2012,4(2): 224-234.

[194] COMBERA A, FISHERA P, WADSWORTH R. Actor-network Theory: A Suitable Framework to Understand How Land Cover Mapping Projects Develop?[J]. Land Use Policy, 2003,20: 299-309.

[195] ZAHEER A, GÖZÜBÜYÜK R, MILANOV H. It's the Connections: The Network Perspective in Interorganizational Research[J]. Academy of Management Perspectives,

2010,24(1):62-77.

[196] AHUJA G, SODA G, ZAHEER A. Introduction to the Special Issue: The Genesis an Dynamics of Organizational Networks[J]. Organization Science, 2012, 23 (2): 434-448.

[197] WARD E. An Actor-network Theory Model of Property Development[J]. Journal of European Real Estate Research, 2018, 11(2).

[198] SUNDAY C. EZE, VERA C. Chinedu-Eze, Adenike O. Bello. Determinants of Dynamic Process of Emerging ICT Adoption in SMEs — Actor Network Theory Perspective[J]. Journal of Science and Technology Policy Management, 2019, 10(1).

[199] CALLON M. Some Elements in a Sociology of Translation: Domestication of the Scallops and Fishermen of the St. Brieuc Bay[J]. The Sociological Review, 1984, 32(S1): 196-233.

[200] CALLON M, LATOUR B. Unscrewing the Big Leviathan: How Actors Macrostructure Reality and How Sociologists Help Them To Do So[C], K Knorr-cetina, & A V Cicourel Advances in Social Theory & Methodology Toward An Integration of Micro-and Macrosociologies. 1981: 277-303.

[201] LAW J. After ANT: Complexity, Naming and Topology[J]. Sociological Review, 1999, 47(S1): 14.

[202] LAW J. Notes on the Theory of the Actor-Network: Ordering, Strategy, and Heterogeneity[J]. Systems Practice, 1992, 5(4): 379-393.

[203] CALLON M, MÉADEL C, RABEHARISOA V. The Economy of Qualities[J]. Economy & Society, 2002, 31(2): 194-217.

[204] WALSHAM G. Actor-Network Theory and IS Research: Current Status and Future Prospects[C]. 82th International Conference on Information Systems & Qualitative Research. 1997.

[205] LATOUR B. Science in Action: How To Follow Scientists and Engineers Through Society[J]. Canadian Journal of Sociology, 1987, 18(5).

[206] LATOUR B. What Is Given in Experience? [J]. Boundary, 2005, 32(1): 223-237.

[207] CALLON M. The Sociology of an Actor-Network: The Case of the Electric Vehicle[M]. Mapping the Dynamics of Science and Technology, 1986.

[208] CALLON M. An Essay on the Growing Contribution of Economic Markets to the Proliferation of the Social[J]. Theory Culture & Society, 2007, 24(7-8): 139-163.

[209] FINLAYSON J A, ZACHER M W. International Competition and Commodity Market Management: The Politics of the International Sugar Agreements [M]// Transformations in the Global Political Economy. 1990.

附 录

附录 A 中国制造业国际产能合作效率测算结果

表 1 中国对世界主要国家对外直接投资及对外贸易 BCC 模型效率分解（2008—2012 年）

国家	2008 年				2009 年				2010 年				2011 年				2012 年			
	综合技术效率	纯技术效率	规模效率	规模收益	综合技术效率	纯技术效率	规模效率	规模收益	综合技术效率	纯技术效率	规模效率	规模收益	综合技术效率	纯技术效率	规模效率	规模收益	综合技术效率	纯技术效率	规模效率	规模收益
中国	0.824	0.876	0.941	drs	0.742	0.774	0.958	drs	0.922	0.922	0.999	irs	0.954	1	0.954	drs	0.959	1	0.959	drs
日本	1	1	1	—	1	1	1	—	1	1	1	—	1	1	1	—	1	1	1	—
韩国	0.649	0.652	0.996	drs	0.588	0.599	0.981	irs	0.757	0.776	0.975	irs	0.828	0.833	0.994	drs	0.796	0.811	0.982	irs
新加坡	0.661	0.667	0.99	drs	0.573	0.576	0.995	drs	0.671	0.698	0.962	irs	0.712	0.722	0.986	drs	0.719	0.721	0.998	drs
印度尼西亚	0.851	0.954	0.892	irs	0.717	0.865	0.829	irs	0.8	0.86	0.93	irs	0.804	0.824	0.976	irs	0.707	0.737	0.959	irs
马来西亚	0.864	0.901	0.959	drs	0.734	0.759	0.967	drs	0.71	0.711	1	—	0.717	0.717	1	—	0.694	0.698	0.995	irs

（续表）

国家	2008年				2009年				2010年				2011年				2012年			
	综合技术效率	纯技术效率	规模效率	规模收益	综合技术效率	纯技术效率	规模效率	规模收益	综合技术效率	纯技术效率	规模效率	规模收益	综合技术效率	纯技术效率	规模效率	规模收益	综合技术效率	纯技术效率	规模效率	规模收益
越南	0.619	0.625	0.991	drs	0.511	0.514	0.995	drs	0.491	0.494	0.994	irs	0.579	0.587	0.986	irs	0.618	0.62	0.997	irs
菲律宾	0.971	1	0.971	irs	0.881	0.968	0.91	irs	0.917	1	0.917	—	1	1	1	—	1	1	1	—
泰国	0.82	0.858	0.956	irs	0.75	0.82	0.915	irs	0.992	1	0.992	irs	1	1	1	—	0.955	1	0.955	irs
印度	0.642	0.665	0.965	irs	0.67	0.733	0.915	irs	0.708	0.745	0.952	irs	0.742	0.754	0.984	irs	0.754	0.76	0.992	irs
孟加拉国	0.751	0.787	0.953	irs	0.663	0.741	0.894	irs	0.683	0.902	0.758	irs	0.733	0.959	0.764	irs	0.718	0.931	0.771	irs
斯里兰卡	0.885	0.887	0.997	drs	0.816	0.819	0.996	irs	0.732	0.732	1	—	0.677	0.68	0.996	—	0.631	0.656	0.963	irs
巴基斯坦	0.996	1	0.996	drs	0.967	0.983	0.983	drs	1	1	1	—	1	1	1	—	1	1	1	—
约旦	1	1	1	—	0.932	1	0.932	irs	0.768	0.886	0.866	irs	0.911	1	0.911	—	1	1	1	—
黎巴嫩	1	1	1	—	0.942	1	0.942	irs	0.973	0.979	0.993	irs	1	1	1	—	1	1	1	—
阿曼	1	1	1	—	1	1	1	—	1	1	1	—	1	1	1	—	1	1	1	—
沙特阿拉伯	0.755	0.755	1	—	0.609	0.612	0.995	drs	0.665	0.666	1	—	0.717	0.718	1	—	0.805	0.805	1	—
阿联酋	0.77	0.771	0.999	irs	0.533	0.542	0.985	drs	0.621	0.622	0.999	drs	0.705	0.707	0.997	irs	0.728	0.729	0.998	drs
伊朗	0.609	0.612	0.995	drs	0.571	0.574	0.995	drs	0.594	0.594	1	—	0.585	0.586	0.998	drs	0.598	0.644	0.929	drs
土耳其	0.745	0.745	1	—	0.791	0.792	0.999	drs	0.782	0.782	1	—	0.737	0.737	1	—	0.756	0.765	0.988	drs
塞浦路斯	0.929	1	0.929	irs	0.913	1	0.913	irs	0.89	1	0.89	irs	0.843	1	0.843	—	1	1	1	—

（续表）

国家	2008年				2009年				2010年				2011年				2012年			
	综合技术效率	纯技术效率	规模效率	规模收益	综合技术效率	纯技术效率	规模效率	规模收益	综合技术效率	纯技术效率	规模效率	规模收益	综合技术效率	纯技术效率	规模效率	规模收益	综合技术效率	纯技术效率	规模效率	规模收益
蒙古	0.786	1	0.786	irs	0.71	1	0.71	irs	0.546	0.546	0.999	drs	0.39	0.4	0.974	irs	0.46	0.473	0.973	irs
哈萨克斯坦	0.656	0.67	0.979	drs	0.565	0.58	0.975	drs	0.633	0.637	0.994	irs	0.681	0.69	0.988	irs	0.637	0.637	1	—
吉尔吉斯斯坦	1	1	1	—	1	1	1	—	1	1	1	—	1	1	1	—	1	1	1	—
白俄罗斯	1	1	1	—	1	1	1	—	0.895	1	0.895	drs	1	1	1	—	1	1	1	—
俄罗斯	0.771	0.774	0.996	drs	0.751	0.773	0.972	drs	0.723	0.763	0.948	drs	0.757	0.815	0.929	drs	0.828	0.847	0.977	drs
乌克兰	0.924	0.929	0.995	irs	1	1	1	—	1	1	1	—	1	1	1	—	1	1	1	—
斯洛文尼亚	1	1	1	—	0.892	0.894	0.998	drs	0.859	0.996	0.863	drs	0.936	1	0.936	drs	1	1	1	—
克罗地亚	0.832	0.832	1	—	0.783	0.791	0.99	drs	0.883	0.89	0.992	drs	1	1	1	—	1	1	1	—
捷克	0.761	0.767	0.992	drs	0.715	0.736	0.971	drs	0.717	0.74	0.968	drs	0.764	0.792	0.964	drs	0.703	0.719	0.978	drs
斯洛伐克	1	1	1	—	0.909	0.942	0.964	drs	0.88	0.972	0.905	drs	0.828	0.849	0.975	irs	0.853	0.859	0.994	drs
阿塞拜疆	1	1	1	—	0.958	1	0.958	irs	1	1	1	—	0.998	1	0.998	irs	0.917	1	0.917	irs
罗马尼亚	0.63	0.631	0.999	drs	0.74	0.741	0.998	irs	0.726	0.728	0.998	irs	0.737	0.745	0.989	irs	0.819	0.827	0.989	irs
爱沙尼亚	1	1	1	—	0.929	1	0.929	irs	0.956	1	0.956	irs	0.868	1	0.868	irs	1	1	1	—

(续表)

国家	2008年				2009年				2010年				2011年				2012年			
	综合技术效率	纯技术效率	规模效率	规模收益	综合技术效率	纯技术效率	规模效率	规模收益	综合技术效率	纯技术效率	规模效率	规模收益	综合技术效率	纯技术效率	规模效率	规模收益	综合技术效率	纯技术效率	规模效率	规模收益
拉脱维亚	1	1	1	—	1	1	1	—	1	1	1	—	1	1	1	—	1	1	1	—
立陶宛	1	1	1	—	1	1	1	—	1	1	1	—	1	1	1	—	1	1	1	—
格鲁吉亚	1	1	1	—	1	1	1	—	1	1	1	—	1	1	0.995	irs	0.991	1	0.991	irs
保加利亚	0.774	0.775	0.998	irs	0.953	1	0.953	irs	0.856	0.927	0.924	irs	0.821	0.975	0.842	irs
英国	1	1	1	—	1	1	1	—	1	1	1	—	1	1	1	—	1	1	1	—
德国	0.944	0.966	0.977	drs	0.927	0.938	0.988	drs	0.899	0.9	0.999	drs	0.923	0.925	0.998	drs	0.975	0.989	0.985	drs
法国	1	1	1	—	1	1	1	—	1	1	1	—	1	1	1	—	1	1	1	—
西班牙	0.785	0.785	0.999	—	0.873	0.873	1	—	0.915	0.916	1	—	0.889	0.906	0.981	irs	0.974	0.979	0.995	irs
荷兰	0.831	0.835	0.995	irs	0.814	0.817	0.996	irs	0.829	0.839	0.988	irs	0.8	0.808	0.99	drs	0.792	0.8	0.991	drs
匈牙利	0.787	0.796	0.989	drs	0.719	0.733	0.981	drs	0.775	0.785	0.987	drs	0.964	0.98	0.983	irs	1	1	1	—
阿尔及利亚	0.951	1	0.951	drs	0.6	0.608	0.988	irs	0.853	0.876	0.974	irs								
安哥拉	0.595	1	0.595	irs	0.382	1	0.382	irs	0.565	1	0.565	irs	0.592	1	0.592	irs	0.57	1	0.57	irs
埃及	0.8	0.81	0.987	drs	0.815	0.848	0.962	drs	0.815	0.816	0.999	drs	0.939	0.94	0.999	irs	1	1	1	—
尼日利亚	1	1	1	—	1	1	1	—	1	1	1	—	1	1	1	—	1	1	1	—

（续表）

国家	2008年 综合技术效率	纯技术效率	规模效率	规模收益	2009年 综合技术效率	纯技术效率	规模效率	规模收益	2010年 综合技术效率	纯技术效率	规模效率	规模收益	2011年 综合技术效率	纯技术效率	规模效率	规模收益	2012年 综合技术效率	纯技术效率	规模效率	规模收益
南非	0.739	0.749	0.987	drs	0.717	0.733	0.978	drs	0.786	0.788	0.997	drs	0.758	0.767	0.988	drs	0.734	0.775	0.947	drs
加拿大	0.777	0.788	0.986	drs	0.797	0.799	0.997	irs	0.841	0.842	0.998	irs	0.851	0.851	1	—	0.815	0.817	0.997	drs
美国	1	1	1	—	1	1	1	—	1	1	1	—	1	1	1	—	1	1	1	—
巴西	1	1	1	—	1	1	1	—	1	1	1	—	1	1	1	—	1	1	1	—
澳大利亚	0.608	0.609	0.999	drs	0.567	0.568	0.999	drs	0.6	0.608	0.986	drs	0.625	0.635	0.983	drs	0.624	0.633	0.987	drs

数据来源：由作者计算整理。

注："drs"表示规模收益递减，"irs"为规模收益递增，"—"为规模收益不变。

表2 中国对世界主要国家对外直接投资及对外贸易BCC模型效率分解（2013—2017年）

国家	2013年 综合技术效率	纯技术效率	规模效率	规模收益	2014年 综合技术效率	纯技术效率	规模效率	规模收益	2015年 综合技术效率	纯技术效率	规模效率	规模收益	2016年 综合技术效率	纯技术效率	规模效率	规模收益	2017年 综合技术效率	纯技术效率	规模效率	规模收益
中国	0.965	1	0.965	drs	0.991	1	0.991	drs	0.915	0.988	0.926	irs	1	1	1	—	1	1	1	—
日本	1	1	1	—	1	1	1	—	1	1	1	—	1	1	1	—	1	1	1	—
韩国	0.837	0.867	0.966	irs	0.846	0.859	0.985	irs	1	1	1	—	0.974	1	0.974	drs	0.992	1	0.992	irs

(续 表)

国家	2013 年			2014 年			2015 年			2016 年			2017 年		
	综合技术效率	纯技术效率	规模效率	规模收益	综合技术效率	纯技术效率	规模效率	规模收益	综合技术效率	纯技术效率	规模效率	规模收益	综合技术效率	纯技术效率	规模效率	规模收益
新加坡	0.668	0.696	0.96	irs	0.776	0.808	0.961	irs	0.892	0.893	0.999	drs	0.908	0.941	0.966	irs	0.977	1	0.977	irs
印度尼西亚	0.721	0.755	0.955	irs	0.745	0.763	0.977	irs	0.854	0.857	0.997	irs	0.886	0.903	0.981	irs	0.817	0.843	0.969	irs
马来西亚	0.631	0.635	0.994	drs	0.662	0.663	0.999	drs	0.754	0.774	0.975	drs	0.811	0.818	0.992	drs	0.782	0.784	0.998	irs
越南	0.612	0.614	0.997	irs	0.617	0.622	0.993	irs	0.642	0.642	1	—	0.684	0.696	0.982	drs	0.663	0.675	0.982	drs
菲律宾	0.933	1	0.933	irs	0.967	1	0.967	irs	1	1	1	—	1	1	1	—	1	1	1	—
泰国	0.915	0.96	0.954	irs	0.871	0.888	0.981	irs	0.966	1	0.966	drs	1	1	1	—	1	1	1	—
印度	0.709	0.71	0.999	drs	0.752	0.756	0.995	drs	0.815	0.82	0.994	irs	0.829	0.832	0.996	irs	0.815	0.822	0.992	drs
孟加拉国	0.672	0.94	0.715	irs	0.692	1	0.692	irs	0.864	1	0.864	irs	0.898	1	0.898	irs	0.825	1	0.825	irs
斯里兰卡	0.563	0.582	0.967	irs	0.581	0.6	0.967	irs	0.674	0.677	0.997	drs	0.706	0.709	0.995	drs	0.653	0.664	0.984	drs
巴基斯坦	0.973	0.974	0.999	irs	0.954	0.956	0.998	irs	0.967	0.967	1	—	1	1	1	—	1	1	1	—
约旦	1	1	1	—	1	1	1	—	1	1	1	—	1	1	1	—	1	1	1	—
黎巴嫩	1	1	1	—	1	1	1	—	1	1	1	—	1	1	1	—	1	1	1	—
阿曼	1	1	1	—	1	1	1	—	1	1	1	—	1	1	1	—	1	1	1	—

（续 表）

国家	2013年				2014年				2015年				2016年				2017年			
	综合技术效率	纯技术效率	规模效率	规模收益	综合技术效率	纯技术效率	规模效率	规模收益	综合技术效率	纯技术效率	规模效率	规模收益	综合技术效率	纯技术效率	规模效率	规模收益	综合技术效率	纯技术效率	规模效率	规模收益
沙特阿拉伯	0.71	0.725	0.979	drs	0.687	0.699	0.983	drs	0.623	0.627	0.994	drs	0.648	0.648	0.999	drs	0.639	0.643	0.994	irs
阿联酋	0.766	0.787	0.973	drs	0.72	0.738	0.975	drs	0.617	0.645	0.956	drs	0.597	0.614	0.973	drs	0.639	0.647	0.988	drs
伊朗	0.554	0.614	0.903	drs	0.545	0.603	0.904	drs	0.624	0.682	0.915	drs	0.719	0.742	0.968	drs	0.748	0.759	0.986	drs
土耳其	0.711	0.745	0.954	drs	0.698	0.744	0.938	drs	0.761	0.775	0.981	—	0.816	0.84	0.971	drs	0.784	0.785	0.999	irs
塞浦路斯	1	1	1	—	1	1	1	—	1	1	1	—	0.934	1	0.934	irs	0.801	1	0.801	irs
蒙古	0.524	0.533	0.983	drs	0.786	0.805	0.977	irs	0.965	1	0.965	irs	1	1	1	—	1	1	1	—
哈萨克斯坦	0.638	0.638	1	—	0.645	0.648	0.995	irs	0.638	0.639	0.998	irs	0.684	0.687	0.996	irs	0.689	0.698	0.988	drs
吉尔吉斯斯坦	1	1	1	—	1	1	1	—	1	1	1	—	1	1	1	—	1	1	1	—
白俄罗斯	1	1	1	—	0.853	1	0.853	irs	1	1	1	—	1	1	1	—	1	1	1	—
俄罗斯	0.79	0.818	0.965	drs	0.783	0.804	0.974	drs	0.759	0.804	0.945	drs	0.709	0.753	0.941	drs	0.694	0.741	0.936	drs
乌克兰	1	1	1	—	1	1	1	—	1	1	1	—	1	1	1	—	1	1	1	—
斯洛文尼亚	1	1	1	—	1	1	1	—	1	1	1	—	1	1	1	—	1	1	1	—

(续表)

国家	2013年				2014年				2015年				2016年				2017年			
	综合技术效率	纯技术效率	规模效率	规模收益	综合技术效率	纯技术效率	规模效率	规模收益	综合技术效率	纯技术效率	规模效率	规模收益	综合技术效率	纯技术效率	规模效率	规模收益	综合技术效率	纯技术效率	规模效率	规模收益
克罗地亚	1	1	1	—	1	1	1	—	1	1	1	—	1	1	1	—	1	1	1	—
捷克	0.706	0.727	0.971	drs	0.705	0.741	0.952	drs	0.751	0.8	0.94	drs	0.792	0.855	0.926	drs	0.821	0.863	0.952	drs
斯洛伐克	0.838	0.859	0.975	drs	0.849	0.869	0.977	drs	0.767	0.826	0.929	drs	0.84	0.928	0.905	drs	1	1	1	—
阿塞拜疆	1	1	1	—	1	1	1	—	1	1	1	—	1	1	1	—	1	1	1	—
罗马尼亚	0.923	0.924	0.998	drs	0.892	0.924	0.965	drs	0.863	0.888	0.972	drs	0.839	0.842	0.997	drs	0.905	0.932	0.971	drs
爱沙尼亚	1	1	1	—	1	1	1	—	1	1	1	—	1	1	1	—	1	1	1	—
拉脱维亚	1	1	1	—	1	1	1	—	1	1	1	—	1	1	1	—	1	1	1	—
立陶宛	1	1	1	—	1	1	1	—	1	1	1	—	1	1	1	—	1	1	1	—
格鲁吉亚	1	1	1	—	0.986	1	0.986	irs	1	1	1	—	1	1	1	—	1	1	1	—
保加利亚	0.827	0.905	0.914	irs	0.841	0.856	0.982	irs	0.868	0.872	0.996	irs	0.976	0.976	1	—	1	1	1	—
英国	1	1	1	—	1	1	1	—	1	1	1	—	1	1	1	—	0.986	1	0.986	irs
德国	0.995	1	0.995	drs	1	1	1	—	1	1	1	—	1	1	1	—	0.974	0.996	0.978	drs
法国	1	1	1	—	1	1	1	—	1	1	1	—	1	1	1	—	1	1	1	—
西班牙	1	1	1	—	1	1	1	—	1	1	1	—	1	1	1	—	1	1	1	—

(续表)

国家	2013年				2014年				2015年				2016年				2017年			
	综合技术效率	纯技术效率	规模效率	规模收益	综合技术效率	纯技术效率	规模效率	规模收益	综合技术效率	纯技术效率	规模效率	规模收益	综合技术效率	纯技术效率	规模效率	规模收益	综合技术效率	纯技术效率	规模效率	规模收益
荷兰	0.868	0.877	0.99	drs	0.885	0.899	0.984	drs	0.759	0.764	0.995	drs	0.832	0.834	0.997	irs	0.798	0.82	0.973	irs
匈牙利	0.69	0.693	0.996	drs	0.664	0.665	0.998	drs	0.749	0.751	0.997	drs	0.844	0.879	0.96	drs	0.751	0.772	0.974	drs
阿尔及利亚	0.953	0.972	0.98	irs	0.96	0.972	0.987	irs	1	1	1	—	1	1	1	—	1	1	1	—
安哥拉	0.566	1	0.566	irs	0.563	1	0.563	irs	0.677	1	0.677	irs	0.848	1	0.848	irs	1	1	1	—
埃及	1	1	1	—	1	1	1	—	1	1	1	—	1	1	1	—	1	1	1	—
尼日利亚	1	1	1	—	1	1	1	—	1	1	1	—	1	1	1	—	1	1	1	—
南非	0.678	0.712	0.952	drs	0.689	0.708	0.974	drs	0.7	0.722	0.97	drs	0.749	0.76	0.986	drs	0.785	0.797	0.985	drs
加拿大	0.785	0.802	0.978	drs	0.768	0.793	0.969	drs	0.755	0.797	0.948	drs	0.776	0.802	0.969	drs	0.794	0.803	0.989	drs
美国	1	1	1	—	1	1	1	—	1	1	1	—	1	1	1	—	1	1	1	—
巴西	1	1	1	—	1	1	1	—	1	1	1	—	1	1	1	—	1	1	1	—
澳大利亚	0.626	0.64	0.978	drs	0.607	0.612	0.992	drs	0.63	0.639	0.985	drs	0.626	0.627	0.999	irs	0.641	0.647	0.99	irs

数据来源：由作者计算整理。

注："drs"表示规模收益递减，"irs"为规模收益递增，"—"为规模收益不变。

附录 B 关于制造业国际产能合作风险评价的调查问卷

"一带一路"倡议下中国提出的国际产能合作,旨在加强与沿线各国进行优势产能的国际经济合作,促进彼此经济融合。然而开展国际产能合作将会面临诸多风险,不同风险对制造业国际产能合作的影响程度有何区别,就此问题,我们向您本人展开调研,认真听取您的想法。本次调研结果仅作为研究使用,烦请您如实填写意见,感谢您的配合!

说明:本问卷根据层次分析法(AHP)设计,用以评估各项目之间的相对重要性。AHP 是将各因素进行两两比较,在两个因素之间评估出相对重要的程度。评价尺度为:9/1 绝对重要;7/1 比较重要;5/1 重要;3/1 稍微重要;1/1 同等重要,而其他重要度分别介于前面提到的尺度之间。

例如:在衡量制造业国际产能合作环境风险时,假如您认为政治风险相对于经济风险而言,比较重要(评价尺度为 7/1),则请在靠近政治风险一侧的 1/7 栏目下打"√"。各种风险具体包括内容将由调研人员为您解释。

	绝对重要	比较重要	重要	稍微重要	同等重要	稍微重要	重要	比较重要	绝对重要	
	9/1 8/1	7/1 6/1	5/1 4/1	3/1 2/1	1/1 1/2	1/3 1/4	1/5	1/6 1/7	1/8 1/9	
经济风险								√		政治风险

下面开始答题:

1.下面四个风险因素中,您认为对制造业国际产能合作影响相对重要的是:

	绝对重要	比较重要	重要	稍微重要	同等重要	稍微重要	重要	比较重要	绝对重要	
	9/1	8/1	7/1	6/1	5/1	4/1	3/1	2/1	1/1	1/2	1/3	1/4	1/5	1/6	1/7	1/8	1/9	
环境风险																		产业结构风险
环境风险																		公司运营风险
环境风险																		财务风险
产业结构风险																		公司运营风险
产业结构风险																		财务风险
公司运营风险																		财务风险

2. 就环境风险而言，下面五个因素中，您认为对制造业国际产能合作影响相对重要的是：

附　录

	绝对重要	比较重要	重要	稍微重要	同等重要	稍微重要	重要	比较重要	绝对重要	
	9/1	8/1	7/1	6/1	5/1	4/1	3/1	2/1	1/1	1/2	1/3	1/4	1/5	1/6	1/7	1/8	1/9	
政治风险																		经济风险
政治风险																		法律风险
政治风险																		文化风险
政治风险																		自然灾害风险
经济风险																		法律风险
经济风险																		文化风险
经济风险																		自然灾害风险

217

(续　表)

	绝对重要	比较重要	重要	稍微重要	同等重要	稍微重要	重要	比较重要	绝对重要	
	9/1	8/1	7/1	6/1	5/1	4/1	3/1	2/1	1/1	1/2	1/3	1/4	1/5	1/6	1/7	1/8	1/9	
法律风险																		文化风险
法律风险																		自然灾害风险
文化风险																		自然灾害风险

3. 就产业结构风险而言，下面两个因素中，您认为对制造业国际产能合作影响相对重要的是：

	绝对重要	比较重要	重要	稍微重要	同等重要	稍微重要	重要	比较重要	绝对重要	
	9/1	8/1	7/1	6/1	5/1	4/1	3/1	2/1	1/1	1/2	1/3	1/4	1/5	1/6	1/7	1/8	1/9	
市场风险																		竞争者风险

4. 就公司运营风险而言，下面三个因素中，您认为对制造业国际产能合作影响相对重要的是：

以上是关于您个人情况的调研：
1. 请问您工作单位是：
2. 请问您在单位的职务是：

本问卷到此结束，感谢您的耐心填答！

5. 就城市风貌而言，下面三个图表中，您认为对于制造业国家形象能否产生影响相对重要的是：

国家首都区	9/1	8/1	7/1	6/1	5/1	4/1	3/1	2/1	1/1	1/2	1/3	1/4	1/5	1/6	1/7	1/8	1/9	非首都城市区
国家首都区																		非城市区
非首都城市区																		非城市区
	绝对重要	非常重要	重要	稍微重要	同样重要	稍微重要	重要	非常重要	绝对重要									

江苏区	9/1	8/1	7/1	6/1	5/1	4/1	3/1	2/1	1/1	1/2	1/3	1/4	1/5	1/6	1/7	1/8	1/9	体验区
江苏区																		未知区
体验区																		未知区
	绝对重要	非常重要	重要	稍微重要	同样重要	稍微重要	重要	非常重要	绝对重要									